O VESTIDO QUE NÃO USEI

e outras crônicas

GABRIEL CHALITA

O VESTIDO QUE NÃO USEI

e outras crônicas

Editora Senac Rio – Rio de Janeiro – 2024

Senac RJ

Presidente do Conselho Regional
Antonio Florencio de Queiroz Junior

Diretor Regional
Sergio Arthur Ribeiro da Silva

Diretor de Operações Compartilhadas
Pedro Paulo Vieira de Mello Teixeira

Diretora Administrativo-financeira
Jussara Alvares Duarte

Assessor de Inovação e Produtos
Claudio Tangari

Editora Senac Rio
Rua Pompeu Loureiro, 45/11º andar
Copacabana – Rio de Janeiro
CEP: 22061-000 – RJ
comercial.editora@rj.senac.br
editora@rj.senac.br
www.rj.senac.br/editora

Gerente/Publisher: Daniele Paraiso

Coordenação editorial: Cláudia Amorim

Prospecção: Manuela Soares

Coordenação administrativa: Alessandra Almeida

Coordenação comercial: Alexandre Martins

Revisão de texto: Andréa Regina Almeida, Cláudia Amorim, Jacqueline Gutierrez e Laize Oliveira

Projeto gráfico de capa e miolo e diagramação: Vinícius Silva

Consultoria textual: Carmen Valle

Impressão: Imos Gráfica e Editora Ltda.
1ª edição: janeiro de 2024

CIP-BRASIL. CATALOGAÇÃO NA PUBLICAÇÃO
SINDICATO NACIONAL DOS EDITORES DE LIVROS, RJ

C426c

 Chalita, Gabriel
  O vestido que não usei : e outras crônicas / Gabriel Chalita. - 1. ed. - Rio de Janeiro: Ed. SENAC Rio, 2023.
  424 p. ; 23 cm.

  ISBN 978-85-7756-498-9

  1. Crônicas brasileiras. I. Título.

	CDD: 869.8
23-87008	CDU: 82-94(81)

Meri Gleice Rodrigues de Souza - Bibliotecária - CRB-7/6439

Aos que fazem parte deste livro, conhecidos de muitos ou apenas de alguns, caminhantes, como eu, da luz e das sombras, das quedas e dos recomeços, dos vazios e do amor.

Sou um escritor que se alimenta de cotidianos. Às gentes dos meus cotidianos, minha gratidão.

SUMÁRIO

Apresentação

Eis um novo livro! *O vestido que não usei e outras crônicas.*

Um livro de crônicas. Ou de contos, como alguns amigos amantes das literaturas insistem comigo. Há similaridades entre as crônicas e os contos. Os contos são pequenos romances. As crônicas também podem ser.

Sou um escritor vocacionado a escrever o amor. Então, as minhas crônicas falam de amor. De amor nos cotidianos, que é onde se vive.

Sou grato ao inventor da memória por acumular em mim tantas histórias e sou grato, também, ao inventor das invenções, da imaginação.

Uma parte das crônicas vivi ou vi ou ouvi ou li, talvez. Outra parte, simplesmente inventei. Já não sei o que é invenção pura – se é que existe – e o que, em algum canto, observei.

Sou amante da filosofia e sou educador, então, minha literatura navega acompanhada do pensar dentro e do tirar de dentro o que há de melhor para oferecer à humanidade. É assim que educo, respeitando quem encontro, encontrando palavras para fazer desabrochar o bom e o bonito que todo mundo tem.

Escrevo estas crônicas em primeira pessoa. Sou homem, sou mulher, sou velho, sou criança, sou triste, sou feliz. Sou das mais diversas profissões. Sou professador de que as histórias não precisam de julgamento quando se trata de literatura. Precisa de encantamentos. As narrativas literárias são as que fazem as pontes entre as almas. A alma do que lê, a alma da personagem, a alma do que escreve, a alma imaterial que une as almas todas quando o assunto é o amor.

Não poucas vezes, iniciei uma narrativa sem saber o desfecho. É como confiar na história que quer nascer, na palavra que quer ser lida e que explica os sentimentos.

Alguns choros foram chorados por mim. Nas despedidas que não decidi. Nas mortes explicadoras da efemeridade. Outros choros, vi porque sei ver, porque me preocupo em ver nos olhos dos meus irmãos de humanidade.

Ai do escritor que não se emociona com a dor do outro. Das pedras não nascem histórias. Das lágrimas, sim. Do sangue, também. E, também, do sorriso.

Este livro reúne crônicas que foram publicadas, semanalmente, em *O Dia*. Escolhi algumas. Em outra ocasião, publico outras.

Lembro-me de minha amiga Lygia Fagundes Telles que, anos depois de publicar *Antologia: meus contos preferidos*, publicou *Antologia: meus contos esquecidos*. Um escritor esquece alguns de seus escritos, mas não esquece seu intento ao ser escritor; senão, não é escritor.

Um escritor é, sobretudo, fiel à palavra e ao seu arado. A palavra lavra a terra. A palavra gera vida ou morte. A palavra germina o amor ou enterra os sonhos. Guerras nasceram de palavras e, também, de descobertas que salvaram milhões de vidas.

Somos nós, os escritores, súditos voluntários de sua excelência, a palavra. E é, com ela, com as palavras todas, que me entrego ao leitor. Sem outra intenção a não ser a de fazer pensar, a de compreender que o pensar faz ponte e a de sentir que é dessas pontes que se contemplam os mais lindos cantos de amor. Seja de um pássaro de um trovador ou de uma cerimônia em que o amor resolveu dizer sim.

Eis um novo livro! Que vestido é esse que não foi usado? Que histórias são essas, frutos de memória ou imaginação ou ambos?

Que essas páginas cumpram o seu papel, o papel de emocionar, de incomodar, de pensar.

Que triste o que abre mão desse direito/dever: pensar!

Que triste o que abre mão desse direito/dever: sentir!

Os pensamentos e os sentimentos de um escritor vão além das personagens, vão ao encontro do desconhecido e do mistério. O mistério que mora dentro de cada leitor. De cada leitor que é, da vida, também personagem.

Que os livros nos ajudem a ser personagens melhores da trama fascinante que nos foi dada viver.

AGRADECIMENTOS

Aos educadores do Senac e do Sesc do Rio de Janeiro, por alimentarem minha profissão de fé na humanidade.

À equipe da Editora Senac Rio, pelo profissionalismo e pela gentileza.

O vestido que não usei

Compramos um vestido azul com um discreto decote e uma altura razoável, para não desabrigar os joelhos nem deixar tudo impossível de ver. Ele foi comigo.

Tadeu sempre teve a paciência das horas e a delicadeza da compreensão das imperfeições do outro. Eu abracei a insegurança, desde sempre, e por isso me perdia nos medos das opiniões. Experimentei várias vezes. De vários tamanhos. De cores mais quentes até um branco que me pareceu um pouco demais para aquele dia. Tadeu olhava, concordava, e dizia, sem oferecer nenhuma falsidade, que eu estava linda. O azul era, de fato, o mais bonito.

O meu corpo nunca foi modelo para admiradores exigentes, era o que eu pensava até conhecer Tadeu. Os anos ao seu lado desobrigaram perguntas que eu, antes, fazia em excesso. Sei que a paz é mais uma conquista interna do que um oferecimento de algum alguém. Mas era ele um lugar de paz. Deixei manias de lado, aposentei ansiedades, entreguei o que podia para eternizar nosso amor. O tempo foi desmentindo os meus medos e provando que os seus defeitos não estavam escondidos. Simplesmente, ele era quem ele era.

Outras relações, antes de Tadeu, arranharam a confiança que se deve ter nos humanos. Eu era arredia. Medrosa de revelações. Cuidadosa no pisar em território aparentemente tão sagrado. Fomos vivendo e nos aconchegando no amor.

Um dia, ele me olhou com a mesma sinceridade e anunciou a partida. Um outro amor acendeu nele a paixão. Ouvi a despedida e chorei para dentro. Ele disse que jamais viveria uma mentira. Eu me debulhei em dor sem nada dizer. "Foi lindo", foram suas duas últimas palavras e saiu. Saiu chorando. Por que saiu, então?

Poucos detalhes, em respeito a mim, deu ele sobre a nova mulher. As inseguranças todas saíram dos baús há tempos guardados. Sofri dias e dias aguardando um aviso de que se tratava de um pesadelo, apenas. Tadeu é bem mais novo do que eu. Conheceu ele uma mulher mais próxima de sua idade? Melhor não saber.

O espelho que já tinha se feito amigo agora me avisava dos fracassos. O corpo imperfeito combinava com as imperfeitas rugas que me explicavam o fim da juventude.

Passei meu aniversário sem ele. Apenas um cartão com os dizeres: "O amor encontra novas formas de amar". Entendi que era um pedido de amizade. Disse nada.

Chorei relendo a sua letra que, em mim, escreveu, um dia, tanta felicidade.

O tempo vai suavizando o triste ou o bonito e, em um dia, comum, desabrochou, novamente, a demorada flor do amor. Felipe me quis na primeira noite. Artista das palavras, me emprestou novo sorriso. Curioso, mergulhou nos meus gostos e me surpreendeu. Estamos juntos, há poucos meses. Ele ainda não me tem por inteira. Meus pensamentos divagam naquele homem perfeito que me deixou. Será ele perfeito mesmo ou será a distância um esconderijo de erros?

Passei todo esse tempo sem encontrar Tadeu. Encontrei-o exatamente no dia em que olhei para o armário e me lembrei de que nunca havia usado o vestido azul. Saí sozinha, procurando alguma paz para um dia tão quente. Felipe havia me pedido em casamento. Eu havia aceitado, cheia de dúvidas. Foi assim que vi Tadeu. Sem marcarmos dia ou lugar. Na caminhada. Ele chorou, enquanto dizia que era o céu que nos abrigava ali. Pediu perdão pela partida. Disse que precisava saber quem realmente amava e que, agora, sabia.

Nove meses se passaram daquele triste dia. Eu chorava, dessa vez para fora. Chorava e não conseguia dar nome, era tristeza, era alegria, era alívio? Apenas dei um abraço e o beijei no rosto. Nossas lágrimas se misturaram e eu vi um detalhe da dor descendo pelo vestido azul. Não posso falar em perdão, nunca consegui conviver com a raiva. Tive a dor da troca. A angústia do abandono. Mas a docilidade dele me impediu qualquer sentimento menor.

"Você não vai me dizer nada, meu amor?", disse ele nas delicadas palavras tentadoras de uma nova história. Eu apenas autorizei o choro a prosseguir e prossegui pela calçada da minha vida. Enquanto ando, percebo as gotículas de dor secando em mim.

Obrigado, mãe!

O dia da despedida foi delicadamente triste. A noite já cobria o mundo, quando ela deixou de respirar. Foram quase cinco meses de UTI. Ela chegou com uma réstia de vida. Viveu dias sem acordar. E acordou feliz.

Como esquecer do primeiro sorriso depois da longa pausa? Como esquecer seu olhar sedutor pedindo alimento? A fome era um bom sinal. Sua fome de vida, também. Foi vencendo os limites, foi voltando a falar. Foi brincando com os médicos, enfermeiros, fisioterapeutas e outros cuidadores da sua saúde. Como sou grato a eles todos! Pedia beijo, quando entravam, e oferecia ternuras como um gesto de gentileza para os que aliviavam as suas dores.

Fui contando sua história, enquanto ela se portava satisfeita. Os dentes eram todos dela, vieram da Síria, brincava. Foi a mais bonita mulher que chegou ao porto de Santos naquele dia. E ela meneava a cabeça, concordando. Conheceu meu pai, em uma tarde qualquer, em uma cidade dos tantos interiores do Brasil. E se entregou ao amor. Contei que ela teve medo nas primeiras noites. E ela concordou, explicando que foi só no começo. E deu uma risada santamente maliciosa. Como se amaram aqueles dois! Como se completaram em suas diferenças!

Meu sobrinho, depois da despedida, me perguntou o que tantos perguntam quando se partem pela partida de alguém que amam. "Onde estará ela, agora?" E eu tentei responder algum alívio. Para ele, para mim, para os outros netos que tanto acenderam luzes na avó. Ela está plena de amor. O corpo sem vida continua nesse quarto, mas ela está inteira embelezando o que a morte não vence. Meu sobrinho me olhou. Eu prossegui. No ventre materno, a criança não sabe da vida grande que vai ganhar depois do parto. Depois da partida dessa vida, não conseguimos compreender a liberdade do amor sem dor, a plenitude do viver sem morte, o encontro com o Artista maior. Há o mistério que nos separa da surpresa e é isso o que consigo dizer entre a fé e o choro doído da saudade.

Antes da noite que a levou, houve os instantes em que pude dizer o quanto a amei, o quanto foi lindo ser seu filho, o quanto eu era grato pelo cordão que nunca se rompeu.

Os instantes são uma vida inteira. Fui menino, novamente, naquele quarto. O menino a quem ela explicou o mundo. Fui um pouco mais crescido, quando ela chorou os filhos que teve que enterrar. Quanta dor naquelas despedidas! E ela se refez. E se desfez, novamente, quando disse adeus ao seu amor, meu pai. E se refez com os netos preenchendo os dias, com a bisneta que chegou azul como um dia lindo amanhecendo. E continuou inteira brincando de mandar em todo mundo. Minha mãe amada, obrigado.

E tem sua irmã, minha tia. Viveram juntas desde sempre. Cruzaram o mar. Choraram a terra que ficou. E agora? "Tia, já não tenho pai, nem mãe. Você cuida de mim?" Entre pausas e lágrimas, ela quis compreender. Por que a irmã não resistiu? A irmã resistiu. Viveu a vida dos fortes. Não desperdiçou doces nem sorrisos. Obrigado, mãe. Tenho você em mim até o meu último dia por aqui. Como tenho meu pai. Que agora está pleno. No pulsar das minhas histórias, vive você. Vou chorar, sim, mas vou rir também. Sem muito esforço.

Pulsar, foi o que disse. Respirei meses em você antes de nascer, nasci em você, nasci muitas vezes em seu colo costurando minhas dores. Sua voz dizendo carinhos. E broncas de amor. Seu toque espantando as febres. Agora, você sou eu. Você são tantos. Que te conheceram. Que se alimentaram do tal sorriso, do mais lindo de todos os sorrisos do mundo. É isso que sinto.

Obrigado, mãe, por ter ficado um pouco mais para que pudéssemos cuidar de você. Foi tão pouco perto do que você cuidou. Concordo com o poeta, quando diz que as mães deveriam ser proibidas de morrer. As mães não morrem, poeta. A minha está viva. Pena não poder receber mais o seu beijo, pena não poder despentear o seu cabelo, pena não poder deitar com ela para ouvir e contar histórias. O abraço terá que ser na alma. Mas ela está viva, poeta. Não do jeito que pude decidir, mas do que jeito que é. A mim, cabe amar e expandir minha alma até encontrá-la.

Obrigado, mãe!

É INVERNO

O frio chegou à minha alma. E não é de hoje. Hoje, sou tomada pelo medo de que alguma coisa aconteça com eles. Tudo o que vejo faz aumentar meu tremor. O racismo é praga que não morre. É isso o que sinto nesse frio.

Sou uma mulher negra que canta a vida com alegria. Superei desprezos com amores, encontrei espaço para não andar abaixada, gritei o silêncio dos que prosseguem. E sei que, no mundo em que vivo, posso respirar o ar do respeito. Mas há vários mundos. Há um indecoroso mundo de grandalhões que se vestem de uma pureza imunda e que se julgam superiores.

Não falo de ontem. Dos horrendos tempos de escravidão. Das lutas sangrentas por direitos. Falo de hoje. Meu filho tem 14 anos. Idade daquele lindo menino que teve seu futuro roubado por tiros de insanidade. Meu marido tem a idade de outro que teve a respiração roubada por um joelho assassino comandado por um cérebro sem cérebro. Os dois saem de casa para viver. Como, também, eu. Não poucas vezes, fomos parados para verificações. Meu marido tem quentura nos modos. Perdeu o pai bruscamente em uma inexplicável ação de quem deveria guardar vidas. Viu a mãe enlutada chorando o marido bom.

Confesso que vivi dias de ingenuidade. Achei que o racismo havia terminado o seu ciclo. Qualquer racismo. Contra qualquer raça. Quando um negro venceu as eleições em um país que tanto sangrou minha gente, sorri o sorriso do verão. O mundo não mais seria o mesmo, era o que eu decidia dizendo ao meu marido que chorava acreditando. Estávamos inocentes.

Os tempos de hoje são perigosos. Há líderes que pegam em armas para mostrar virilidade. Toscos irresponsáveis. As duas maiores armas que dignificam os humanos são a razão e o coração. Deixam as duas de lado, os dois. Nem pensam, nem sentem. Só agem ungidos por tantos outros que parecem não entender de humanidade.

Meu marido encomendou paciência para não brigar com o patrão. Um homem que, antes, escondia o preconceito por vergonha de que outros soubessem, mas que, hoje, se acha no direito de revelar sua face sem face. Quem destampou essas loucuras? A casa em que trabalho finge bondade. Uma distante bondade. Precisam de mim, mas me olham verticalmente. A escola do meu filho tem trabalhado temas que ajudam a compreender a convivência. Tem estudado pessoas e momentos que apresentaram a primavera aos viventes. Desabrochamos para o belo com Rosa Parks, Martin Luther King, Mandela, e tantos outros que permaneceram eretos. Não sem sofrimentos.

Uma amiga minha, negra como eu, foi comprar em uma padaria e recebeu um "hoje, não temos nada pra te dar". Olhou ela para si mesma, tentando entender o que seu corpo comunicava. Nada contra os que pedem. Tudo contra os que julgam. Os que se julgam superiores. Disse ela algumas palavras em tom correto. Exigiu atitude correta e saiu chorando para dentro.

Eu tenho medo, sim. Gosto dos dias de outono em que o sol espanta algum frio. Gosto de sair com meu marido para passeios simples. Gosto de acompanhar o crescer do meu filho e de sonhar com futuros de paz. Não tenho o direito de viver em paz? Mundo perdido em que muitos gritam gritos surdos e muitos deitam em silêncio com medo ou com preguiça de agir. Não se trata deles. Quando vi a cena do homem negro pedindo ar, estava ao lado da minha patroa. Olhamos a mesma imagem. Tive dor em cada pedaço de mim. Ela olhou, nem prestou atenção. Um lampejo de esperança me aqueceu quando a filha, da mesma idade do meu filho, se mostrou indignada. Sofreu, também. "Covardia! Como pode um homem fazer isso com o outro? Ele não tem sentimentos?" A mãe respondeu qualquer coisa e prosseguiu se enfeitando. É assim que agem os omissos. Quando não é com eles. Sempre é com eles. Não. Não há vários mundos. Há um só. Que está sujo pela natureza humana.

Faz frio na minha alma. Gostaria de viver uma outra estação. De dormir e acordar com o barulho bom dos animais que brincam de cantar e de voar a liberdade. De tomar banho na mesma cachoeira que banha outras pessoas diferentes de mim. A água na nascente é pura. Como a liberdade sensata. Como ser livre se os grilhões do ódio andam soltos comandados por vozes inumanas?

Não é a cor, são os sentimentos que traçam a diferença dos bons e dos outros.

Vida interior

Sou madrugador. Acordo o dia, enquanto limpo, de mim, qualquer amargura.

Sou advogado e levo para o meu escritório um punhado de esperança para alimentar os jovens que, vez ou outra, se esquecem de viver. Sem vida interior, vida não há. Há um contínuo movimento de ecoar outras vozes, há um repetir de gestos não pensados, há um não compreender. A vida interior é que nos faz viver. Gosto de estar com os jovens. De olhar para o alto e lembrar que somos pontes entre o que se vê e o mistério.

Sou casado com Rita e temos um filho que faz da medicina seu estar no mundo. Fico atento, quando ele nos explica o ofício de acalmar dores, de construir futuros, de abraçar despedidas. É jovem, ainda. Também fomos jovens. O tempo é brincalhão. Sem que percebamos, vai nos entretendo e nos escapulindo. Mas não lamento. Sei cultivar o que o tempo não leva. Sei desfrutar dos desejos, consciente de que são efêmeros. O que fica é o que há em nós.

Quando nos casamos, estávamos embrenhados de amanhãs que não conhecíamos. Imaginávamos uma vida sem tropeços. A música do juramento de eternidade não nos ensina a reconhecer espinhos. Sempre há espinhos. Mesmo em dias de festa. Mesmo nas flores mais convidativas. Havia muitas em nossa festa de união.

Prosseguimos unidos, ciosos, porém, das verdades das nossas imperfeições. Soubemos cultivar cada uma delas. Soubemos compreender que é assim o traçado da escultura humana. Esculpimos juntos os nossos valores. Com risos e outras reações. Mas juntos. E, juntos, prosseguimos na maturidade de nossas vidas.

No escritório, enquanto nos debruçamos em casos complexos, um jovem advogado me pergunta onde encontro paz em dias tão quentes, onde encontro forças para espalhar bom humor em meio à frieza de pensamentos sem pensamento. Tento responder com leveza: "Dentro de mim". E explico, em seguida, que não se trata de egoísmos, mas do cultivo da flor que não fenece, a flor da sabedoria. Rara e preciosa.

Prossigo dizendo, sem verdades absolutas, que demorei algum tempo para saber que a procura, em distantes paragens, era infrutífera. O fruto do existir mora dentro de cada um, exatamente por isso somos únicos, singulares, irrepetíveis. O jovem advogado me olha satisfeito. Sei que as sementes devem ser lançadas. Sem exageros nem cobranças. Cada uma tem seu tempo de germinação. Não se acelera o crescimento das plantas jogando água fervente. Por isso falo menos e ajo mais. Foi assim que aprendi com alguns mestres que cruzaram meu caminho. Gratidão.

Aprendi a meditar e a não ter medo de ficar sozinho. Solidão não é isolamento, é conversa, é a complexa viagem entre os sentimentos e o cérebro.

Leio, com vagar, os casos que defendemos. Sou dos que ouvem repetidas vezes histórias de clientes. Sou dos que tentam jogar fora as sujeiras de conflitos que machucam a alma. Quantas histórias de amor terminam em guerras judiciais? Ontem, viviam o encontro; hoje, se odeiam; amanhã, talvez, se arrependam. Sou dos que advogam pela ausência dos conflitos. A vida interior me ensinou a limpar a vingança. Que se vá em frente, se as mãos enlaçadas já não suportam o calor do estar. Que se pense um pouco mais. O pensamento é o que temos. Sem pensamento, somos um depositário de desejos incontroláveis, um reator imediato a qualquer faísca.

Nas salas em que recebemos os que nos achegam, distribuo atenção. É disso que precisam os que se sentem injustiçados. E tentamos nos lembrar da verdade. E, depois, traçamos juntos o caminhar. Da conciliação ou da briga sem briga. Racionais é o que somos, não é mesmo?

Volto para casa e beijo Rita que, também, advoga em favor da felicidade. Somos felizes com o que somos. Olhamos a estrada já percorrida e estranhamos quantas vidas vivemos em uma. E nos preocupamos pouco com o que ainda virá. É bom estarmos juntos. Ela é ela. Eu sou eu. E nunca nos perdemos de nós. Assim, é mais fácil permanecer.

Sobre o ser madrugador, gosto de acordar, antes do dia, para surpreender a mulher que amo.

As plantações e os exageros

Conheço o campo melhor do que a cidade. Lá nasci, lá cultivei a terra, lá vi crescer o alimento. Lá, fui me alimentando de interiores, de paciência, de aprendizagens. Acordávamos o dia nos esquentando de trabalho. E era bom. O cheiro da roça ainda vive em mim. Basta uma pausa e a lembrança me alimenta de tempos bons. Uma pausa.

Tenho dois filhos crescidos na cidade. São diferentes de mim como tem que ser. Têm eles outros tempos, outras recordações, outro agir. São adultos, já. Um perdeu o emprego. O outro trabalha, incansavelmente, em casa. O que perdeu o emprego passa horas assistindo a filmes e exagerando no que come. O que trabalha tranca-se no escuro quarto e desapercebe o dia que passa. A vida que passa. Tem ele um filho que acompanha as aulas por um computador, enquanto a escola não abre. E que se diverte com as histórias que conto.

Meu neto é minha maior ocupação. Não consigo ajudar no que falta das lições que faltam na escola em casa. Mas consigo contar histórias, consigo brincar, consigo demonstrar interesse em tudo o que ele faz.

Os meus filhos me preocupam. Jogo conversas com algum ensinamento. São respeitosos os dois. Cuidaram de mim, desde que a mãe morreu e um inverno se prolongou em minha alma. Foi cedo a mulher que amei. Sofri de depressão por perdas que se me acumularam. Passou.

Um dos grandes ensinamentos de quem planta é que precisa descansar a terra. Mesmo a terra fértil. A fertilidade da mente humana precisa de descanso.

Minha avó gostava de usar a palavra "fastio", para nos ensinar que era bom sair da mesa de refeição sem o peso dos exageros. Era elegante aquela mulher. Cultivava o prazer simples do campo e do campo dos afetos humanos. Quando inventávamos de comer bobagens, ela nos dizia com simplicidade: "Não estrague a fome". Não se referia ela à fome horrenda, fruto da injustiça, que mata a vida ou o futuro de tantos irmãos nossos. Mas a fome que nos permitia encontrar sabor no alimento que virá. O cheiro da comida feita no fogão a lenha ainda mora em mim. O mastigar saboroso de comidas simples enfeitadas com o canto do mato. Ouvíamos os passarinhos, quando o pão feito em casa nos despertava prazer. O caldo quente da noite era a refeição mais leve. Também a conversa deveria ser assim. À noite, era preciso evitar gastar tempo com aborrecimentos. O sono era sagrado. Continuei com esses saberes.

Meu filho, que gasta os dias fazendo a mesma atividade, come uma comida seguida da outra. Acaba de almoçar e faz pipoca para ver o filme. Logo depois, um pouco de sorvete. Logo depois, um salgado qualquer. E sempre deitado. E assim não percebe o que come e nem percebe que o dia tem diferentes horas para diferentes ações. O que trabalha não quer se levantar. Sentado em frente a um computador, enquanto sua empresa pede que fiquem em casa. Vez em quando, eu insisto e ele atende. Forço a mudar de posição, a dar uma pausa, a brincar com o seu filho. Ele obedece, mas, logo em seguida, esquece.

Não temos muito dinheiro, mas temos o suficiente para não nos faltar nada. Quando olho em volta, percebo o quanto precisamos agradecer. Mas tenho, ainda, as ilusões de plantar algo nesses dois. A vida é curta e é larga. É curta no tempo e larga nas possibilidades. Quando nos decidimos mudar para a cidade, foi para que os nossos filhos tivessem uma escola melhor. Também gostei de trabalhar no comércio, de negociar, de conhecer vidas. Aos poucos falávamos, minha mulher e eu, sobre o que puderam aprender e sobre o que deixaram de viver. Não sei se erramos ao exigir tanto deles. Não sei se teria sido diferente, se tivéssemos permanecido entre as montanhas. O que sei é que os exageros sempre me preocuparam. Os que bebem demais, os que comem demais, os que reclamam demais, os que descansam demais, os que falam demais. Fastio nunca é bom.

Meu neto acorda e já me pede uma história, enquanto preparamos juntos o café. Depois, vêm os dois. Conversamos um pouco e eles se vão para os seus quartos. Ficamos nós dois. Assisto às aulas com ele e ele gosta. No intervalo, peço alguma explicação. Sei que isso é importante para que ele valorize o que está aprendendo. Depois, ele me vê preparando o almoço. Ontem, me viu chorando, quando cortava o quiabo em pedaços pequenos. Falei de sua avó. E ele achou bonito. Disse que, quando tiver uma filha, vai dar o nome de Helena, da minha Helena. E eu agradeci.

Não quero reclamar da família que tenho, só quero que eles queiram a felicidade. Não sei quanto tempo ainda tenho. O que tenho de mais precioso mora em mim e eu preciso arrumar meios leves para que eles percebam e que ainda aprendam antes de eu ir.

Com as crianças é sempre mais fácil. Os adultos, como acham que sabem, demoram mais para compreender.

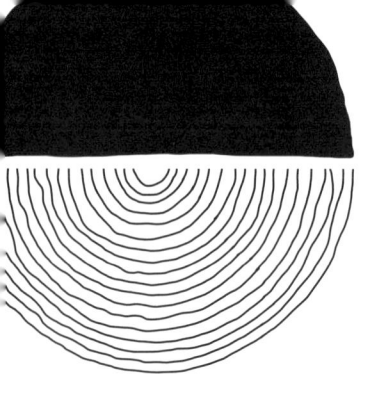

O BOM E O AGRADÁVEL

Como é bom ver novamente o mar! Como é bom sentir o infinito soprando minhas memórias!

Deixei de contar os dias em que fiquei preso em uma cama. Primeiro no hospital, depois em casa. Não gosto de me lembrar da explicação. Não foi agradável ouvir o que ouvi. Nunca mais poderia andar. O médico disse que era bom que eu soubesse, que eu me acostumasse, que tantas outras pessoas reencontravam forças com o tempo. Era bom que eu soubesse? Pode ser. Mas agradável não era.

Fiquei rascunhando em mim a diferença entre essas palavras. Nem sempre o que é bom é agradável. E nem sempre o que é agradável é bom. Cumpri deveres que foram bons para ser quem fui. E bebi, erroneamente, o agradável.

Foi um acidente. Eu não sei o que aconteceu comigo. Eu havia bebido. E por isso não era bom que eu dirigisse. Pensei nada naquela madrugada. Procurei um luar que não apareceu, olhei para a dor de uma separação. Separei-me de mim por alguns instantes e me achei em um hospital.

O fim de uma paixão é dor que passa. É bom pensar assim. E é o certo. Mas, naquela noite, quando vi os dois juntos, eu me perdi de mim. Foi bom que eu os visse. Só assim acreditei. Mas não foi agradável.

Eu nada fiz. Sorri para eles e chorei para mim. Bebi o esquecimento e esqueci de compreender que, um dia, esqueceria aquela visão. Dirigi sem pensamentos. Só a imagem do beijo que me escondia o luar. Pelo menos ninguém se feriu, além de mim. Houve um muro entre os meus delírios. Bastava que eu desviasse um pouco. Não consegui.

E agora estou aqui, vendo o mar. E há um preenchimento bom nos meus sentimentos. Nos meus sentimentos bons.

Não sei quem escreveu que os sentimentos são maiores que as emoções. Nem sei se está certo. Sei que a falta do caminhar não faz a falta que eu imaginava no início.

Caminho nos pensamentos, caminho na gratidão aos amigos que se revezaram em me entregar amor. As emoções de raiva, de vingança, foram cedendo vez para o sentimento de estar vivo e para o sentimento da compreensão de que a vida é muito maior do que uma visão em dia ruim. Ninguém gosta de ser trocado e isso dói, ninguém gosta de ser traído e isso nos tira os pés.

Os meus pés descansam, hoje, nessa cadeira, enquanto o mar faz o seu barulho. Em pouco tempo, vou poder nadar. Em pouco tempo, vou voltar a atender os meus pacientes. Sou dentista. Gosto de devolver sorrisos e de aliviar dores.

Sei que há muitos que se acidentam como eu e que não têm as condições que tenho para reinventar a vida. Sei que há os que nem conseguem sair de casa. Agradável não é ser privado do caminhar com pés próprios. Mas é bom que eu busque forças para fazer o que eu fazia mesmo em velocidades e jeitos diferentes.

O mar está calmo hoje. Já vi ondas mais difíceis. Já enfrentei tempestades. Algumas reais e algumas imaginárias. O medo do sofrer antecipa o sofrer. É bom que eu aprenda algo com tudo isso. O valor do instante. A compreensão dos instantes que se sucedem. As águas que vêm e que vão. Que beijam as areias e apagam as desnecessidades. E voltam à sua totalidade.

Gosto do cheiro de vida de hoje. Tenho alguém que me ajuda a ir aonde preciso. É bom que eu saiba que sempre precisarei de alguém. Certamente, já precisava antes, mas não percebia. Se o bom e o agradável, por vezes, andam em trilhas diversas, hoje, resolveram ficar comigo. Os sentimentos que tenho me trazem sorriso e me dizem que é agradável ver o mar e saber que estou limpo de emoções que não me faziam bem.

É bom estar vivo e saber o que sei e saber que terei que continuar a aprender a viver.

Como é bom ver, novamente, o mar.

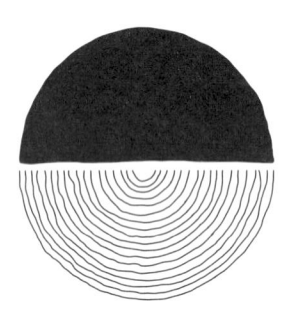

O interruptor de luz

Onofre é, às vezes, desajeitado. É dele essas responsabilidades. Não sou eu quem tem que cuidar da elétrica da casa, já basta cuidar da elétrica da vida. A família toda vive a me clamar por entusiasmos. Saiu cada um de um jeito. Os filhos, às vezes, se dão; às vezes, não. Brigam por estranhamentos tão bobos que fico pedindo ao tempo que amadureçam logo.

Acho que o tempo está sem tempo de me ouvir. Os filhos já têm os próprios filhos que, por vezes, parecem mais maduros que os pais. Minha única filha se acha no direito de mandar nos irmãos. Ora essa, ninguém tem que mandar em ninguém. E ela justifica o elevado tom de voz repleto de indelicadezas, porque se preocupa, porque ama. Discordo, o amor é ou silencioso ou delicado.

Bendito interruptor de luz que não funciona! Agora, é sempre dia por aqui. A luz não se apaga. Não que eu não goste do dia. Gosto. Mas gosto também das pausas. A noite traz um silêncio reconciliador. Os sons são outros. O som do silêncio em que as vozes descansam. O som do escuro em que os sonhos se voltam para dentro. E, depois, novamente o dia, e seu acordar exigente. Mas, sem o interruptor de luz, a luz fica, incansavelmente, na minha mente me fazendo o que me faz minha filha, quando grita comigo. Ela gosta de me lembrar dos detalhes que doeram, por alguma razão. Se os dias foram de sol, ela insiste em um deles, de que nem me lembro, em que o frio foi mais forte do que nossas cobertas.

Ela se cobre de desculpas para não ser feliz. Decidiu que eu sempre amei mais os seus irmãos. E, por isso, os estraguei. Dia desses, concordei. Há momentos em que nadar contra as águas deixa de fortalecer a alma e se torna tedioso.

Disse ao Onofre que, ao menos, colocasse algum pano sobre a lâmpada. Disse ele que não se importa da luz que nunca se apaga. Diante de resposta tão sem pensamento, eu disse nada. Aprendi isso com minha mãe. Nem ela nem eu tivemos o prazer do estudo. Ela estudou nada; eu, até as primeiras séries. A vida dura de antes nos roubou esses deleites. Como eu invejava os que andavam com livros e cadernos entrando e saindo da escola!

Tive que trabalhar. O meu único irmão sofreu um acidente e se fez nosso até os seus últimos dias. Meu pai, não conheci. Não sou de me fazer escrava de pensamento dorido. Mas tem dia que teimo em ficar vendo só o passado. Aí tenho que ter uma conversa séria comigo mesma para que eu lembre que vivo no presente e que tenho muito o que agradecer.

Fica difícil descansar com essa luz que não se apaga. Minha mãe dizia que umas coisas era melhor não saber. Que, quando se sabia, não se conseguia mais deixar de saber.

Meu filho mais velho trata a mulher com muito amor, disso sou testemunha. A Anete, irmã do Onofre, tem mania de tomar conta da vida que não é sua. Esses dias, ela me falou que alguém disse para ela que alguém viu o meu filho se engraçando com outra mulher. Ouvi quieta, limpando o feijão. Gosto de fazer isso, separar o que alimenta do que é sujeira. Ela disse que ela mesma falaria com minha nora para que ela tomasse cuidado. Foi quando perdi a paciência e disse a ela que ela nada iria dizer. Pra que atormentar a cabeça de alguém? Ela tentou explicar: "E se for verdade?" E eu lancei: "E se não for?".

Que essa luz incomoda, incomoda. Os pensamentos também incomodam, se não conseguimos limpar. É como feijão, você compra tudo junto, o feijão e o que não se pode comer. Tem que ter calma. Tem que ir separando o bom do resto. Quando dou de pensar em coisa ruim, eu logo me lembro de que tem coisa boa.

Minha única neta tem meu nome. É filha do meu filho mais novo. Andrea é um bonito nome. Alguém me disse que significa coragem. Onofre estava junto e concordou. Ele tem o costume de concordar. Às vezes, podia ter um pouquinho mais de ação. Seria bom pra todo mundo.

Bem, melhor eu dizer nada, estamos casados há quase 50 anos e tem dado certo. Nem a luz que não se apaga, por causa do interruptor que ele não consertou, é capaz de mostrar alguma imagem de uma vida separados.

E para os casais que dizem que com o tempo fica só a boa companhia, eu rio para dentro. Aqui continuamos permitindo que o desejo nos faça um. Se digo essas coisas por aí, ele faz ar de sonso, mas gosta. E, assim, vamos vivendo os nossos melhores dias.

Um suspiro de atenção

Disse nada meu filho. O silêncio sussurrou que a limpeza a ser feita era nossa. Limpei sozinha a vida nesses quase 40 anos de casados. Ouvi histórias que escondiam histórias, enquanto varria para longe o que nos desunia. Julguei ser melhor permanecer.

Talvez tenha aprendido, observando minha mãe. Meu pai contava sobre caçadas aos amigos, enquanto ria alto jogando cartas. Minha mãe, que tudo ouvia, lavando as louças em silêncio, dizia nada. Não era sobre animais que ele falava. Decidi ficar convencida de que ele mentia, que dizia o que dizia por insegurança. Meu irmão não concordava e, invariavelmente, protestava com sua ausência. Viveram juntos até o fim. O que aconteceu, nesses dias, me fez desejar outro fim.

Dirceu foi alguém que o tempo deixou distante. Um primeiro amor sem grandes encontros. Uma promessa que morreu na decisão de meu pai de que ele era ninguém e que, portanto, eu precisava escolher algum outro. Então, foi com Pedro que me fiz mulher e que vivi esses anos todos. Lembro que demorei algumas estações para tirar Dirceu de mim. O imaginado parece demorar mais para partir do que o consumado.

Então, resolveram fazer uma reunião dos formandos daquela escola, 50 anos depois. Tudo à distância, como exige esse tempo de pausas. Éramos poucos. E lá estava Dirceu. Os cabelos aloirados de antes se fizeram acizentados, a pele tinha cansaço nenhum; os olhos, os mesmos que me tiraram tempos de pensamento. Resolvi falar pouco e nunca com ele. Não sei ver pela máquina quem olha para quem.

Dormi com a sensação de que seus olhos eram meus. E sonhei. E acordei sobressaltada com medo de alguma palavra sussurrada sem a consciência do dia. O telefone me avisa de alguma mensagem. Era ele. Está separado, há algum tempo, e é em mim que ele pensa. Estava certa. Os olhos eram meus. Fez comentários incomuns às pessoas da nossa idade. Disse coisas que me tomaram desprevenida. Sobre meu sorriso, sobre o tom da minha voz, sobre o balançar da minha cabeça, sobre os meus seios. Corei e parei de ler. O susto foi tão grande que Pedro, saído do banheiro, quis saber. Fiz como ele, contei uma história para esconder outra.

O dia se seguiu com outras mensagens. Decidi responder. Ele com quentura, e eu com delicadeza. Fez a proposta de nos encontrarmos. De continuarmos o que ficou nas intenções, há meio século. O meu corpo, de 69 anos, dançava incontrolado. Sensações de que não me lembro que existiam trouxeram a vida que se cansara de volta.

Pedro estranhou meu estranhamento. Era sorriso em demasia para um dia frio. Eu estava quente. Estar com ele novamente, estar com ele pela primeira vez, ser mulher no seu corpo. Por que não? Ele dizia para deixarmos o medo e nos acertamos. Dizia isso, porque falei sobre medo e sobre estar casada há tanto tempo.

O que era o tempo para o amor? Era um alternar de romantismos com obscenidades. As mensagens, nos sete dias antes da descoberta, trouxeram a mim sentimentos desconhecidos. Acordava antes do dia para ver o que ele me reservava. Esperava Pedro dormir para o "boa noite" com delícias. O celular me acompanhava e eu ria sozinha imaginando.

Foi quando Pedro me deu um suspiro de atenção e percebeu que eu era outra mulher. Enquanto eu descansava o pensamento no banho demorado, Pedro leu as mensagens. Enquanto eu me secava, ele me encarou e chorou pela primeira vez sobre mim. Não havia para ele uma outra vida possível. Eu não podia desejar um outro. Eu não podia partir como eu dizia na troca de mensagens. Já havia futuro nos nossos textos. Já estava grávida de um amanhã na quentura de um amor que me notasse. Eu apenas ouvia. Foi quando ele falou sobre os meus seios e se aproximou, tirou a toalha e foi brincando comigo. Seu desejo, há muito, não me via. E fizemos amor. E nos levantamos em silêncio. E tomamos café com música. E nos namoramos. E ele quis, novamente, me amar. Não sei em quem pensava, mas me permiti viver aquele instante. E, depois, me falou de planos.

Dirceu havia dito sobre dias juntos no mar. Pedro me falou do mar. Do quanto gostávamos de nos beijar juntos no vaivém das ondas. Pensei no tempo. Há quanto tempo não fazíamos isso. O pensamento trouxe desejo e dúvida em mim. Peguei o celular e, na frente dele, mudei a senha. A decisão seria minha. No tempo em que ele não me quis, ele teve quereres. E agora... E agora? Dirceu é o que imagino. Pedro é o que tenho. E agora?

Disse nada meu filho, quando ele contou a história. Foi elegante no dizer. Apenas narrou. Não me fiz de culpada. Ouvia sentada suas inseguranças. E reparei no quanto ele ainda era belo. Olhei as mãos que se mexiam nervosas, os pés descalços, a ausência de chão daquele dia. A Dirceu, disse que ele havia lido as mensagens. Ele pareceu não se importar. O resto não disse. Vou deixar que o tempo diga.

Pedro resolveu fazer o jantar. Cozinha bem o meu marido, embora tenha perdido o costume.

Sobre o que ficou

Sou um decorador inquieto. Pronto. Encontrei um elogio ante a tantas ausências que moram em mim. Inquieto é palavra boa. A ruim é insatisfeito. Decoro a casa dos outros e a minha própria. Ou as minhas. Mudo com frequência, porque os lugares não me cabem. O vazio é grande demais para que eu me aceite e respire o bom da vida.

Minha mãe desistiu de viver. E eu estava em casa. Isso foi há algum tempo. Foi ontem. É hoje em mim.

Decoro lugares e não almas. Sou pouco prendado para falar de suicídios. Mas sei falar de espaços preenchidos ou vazios. Nas casas, há uma proporção para tudo, uso medidas que compõem cenários. Em mim, as medidas são outras. O que sei é que meu pai não se satisfazia, apenas, com minha mãe. Vivia da busca. Da necessidade da conquista. Da carência despedaçada em outras bocas.

Da boca de minha mãe, o que saía era o silêncio. E ela sofria. Não sei se foi isso. Escolher culpados é um desajeito dos apressados. O que se vê na superfície é nada diante da profundeza do que se esconde.

E ela se foi. E eu fiquei rabiscando uma planta em mim, um desenho que compreendesse o que havia e o que faltava.

De rasuras em rasuras, cheguei a nada. Se meu pai tinha outros intentos, por que ela não o deixou pra ficar comigo? Ou não era isso, ou era eu que não bastava? Dizem que nada se compara ao amor de mãe. Então, o erro estava em mim. Pouco profundo para preencher. Pouco necessário para satisfazer.

Meu pai prosseguiu a vida nas buscas insanas dos que não se completam. Vejo-o sem o ver. E, cada vez, menos. Há sempre uma desculpa para ambos. E, assim, vamos remarcando. As marcas estão em mim. Sobre ele, não sei. Ele tem, ainda, o colo de mãe. Minha avó pouco fala sobre o ontem. Finge esquecimentos, quando tento resgatar. E se põe a me oferecer doces que não me adoçam. A perguntar perguntas desatentas para matar os instantes. E logo me levanto. E parto sem luz.

Olho os espaços vazios que vou decorar e, em pouco tempo, minha mente resolve. E confesso que dei certo arrumando o onde outros moram. Em mim, moravam perguntas; hoje, mora silêncio.

Ela poderia ter deixado uma carta, uns rabiscos de amor para mim, uma orientação para a orfandade. Deixou nada. Fiquei exposto ao frio dos dias, sem cobertas nem aconchegos. Meu pai me entregou à sua mãe, quando eu nada sabia da vida. Era pequeno. Ainda nada sei. Mas cresci forçado pelo tempo. As poucas fotografias foram retiradas dos antigos móveis para que eu pudesse olhar outros suspiros de vida. Aquela vida se foi. Tola ideia. Eu olho é pra dentro. E, dentro de mim, mora o velho. Os velhos dias em que eu ainda brincava. Sei que não sou o único. E, talvez, nem o mais covarde. Certamente, não sou, também, o mais corajoso. Sou um entre tantos que engatinham explicações.

Ontem, li uma carta que uma tal Cecília enviou a amigos, quando o marido desistiu e a deixou com três filhas, todas de nome Maria. Me fez bem. Ela prosseguiu poetizando e encontrou na palavra a essência da vida que prossegue. A mente precisa de outros respiros para expandir. O pensamento, também, requer distrações para aliviar as quenturas e voltar ao estado normal.

Decidi levar minha avó para ver alguns projetos meus e, depois, tomar sorvete de flocos, seu preferido. Decidi falar nada sobre a dor. Melhor deixá-la quietinha. Os cômodos recebem os móveis que escolhemos. Há alguns que me pedem para levar algum guardado da casa antiga. Eu permito e escolho um canto que não atrapalhe. Deixa lá. É lembrança do que foi ontem. O resto é novo, porque é assim a natureza dos dias. Sobre o que ficou, é melhor não brigar. Nem com os outros nem com os nossos sentimentos. Há espaços novos a serem preenchidos. Então, é bom decorar, na inquietude ou na calmaria, dependendo do clima do dia, dependendo da companhia. Então, é melhor dar as mãos para quem ficou sem julgar quem foi.

Isso mesmo, vou tomar sorvete com a minha avó.

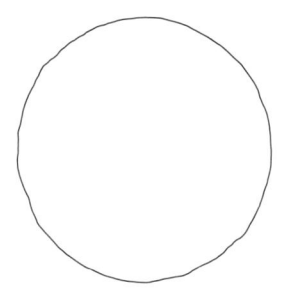

A POEIRA DA DERROTA

É como se me engasgasse. Vem uma prisão de dentro de mim que me escurece o instante. É apenas um instante, eu sei. Só não sei como fazer para não dar valor ao que valor não tem. E foi sempre assim.

Desde muito menino, eu jogava xadrez com meu pai. E ele percebia os meus incômodos com a proximidade da derrota. E, então, trazia o erro para que eu pudesse vencer. Talvez tenha sido esse o seu erro. Eu não deveria vencer sempre. Ninguém vence sempre.

Fui me obrigando a vencer. Das olimpíadas escolares aos jogos descontraídos em família. Para mim, era sempre muito tenso. E quando ouvia, "O Pedro vence sempre", aumentava a minha necessidade de provar que estavam certos. Enquanto eles riam, eu prestava atenção. Enquanto eles se divertiam, eu comia partes de mim para jamais perder.

E se perdesse? O que aconteceria? Seria menos amado? Seria menos valorizado? Não sei. Sei que, até hoje, tenho que brigar com as brigas internas que me retiram o prazer de qualquer instante para provar aos outros que, em mim, não mora a derrota. Que monstro é esse? Que mandamento criei em mim mesmo de competir sem pausas? E eu sei que cooperar é tão mais bonito.

Vez em quando, em momentos de lucidez, ponho-me a perscrutar o sofrimento que me causo. Observo os vencedores que se fazem perdedores por fraudarem a vida. É assim na política, é assim nos negócios. Um dia, o pódio da vitória; no outro, a vergonha dos meios obtidos para chegar à vitória. Um dia, o discurso do vencedor; no outro, o desmascarar das hipocrisias que levaram à vitória.

A batalha da vitória mora em planos mais profundos do que um tabuleiro de xadrez. Ou do que uma eleição. Ou do que um negócio fechado com algum talento. O vencedor inicia sua jornada dentro dele mesmo, quando diz "não" ao incorreto, ao desonesto, ao injusto. Quando promove um levante contra os seus sentimentos menores que vivem em busca de aplauso. Os maiores sentimentos respiram sem cobranças, e nos remetem ao melhor que somos. Digo isso para mim mesmo com a justa finalidade de aprender.

Meu pai ainda joga comigo e ainda ri do meu nervosismo. Já sou pai e educo os meus filhos para que separem o necessário do resto. Para que não se prendam às teias em que me perdi. Converso sobre isso com minha mulher, que ameniza meus exageros. Ela limpa as nuvens que me escondem de mim, dizendo que o fato de eu reconhecer o que mora em mim já é uma chave para que eu abra os dias que virão, para que eu desconsidere o desimportante, para que eu respire sem o medo da poeira da derrota.

Minha mulher é a vitória do romantismo, é a brisa que quebra as quenturas que me quebram. Os seus ditos são despretensiosos. Nada em excesso. Costura ela, em mim, os rasgos que fiz na minha alma serena. E me traz as delícias de acalmar a vida com gestos simples. Na nossa casa, mora uma roseira que, invariavelmente, ela cuida dizendo que ali ela respira Deus. E faz a oração do amor com uma convicção de vencer os ódios e as indiferenças do mundo. Um dia, me disse sorrindo que essa é a única vitória que compensa.

Meus filhos brincam no quintal e se sujam sem medo. Fico feliz de ver que não se trancam em jogos de máquinas. Gostam do sol e não se importam com as derrotas. Carmen, minha mulher, tenta me emprestar lentes de amor, para que eu veja que dei certo, e que a oração dos meus amanheceres deveria ser a oração da gratidão. Não acredito nas ingenuidades de que alguém muda de uma hora para outra.

Brincamos, esses dias, de uma antiga brincadeira de criança. Esconde-esconde. E eu perdi. E ri muito do lugar em que minha mulher se escondeu e do jeito que meu filho caçula revelou a descoberta, quando viu os seus olhos. O dia estava indo embora e eu estava em paz. A poeira que me tomava era apenas a do fundo do quintal em que logo fui descoberto.

Fiquei com vontade de ligar para o meu pai e dizer que fiquei em quinto lugar na brincadeira, dos cinco que brincavam. Minha mulher, o amor da minha vida, nossos três filhos e eu. Amanhã, eu conto para ele. E, se tiver maturidade, perco no xadrez e ainda dou um sorriso de libertação.

A VIDA QUE COSTUMÁVAMOS TER

Ontem, fez dois anos sem ela. E ela faz, ainda, aniversário em mim. Não tive o poder da decisão, sequer pude limpar os ditos incorretos, rasurar alguma explicação.

Tenho o bom e o ruim do silêncio. Fico quieto tempo demais. E tudo o que é demais perturba. Por que não fiquei, então, quieto naquele dia?

Eu falei primeiro. Contei o que não era necessário ser contado. Culpei o desejo que é mais forte do que eu. Quis estabelecer a sinceridade.

Estávamos juntos, há algum tempo. Subitamente, achei natural que outros interesses me emprestassem de mim.

Ela falou nada. Olhou para dentro, querendo entender. Tantos anos juntos.

E foi assim o nosso entardecer de um inverno de há dois anos.

Dormimos sem abraço. E nos levantamos sem calor. Ela se lavou de tudo o que achou necessário e veio ter comigo.

Foi quando chorou o fim. Ou não. Fiquei imóvel. Enquanto dizia que nunca mais me enxergaria como antes, fez silêncio. Deitou-se na cama, em que tantas vezes nos amamos, e lascou perguntas querendo saber por que eu não a abraçava eternamente, por que eu não espantava, junto com ela, o frio daquele dia e de todos os outros.

Como eu quis ter dado aquele abraço! Mas não dei. Como eu quis ter dito que era ela a mulher da minha vida! Mas não disse. Fiquei no tal silêncio perturbador. E, então, ela se abraçou a si mesma e foi se levantando. E é essa a visão que aniversaria em mim.

Quanto aos desejos que tive, se abrandaram. E foram apenas desejos de um homem inseguro diante do despedir da juventude. Nada aconteceu, além do riso bobo de ser olhado por uma outra muito mais jovem.

Desarrumada, arrumou as suas coisas. Disse que o resto alguém organizaria. Eu disse nada. Fiquei olhando e chorando por dentro. Confesso que imaginava que ela iria mudar de ideia. Confesso que não sei o que imaginava.

Na primeira noite sem ela, algum alívio. Nos últimos tempos, havia muita posse, muito ciúme, muita invasão.

A liberdade de alguns dias foi se transformando em cansaços. Eu tinha a certeza de que ela voltaria com a alegria de sempre, com as festas por bobagens, com as quebras do meu silêncio. Era ela a barulhenta da casa. Seu jeito de menina bagunçava de um jeito bom os meus dias. No jardim que plantávamos um no outro, havia tantos bocados de dias festivos, de viagens, de noites de luares. Havia as nossas imagens, um à espera do outro. Da janela de onde se via tanta gente, eu a olhava atravessando a rua e voltando para mim. E ríamos a distância. E, então, ela entrava e nos amávamos como nos inícios.

Dentro de mim, as prisões me quebraram as iniciativas e, assim, se passaram dois anos. Soube dela por outros. Que está bem. Que ri das coisas simples e que pouco fala de mim. Cheguei a encomendar flores e ensaiar uma surpresa. Desisti. Talvez prefira a lembrança do que vivi e do que imaginei.

A distância apaga as feituras e confunde os fatos. Soube por outros de segredos que ela escondeu. De fazeres errados. De alguma hipocrisia, quando chorou fidelidade. Mas não é nisso que penso, agora. Penso no seu cheiro e em alguma esquina em que, quem sabe um dia, nos encontremos novamente.

Que seja na primavera, tempo dos renascimentos.

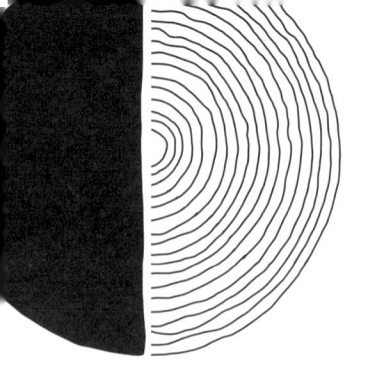

A imagem do meu pai

Era um domingo, eu me lembro. Nossa pequena casa de praia ficava perto de um morro que levava o nome de um santo, Santo Antônio. Havia apenas um quarto, uma cozinha e uma varanda que ficava próxima ao segundo dos dois banheiros da casa. Dormíamos todos juntos. Meus irmãos, meus pais e, algumas vezes, meus avós. Em camas e beliches, descansávamos do dia de sol, do dia de mar.

Mas, no domingo em que nasce essa lembrança, o sol é que descansou. E, então, a chuva choveu o mundo inteiro. Raios clareavam a varanda. Do morro, desciam lágrimas de todos os santos, imaginava eu, menino ainda. E o medo foi me afogando. Minha mãe, com meu irmão no colo, também se encolhia querendo dizer que poderíamos ser varridos por aquela água sem fim. O barulho dos raios se seguia a outros de alguns gritos de vizinhança. Não foi uma chuva qualquer. Também lembro que parte da cidade permaneceu inundada por alguns dias. Mas não é sobre isso que penso agora. A memória me oferece a imagem do meu pai.

Enquanto nos movimentávamos dentro e fora de nós mesmos, ele permanecia sentado em uma cadeira de balanço, olhando para as águas que caíam. Não havia medo nem pavor, tampouco desconsideração aos nossos sentimentos. Havia uma paz que o inundava da certeza de que, depois da chuva, o sol é ainda mais bonito.

Eu era pequeno e os detalhes me escapam, depois de tantos anos. Mas as duas faces daquele dia ainda me compõem. O medo e a esperança. O pavor e a serenidade. O caos e o equilíbrio. Meu pai era de muita oração e cultivava, em sua simplicidade, um plantio de bondades em sua vida interior. Era um jardineiro de almas. Sorria para espantar as mágoas, compreendia para viver melhor.

Suas frases ainda moram em mim. Com ele, aprendi a semântica da paciência. Ter paz diante da ciência do mundo. Ter paz, quando as chuvas pesadas nos impedem de ver o caminho. Ter paz, quando há luz, e o dia segue com a maré nos proporcionando caminhadas.

Conheci homens bons em minha vida. E conheci os outros. Muitas vezes, desisti de acreditar na bondade humana. Chorei as injustiças e as mentiras. Caminhei isolado com medo da humanidade. E não sem razão. Basta um abrir de olhos e a perversidade aparece, machucando, provando que algo está errado. As violências, os gritos ameaçadores, os preconceitos, o ódio industrializado pela fábrica das relações humanas.

Ainda hoje, choro a falência do amor nos rostos que usam as máscaras da hipocrisia e dos egoísmos. E, então, para que não me perca entre os perdidos, penso em meu pai. A serenidade na tempestade. O silêncio nos barulhos. A paz em qualquer situação.

Ele mora em mim. E me oferece sua melhor herança, ele mesmo. Os bens que ele me deixou usufruí e usufruo; os presentes, pude usá-los, um a um. Mas o que de mais precioso mora em mim é a sua imagem, íntegra.

Dentro de mim, ele me sorri, quando acerto e quando erro. Porque assim era ele. Acreditador dos sorrisos e não dos corretivos doridos. Jardineiro, já disse. Cioso de que seu estar no mundo era uma dádiva de Deus para plantar, para cultivar, para construir a paz. "A vida é um milagre", suspirava ele.

Chorei muito sua ausência, perdi o chão em sua partida. Hoje, há outro sentimento que me acompanha. Choro, às vezes, mas de emoção. De lembranças que vão me relembrando que, se filho de jardineiro sou, jardineiro tenho que ser. Planto palavras crendo que elas enfeitam o mundo com seu perfume e sacodem o mundo com seu poder.

Não sou ingênuo de achar que tudo vai bem. Dos morros que nos cercam, descem ódios que podem nos afogar. Mas a imagem do meu pai, a que mora dentro de mim, me diz que não. Que amanhã ainda haverá dia e que poderemos abraçar o abraço dos que permaneceram acreditando. Que flores brotarão de intenções corretas, que ventos nos trarão sentimentos novos.

Hoje é Dia dos Pais e recebo eu o presente de um filho com história. Gratidão a Deus pela árvore de onde nasci.

Feliz Dia dos Pais!

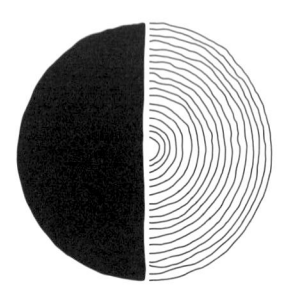

A MÚSICA E O SILÊNCIO

Fui eu que pintei esse quadro. Sim. É minha mãe. Uma metade é o seu olhar, quando se casou com meu pai. A outra, é do último dia em que ela cantou. Foi um pouco antes de entrar em cena. E, depois desse dia, foi silêncio.

Também sou cantor. Ensino o canto como uma chama que desaloja de mim qualquer sentimento menor. Quando canto, me despeço das exterioridades e me integro à minha alma interior. Sou eu e a eternidade. Sou eu ou a partícula de mim que se une ao cosmos gigante de luzes e de sons que deslocam o tempo, para qualquer tempo no espaço, onde canta um cantador. É por isso que ouço o ontem, a voz de minha mãe, que se calou há algum tempo.

Eu era pequeno e a via fazendo os exercícios de voz. Ia com ela ao teatro e apalpava, com a minha pupila, cada gesto que a maquiava para entrar em cena. Respeitava o seu respeitoso nervosismo. O público merecia encontrá-la inteira. Gostava de ver os aplausos em cena aberta. Os ditos extasiados que exclamavam que, ali, brilhava uma estrela. E, então, corria para a saída do teatro para ler, nos olhares e nos dizeres, o que, de minha mãe, eles levavam para as suas vidas.

Meu pai não parecia se integrar a esse mundo tão aquecido. Era frio, quando tentava ela narrar o dia. Era ausente nas estreias. E se fazia incomodado nas demoras. Ela chegava com os aplausos na alma e se deitava na solidão acompanhada. É o que posso dizer quando apalpo o corpo nu da memória. Não condeno meu pai. A armadura que ele usava foi a única que conseguiu. E, então, os abraços necessários se perdiam.

Um dia, a voz de minha mãe falhou. Era noite. Triste noite interminável. Deixou os camarins para viver a arrumação da casa. Varria, todo dia, toda a tristeza do mundo. E limpava cada pedaço da sujeira daquele chão. Eu não compreendia o seu silêncio. Fui crescendo e fui cantando. Ela me via ao piano e dizia nada. Eu sonhava uma aprovação. Nada. Apenas os seus olhos nos meus olhos confundindo os meus sentimentos.

Um dia, finalmente, a convidei para voltar aos palcos, dirigida por mim. Disse nada. E aceitou. Foram algumas apresentações, apenas. Quatro. Como a totalidade dos gregos, a tetragonalidade. E, no último dia, depois dos aplausos que pareciam invadir a solidão do mundo, depois dos entusiasmos que alimentariam qualquer artista, ela me olhou e disse: "Foi por você, meu filho, e foi a última vez". Eu não entendi, e ela concluiu: "Nunca mais vou cantar". Foi nesse dia que tirei a foto que serviu de modelo para a parte direita do quadro. A outra, como disse, foi no dia em que subiu ao altar.

Morreu minha mãe, pouco tempo depois. No velório, deixei as músicas cantarem. No sepultamento, cantei eu, entre soluços e gratidão.

Canto, hoje, canções tantas que dela ouvi. Deito em seu passado misterioso. Em suas escolhas silenciosas. E choro sozinho. Meu pai, também, se foi. Pouco depois da morte da minha mãe, eu o vi ouvindo os seus discos, segurando sua foto e chorando. Ouvi um cantarolar bonito como se cantasse ele as mesmas músicas que ela, só que pra dentro. Fiquei pensando no que faltou ser dito, no fogo escondido que não a aqueceu. Ele a amou profundamente, mas não conseguiu tirar do poço, da fundura de sua alma, uma água que espantasse a sede demorada de minha mãe.

É o que penso sem ter o poder nem o direito de decidir o passado. Isso tudo faz tempo. Hoje, os dois moram em mim. E, também, esse quadro. E essa vocação para silenciar apenas nas pausas entre uma e outra canção.

Na aridez do mundo, eu canto. Nos estranhamentos entre pessoas, eu canto. É a herança que recebi e que ouso deixar. Para acalmar as diferenças, para alimentar de sagrado os dias comuns. A música é a expressão da leveza de Deus na elevação dos homens. É o tempero que mergulha em nossos sentimentos e que nos retira sorrisos e nos apresenta o amor.

Deus é ternura.

O BALANÇAR DO MUNDO

Gosto de estar aqui. O balanço me preenche de ontem e de amanhã. E isso é bom. Hoje, nem a brisa que acompanha o meu movimento acalma o mundo.

Sou de uma família de mulheres. Três irmãs criadas por uma mãe viúva. Balançamos muito na vida. Ora víamos de cima as plantações de tudo, ora era por baixo de tristes cobertas que nos púnhamos a espantar a frieza dos dias. Sorrisos e pausas. Esperanças e medo. E os dias foram irrigando nossos pés. E, assim, crescemos.

Ouço gritos enlouquecidos contra uma criança que infância não teve. Roubaram a inocência de seu corpo sem tempo. Um tio, outro tio, um avô. Sei pouco do tanto que a atormentou covardemente. Homens bichos. Podres de alma. Não sou julgadora. Não sou nem serei igual a eles. Não sou promulgadora de vinganças ou ódios. Sou uma mulher em um balanço.

Tinha cabelos longos, quando era inocente. E gostava de ficar sentada aqui ventando vida no mundo. Não faz tanto tempo. Cresci crescida. Verguei os que se puseram contra meu movimento. Valentia sempre tive. Violência, nunca.

Minha mãe sofreu duas vezes. Por um marido que fez morrer as suas crenças em um amor verdadeiro e pelo mesmo marido que morreu de doença sem cura. Foi feliz só depois, quando nos viu desabrochando sem medo. Foi curando a dor com as colheitas de seu plantio.

Sou um pouco minha mãe. Hoje mesmo, ela me disse isso, enquanto eu me punha a discorrer sobre minhas discordâncias dessa gente que domina a verdade. E sempre gritando.

Gosto do balançar. Do movimento do meu corpo, sentada nesse antigo banco. Das minhas mãos atadas a cordas devidamente pensadas para segurar sem espantar a liberdade. Sinto a liberdade em cada movimento que decido. Ai dos que imaginam decidir por mim! Faço o contrário! Por precaução, inclusive. Obediência só à bondade. Que me venham com delicadeza e me convençam. Ou então que se contentem com o meu desobedecer consciente.

Namoro um homem que bebe da mesma água do respeito em que, desde cedo, aprendi a saborear. Quando minhas irmãs e eu nos púnhamos a duvidar dos dizeres do meu pai, minha mãe nos silenciava com sua decisão de não sujar a semente que nos fez viver. Era ela quem comandava a sua vida. Era ela quem nos inspirava a comandar a nossa. Nos deu ela limites, sem nos pesar ferros. Somos livres para o balanço do que nos faz bem ou mal, do que nos acalma ou nos causa horror.

Tenho horror ao indecente discurso da mentira. Sonho em ser mãe, em educar meus filhos na alegria. Virei aqui com eles, certamente. Empurrarei no começo e, depois, assistirei satisfeita ao balançar de cada um. Que decidam eles os próprios movimentos. Ensinarei com afinco a bondade, o restante se ajeita.

O mundo está estranho. Sei disso. Mas não quero o desânimo. É um ciclo. Vivemos tempos de colheitas generosas e tempos de aridez de sentimentos. As alternâncias existem. Não sei quem decidiu, mas é assim.

Minha mãe trata meu namorado como filho. Gosto disso. Tenho em casa o que desejo ao mundo. Liberdade com responsabilidade. Verdade com respeito. Amor com amor.

Gosto de estar aqui. Nesse parque. Nesse balanço velho e eterno. Nesse mundo com suas alturas e funduras. Nesse corpo de mulher preparado para gerar vida sem fim.

Os tempos do amor

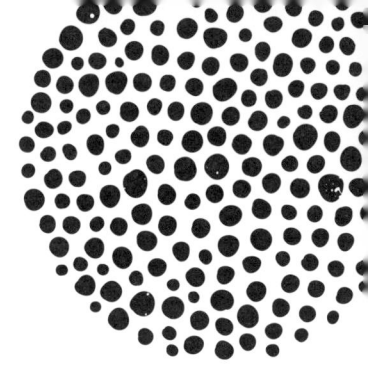

Tenho sete anos. Olho para minha professora e me fio em costurar desculpas para que ela me veja. Faço perguntas desnecessárias e comentários que tentam roubar algum riso seu. Em casa, penso no que dela fica em mim. Seu jeito de andar, sua braveza leve, seu penteado, seu perfume.

Tenho 14 anos e não gosto do que vejo. Cresci e não cresci. Há um desengonçar em mim. Uma vergonha de ainda não ser homem. Uma preocupação de não ser mais criança. Natália não me olha como eu a olho. Sou um amigo responsável e é ela a mulher que desejo para a eternidade. Acabou, há pouco, um namoro. Aprendi a palavra entressafra. Senti ser o momento ideal para dizer meus sentimentos. Deu em nada. Jogou um olhar piedoso e decidiu não querer estragar a amizade. Chorei doído ouvindo o consolo de minha mãe dizendo que não era ela suficientemente boa para mim, "namoradeira demais", concluiu me oferecendo colo.

Tenho 21 anos. Estava tudo bem. Janaína desceu de algum planeta elevado para iluminar minha vida. Me ofereceu, sem pestanejar, o paraíso. Foi o que senti na primeira vez em que nos deitamos juntos, em uma noite acesa pelo luar. Meu corpo se transformou, meus pensamentos, também. Os risos constantes atestavam minha sanidade. Era bom ser dela. O futuro já estava certo, quando, sem muita cerimônia, ela partiu. E eu, partido.

Tenho 28 anos. Desmarcamos o compromisso. Subitamente. Talvez tenha sido eu o portador do erro. Respondi aos seus desejos de futuro com posturas evasivas. Fiz, repetidamente, o discurso da liberdade. Sabedor de que o enlace mais aprisiona que pereniza sentimentos bons. Juliana, então, arrumou sua parte na nossa história e se foi. Era inverno e, em pouco tempo, compreendi o meu erro.

Tenho 35 anos. Marina é linda. É de todas as mulheres que conheci a que mais se alimenta de poesias e de flores nascidas de encontros suaves dos cotidianos. Tão minha e eu não dela. Foi então que, cioso da eternidade de nossa história, fui brincar com outras histórias. Na imaturidade dos meus anos, quis mostrar aos meus amigos o meu poder de conquistador. E, então, ela disse "não". Tentei explicar. Ela cobriu minha voz com seu choro calmo e partiu. E eu sofri como sofrem os imbecis. Tentei colar. Os cacos despedaçados já não se encontraram.

Tenho 42 anos. E brinco de desencontros. Prefiro a solidão ao medo da perda. Me enrosco em palavras, quando me interessa o encontro. E, logo depois, justifico a decisão irrenunciável de permanecer sem ninguém.

Tenho 49 anos e estou completamente apaixonado. Penso o dia inteiro em quem dia nenhum pensa em mim. Já ofereci o mundo e já recebi nada. Falamos algumas vezes depois e ela se mostrou decidida a permanecer sozinha. É o que me diz. Já investiguei se outro a tem em meu lugar. Descobri nada.

Tenho 56 anos e conheci, enfim, quem comigo vai descortinar as estações. Foi sem procurar. Estava exausto da dor do abandono e surgiu ela em um desses dias silenciosos de nenhuma espera. Foi em uma praça, foi em um pedido de informação. E nos informamos que o melhor era nos guiarmos para não nos perdermos mais.

Tenho 63 anos e Mariana vive comigo o amor que espanta as teorias de que só nos inícios se experimenta as quenturas. Nos surpreendemos com delicadezas e nos ousamos mais. O que fazemos é forte e aquece os dias bem vividos.

Tenho 70 anos e encaro a solidão, depois do sepultamento do meu amor.

Tenho 77 anos e ando com a sensação adolescente de uma paixão não correspondida. Não é possível que, nessa idade, tenha sido eu novamente exposto a uma flechada irracional.

Tenho 84 anos e estou sentado na mesma praça em que conheci Mariana. O dia está frio. E, ao longe, vejo uma mulher que sorri para mim.

Tenho 91 anos e vivo bem de saúde e de amor. É Julia, que conheci há alguns anos, em uma praça, que esquenta o seu corpo no meu. Nos amamos com respeito e respeitamos nosso jeito de decidir viver acompanhado. O amor nos promete o milagre da longevidade.

Tenho quase 100 anos, mas sobre esse dia falo em outro momento, sem pressa.

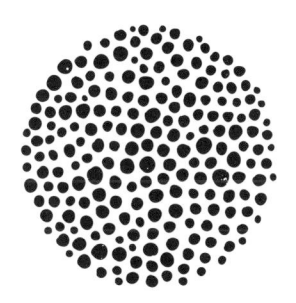

A FRAGILIDADE DO MAL

Chora Helena, amiga que redescobriu em mim alguma esperança. Diz ditos que me assustam, tamanha dor. Suas palavras desenham, com sangue, acontecimentos que prefiro não espalhar. O que espalho é afeto, é colo, é um bolo que preparei recheado de intenções de adoçar o amargor de seus ontens. Enquanto come, conversa ela comigo.

Trago lembranças da terra onde nasci. Sou das Minas Gerais. Sou das montanhas que permanecem explicando que o vento varre e que o solo fecunda outras histórias.

O marido de Helena é o seu maior calvário. Ouço e ardo em discordância com os que rasuram a palavra amor. As marcas no corpo de Helena horrorizam a paz que cultuo. Um filho morreu. O outro fugiu do pai ou da mãe, praguejando família sem amor. Ela se culpa pela fragilidade. É boa demais para decidir. Eu discordo.

Aprendi, desde antes, que o bem é mais forte do que o mal. E escrevi, em meus passos, que não cederia nem por medo nem por acomodação. Ainda criança, olhei com piedade para um tio que fez fama ultrajando a mulher. Ela superou e viveu a felicidade dos dias sem ele. Já morreu esse meu tio, morreu de tormenta.

Sim, era sobre a fragilidade do mal que eu dizia à Helena. Mas, para que ele se vá, é preciso que o bem ocupe a cabeceira das conversas. E das caminhadas. Helena come o bolo de cenoura com calda de chocolate. Come e mastiga com a intenção de eternizar o instante. Diz que é bom ficar comigo. Tem vontade nenhuma de voltar para casa. Pede a Deus que o marido esteja na rua. Eu quebro o raciocínio e tento saber o que Deus pede. Ela espalha simplicidades dizendo que seria bom se Deus falasse. Eu espero mais um mastigar e insisto. Deus fala. Ela ouve um piar animado do lado de fora da cozinha. E ri. Gosta do voo dos passarinhos, mas está presa.

É quase hora de o sol se despedir. E, da janela da sala, se vê o longe. E é lindo. E, de perto, ela pouco vê de esperança. Quer deixar o marido e recuperar o filho, mas não sabe se é certo. Não sabe se tem pena dele ou medo da solidão. Joga palavras desconectadas dos pensamentos. Diz que é a falta de trabalho que o levou para a bebida e para o erro. Depois se lembra de que antes era, também, errado. E chora no intervalo das mordidas do doce.

Eu coloco uma música para agradecer o sol que mesmo partindo ainda aquece. Ela engole o café e suspira de prazer. Pede para ficar um pouco mais. Eu digo que tenho pressa nenhuma. Ela diz que é bom ouvir os passarinhos. Que poderia ter sido cantora. Que poderia ter escolhido uma profissão que viajasse sempre. Eu digo que não há nada melhor do que o ninho da gente. Ela diz nada. E ensaia concordar.

Não posso decidir por ela. Não moro dentro dela. Só posso apresentar o que conheço para que ela se interesse por outro canto. No canto em que moro, moram o aconchego e a decisão de abraçar o bem como lei inscrita em mim mesmo. É o que me faz forte para combater qualquer desavisado que se ache no direito de sujar os meus dias.

Acabo de decidir que vou cozinhar um bolo por dia até que Helena se fortaleça. Vou misturar o doce que se come com o doce que se sente, quando se sente amado. Vou caminhar com delicadeza pelas suas interrogações e ajudar a minha amiga a exclamar a força da sua liberdade. E vamos, juntos, em busca do filho que desistiu. Enquanto penso, ela sorri como se lesse em mim os dias bons que virão. E dizemos nada depois da decisão.

Amanhã, vou à feira que fica perto de casa e, depois, vou continuar ouvindo os dias e as pessoas que os enfeitam com suas necessidades.

A HISTÓRIA DE UM AMOR

Era inverno, mas o sol não havia se intimidado. No apartamento decorado por histórias, o calor da conversa respeitava o calor do dia. Tarcísio e Ruth se entreolhavam nas pausas das narrativas sobre o que viveram. "No ano que vem, celebraremos 70 anos de casados", pronunciou Ruth com a elegância dos que sabem que escolheram o certo. Tarcísio sorriu. E fez com que suas mãos se encontrassem. E se olharam como sempre. E sorriram apaixonados.

Tarcísio Padilha é um dos maiores intelectuais do Brasil. Um filósofo que amplia consciências, que inspira novas gerações a não ter medo ou preguiça do pensar.

O apartamento é preenchido por livros, por fotografias de tempos e de sentimentos. Por nascimentos e despedidas. O café está na temperatura certa. Entorno a xícara, vendo a fumaça que sai. E penso no simbólico do fogo. Nos mitos antigos, o mar geralmente simbolizava a horizontalidade do mundano. E o fogo, a verticalidade do sagrado. Sócrates, em um diálogo platônico, aparece falando sobre um homem encontrado no mar, depois de tempos, irreconhecível. Significando que a matéria, se nos afogarmos, retira a nossa essência.

A essência de Ruth e Tarcísio é o amor. E, em uma história de amor, a verdade sobressai à aparência. Vivem a horizontalidade do respeito cotidiano, abraçados à verticalidade do que os eleva, do que os faz permanecerem juntos em qualquer estação.

Conta ela sobre os feitos do marido. Sobre as viagens. Sobre os dias divertidos. Ele ouve sem interromper. Conhece a semântica da escuta. Ninguém chega aos setenta anos de enlace sem ouvir. Fala ele sobre ela. E os olhos espelham sentimentos de gratidão. Fez, também, a escolha certa.

Julio Lellis, um cultivador de grandezas, um costurador de sonhos, acompanha a prosa. Orgulhoso de estar ali. Com os dois. Comigo. Em um inverno cheio de sol.

Penso na efemeridade dos instantes e na permanência do sagrado. Os ponteiros prosseguem. O café se apresentou às 3 da tarde. E um badalar de algum sino me avisava que já eram 6. Era preciso partir. Três horas se passaram sem que nos preocupássemos com nada além de homenagear a palavra. A requintada criação humana que tem o poder de nos aproximar da criação maior, que não foi obra nossa, mas da qual participamos.

Não somos nós que decidimos a duração dos dias. Não temos nós o poder de estacionar as horas para prosseguirmos nos aquecendo de café e de sabedoria. Temos, entretanto, o poder dos acúmulos necessários. Há um recipiente em nosso interior, que responde pelo nome de memória e que sacraliza os humanos momentos que nos inspiram na busca da elevação.

Nas calçadas que nos serviram de testemunha, conversei com Julio sobre os dois, Ruth e Tarcísio. Sobre o que aprendi. Sobre o que contrastei com tantos verbos que vêm me incomodando no inverno das relações humanas: descartar, desprezar, desrespeitar, humilhar, agredir, não amar.

Abandonamos por alguns instantes a prosa e respiramos o cheiro que vinha do mar, de um Rio de Janeiro aguardando a primavera. Julio me falou de outros escritores e de outros textos. Eu falei do amor que faz com que escritores escrevam textos que permanecem. Inclusive na dor. Inclusive com sangue se, por acaso, as doridas feridas prosseguirem abertas.

Pensei na história de amor dos meus pais. E em outras histórias que os dias me presentearam conhecer. A humanidade não está perdida. Concluí o dia, agradecendo. No inverno é possível experimentar o milagre do calor. Os olhares dos dois, vitoriosos sobre o tempo, permanecem em mim.

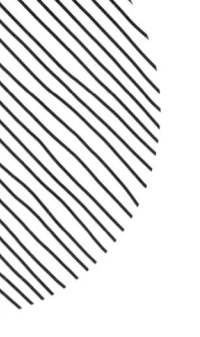

A VIAGEM DA MINHA IRMÃ

Eles dizem que tenho quase 90 anos. É muito tempo. Não acreditaria se não soubesse. Sei de muita coisa e de muita coisa não sei.

Viemos de um outro país. Faz tanto tempo. No navio, eu tive medo. Uma doença, das que matavam sem qualquer aviso, tomou conta de mim. Se eu morresse na viagem, meu corpo seria lançado ao mar. Era isso o que diziam.

Minha mãe, contrariando os palpites, cuidou de mim. Diziam que ela poderia, também, adoecer. Ouvia nada do que os alarmistas anunciavam. O amor de mãe não obedece aos sons que não sejam os do coração.

Meu pai já conhecia o Brasil. E nos trouxe com ele para plantarmos aqui nossa vida. A despedida no porto do Líbano foi doída. Era adeus e pronto. E pranto.

Na chegada, outra língua, outro clima, outros costumes. Dias difíceis. Éramos quatro. Minha irmã, um ano mais velha. Éramos eternos no amor. Inseparáveis. Fecho os olhos e nos vejo meninas de vestido andando pela praia da nossa infância, na Síria. Vejo a cozinha em que amassávamos o trigo e colhíamos sentimentos puros. Por que tudo passa?

Choramos juntas, minha irmã e eu, as mortes. Um dia, meu pai já não estava. Tempos depois, após uma prolongada doença, foi minha mãe. Minha irmã chorava alto, e eu pensava nos dias que viriam sem ele e, também, sem ela. No meu silêncio, a minha dor gritava.

Demorei a me casar, ao contrário de minha irmã. Os nossos maridos também se foram. Ela teve os filhos. Eu, não. Sim, tive. Seu filho mais novo brinca comigo que sou sua mãe. Desde sempre, ele gostava de livros e eu lia os livros com ele. Eram outros tempos. Brincávamos na areia da praia. Cantávamos músicas de acordar. E prosseguíamos acreditando nos afetos.

Os dias vão descartando as folhas e outras vão surgindo, aguardando novas coragens. Eu era corajosa. Não sou mais. Coleciono medos, involuntariamente. Moro com meu sobrinho mais velho, desde a viagem da minha irmã. Às vezes, pergunto se ela morreu. Ele responde com amor. Fala que, um dia, estaremos todos juntos. Explica que a morte não é o fim. Mas eu me disperso e não ouço tudo. Viajo pela nossa infância. Pelos textos que eu escrevia. Sempre quis ser poeta, mas só publiquei em mim os sentimentos de todos os tempos que vivi.

O sorriso da minha irmã era mais bonito do que o meu. Eu dizia e ela não desmentia. Nas despedidas e nas doenças, nos olhávamos com a destreza de quem vai vencer. E permanecer. Mas ela foi embora. Sem mim. É o que reclamo com quem tenta me dizer outra coisa. É o que digo na minha oração. Não que eu queira ir. Gosto daqui. Gosto das lembranças das nossas conversas. Dos dias em que acordávamos sabendo que estaríamos juntas. Que cozinharíamos juntas. Que reclamaríamos juntas de alguma nuvem teimosa e decidida a esconder nossa alegria. Ela gostava de festa. Eu, menos. A festa era ser sua irmã. E logo é natal. Sem ela.

Quando sonho com ela, é sempre sorriso. É isso um sinal? De que ela está bem? De que ela me vê, enquanto encontro seu cheiro nas lembranças de tantos anos?

Rabisco em um papel que fica ao meu lado. Caço palavras. Ensaio outras. Agradeço o amor que me dão e retribuo. Durmo aconchegada. E acordo achando falta. Sei que é assim. Que todos os dias lágrimas despencam de quem fica, enquanto alguém vai. A saudade é um canto de amor. Canto na língua da minha infância canções de fé. E, assim, acalmo o dia. Ela está bem. Linda como sempre. Sem nuvem. Sem nenhuma dor.

Lembro dos dias finais da viagem no navio, depois da doença ter ido embora. Lembro de nós quatro olhando a terra que, para nós, era apenas um mistério. Meu pai, minha mãe e nós duas e um mundo novo nascendo. E, do nada, me vem um sorriso de alegria. Sim. De um mundo novo nascendo. Ela está bem.

AMARGA CHUVA

Esperar é verbo que desassossega. Tento cultivar em mim, dias calmos. Nem sempre consigo. Tento explicar, a mim mesmo, a soberania do tempo. Padeço de compreensão, quase sempre.

Vim de longe. O sertão do meu tempo era a desesperança. Nada de água. Pouca comida. Muita desistência. Parece que as coisas andaram mudando por lá. Sei que, por aqui, é também sertão. Desisto e resisto, alternadamente. Permaneço pouco em uma decisão. Talvez porque me falte conhecimento; talvez porque tenha medo.

O medo dos dias sem chuva é uma incômoda companhia. É lembrança da fome de tudo, até de esperança. Vivo outros tempos e em outro lugar, mas, ainda assim, vivem em mim as tormentas que já vivi.

E, então, eu espero a chuva. E, então, a chuva vem. E surpreende. Ora vem correta, como tem de ser. Ora, não. A chuva saboreia o solo que brota a vida. E a vida vai se esgueirando pelas frestas de todas as gentes e colorindo de alegria o mundo. E, depois da chuva, vem o sol, ampliando a arte de sentir o como é bom viver.

E quando a chuva é amarga? E quando o que cai são mortes em formas de pensamentos sem pensamentos e de palavras sem responsabilidades? Nenhum solo frutifica com agressões. As quenturas não fazem bem às sementes. As violências aumentam a secura, a ausência de verdade, o despautério do não humano.

Ouço frases soltas em defesa das armas ou das mortes ou da insensibilidade diante da natureza que queima. A fumaça cobre a cidade e a mente das pessoas. Os pensamentos vão sendo destruídos, enquanto mitos vão sendo construídos. E as frases vão saindo com insensatez. A ausência de pensamento é a aliada mais vigorosa da mentira. E prosseguem as chuvas sem água. Penetrando por máquinas, por páginas, por sorrisos falsos, por comandos sem razão. E tudo é sertão. E, nos brados gritantes dos domadores de gente, a repetição das mentiras. Sempre fáceis de serem reproduzidas. E as gentes vão odiando as gentes, porque gostam de obedecer a quem grita. E as gentes vão deixando de ser gente...

Saudade do sertão da minha infância, onde o que faltava não era a dignidade. Onde o sonho de vencer na vida era o sonho de ser melhor. Apenas isso.

Quando rezávamos os mortos, sonhávamos com condições melhores para cuidar dos vivos.

Por isso me mudei. Por isso vim pra cá, onde diziam que havia chuva em abundância. Até há. Mas das duas. Da boa e da amarga. Da que dá a vida e da que nos acomete assustados com o que foi plantando em tantos humanos.

Deus me livre dos justiceiros, dos donos da verdade, das decisões por ódio. Quero acordar os dias, abrindo as janelas e cheirando o cheiro de mato, depois de banhado por águas puras. E ver uma criança brincando sem destruições, nem vinganças, nem descartes.

Esperar é verbo bom quando se tem dentro da gente a lembrança pura dos primeiros amores. Do de mãe, do de um dia de sol, do de um olhar que muda o mundo da gente.

Vou desistir, não. Do meu jeito, vou continuar aspergindo quem estiver por perto. Um pequeno alívio já é vida nova que nasce. E, um dia, Ele disse: "Deixai vir a mim as criancinhas"... água pura de nascente.

SÚBITO AMOR

Ela ia atravessar a rua. O sinal determinou a espera. E foi, nesse intervalo, que nos olhamos.

Eu estava sentado, bebendo a saudade.

O dia não me prometia nada além do que os dias que se passaram me deram. Aos 85 anos, o que espera um homem?

Enviuvei depois de ter cuidado da dor de Josefina até o último instante. Ela se foi, em um desses dias, em que o mundo fecha as portas e nada mais tem sentido.

Conto como nos conhecemos. Sou pedreiro de profissão. E jogava futebol como um artista. Até me profissionalizei por algum tempo, mas faltou perseverança. Era um domingo. Eu saía de um treino e Josefina saía da Igreja. Eu suado, e ela pura. Eu descuidado, e ela santa. E nos trombamos. A mãe que a acompanhava me conhecia. E gostava de mim. Eu era bom e medroso.

Os meus medos eram medos de um homem que teimava em não amadurecer. Tinha medo de não ser amado, medo de não dar certo na vida, medo de não ter dinheiro, medo de tentar e fracassar. Por isso fui deixando o futebol e levantando paredes. E gostei de ser pedreiro. É bom ver as mãos construindo espaços onde o amor vai morar. E abrindo janelas para a luz que nos mostra que acertamos.

Depois de conhecer Josefina, prossegui com medo. Um medo mais belo. O medo de não fazer a mulher que eu tanto amava feliz. O medo de que nossos filhos não tivessem neles plantados a semente da bondade. O medo de que o mundo fosse ficando injusto e sem compaixão. Fui compreendendo, assim, o amor. O desprendimento. A responsabilidade.

Deixei de ser eu para ser o mundo inteiro que me rodeava. E, então, comecei a ser mais eu. O amor de um pedreiro simples por uma mulher descida do alto para preencher de beleza a vida. E foi ela linda até os últimos dias. Quando seus olhos se fecharam, eu olhei para mim e não mais me vi. Nossos filhos têm os seus filhos e as suas construções. A solidão veio morar comigo na casa simples que eu mesmo construí. Construí para ela. Chorei o choro do homem diante da despedida. Cada espaço tinha ela, e ela já era inteira um espaço de luz. Voltou ao céu, a santa que aspergiu de alegria a minha vida.

Alguns anos se passaram. E, então, se deu um outro encontro. Enquanto Eva esperava o sinal abrir, abriu em mim uma emoção diferente. Eu disse algo como um comentário sobre a beleza do dia. E ela sorriu. Eu a convidei para que sentasse comigo e se refrescasse ouvindo a minha história. Ela não disse "não". E, depois de algum encontro de pensamentos, eu fui ao que considerei o certo, convidei Eva para vivermos juntos.

Era ela, também, viúva, há mais tempo do que eu. Também com os filhos entregues ao mundo. O sinal aberto nos viu atravessando o medo da surpresa de mãos dadas. Súbito, Josefina apareceu em mim. Não para censurar. Emprestou o sorriso das que prosseguem amando. E cuidando. Com ela, o amanhecer nos prometia um dia longo.

O entardecer, ao lado de Eva, é diferente. Mas é também amor. Não que eu seja apressado. É que o tempo, meu professor e quase sempre amigo, me ensinou que não se desperdiça um olhar único na multidão de olhos que nada dizem.

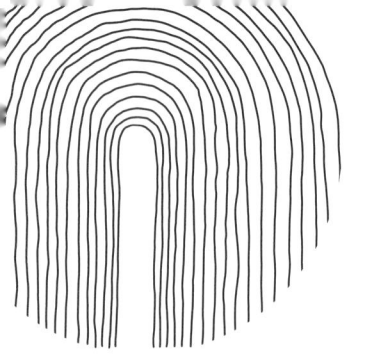

Olga do céu

Amanheceu domingo dia de São Francisco. Por aqui, a notícia. No céu, a chegada. Irmã Olga de Sá completava o poema e se integrava ao Eterno.

Era um início de fevereiro e fazia calor. Eu estava sentado em uma das cadeiras do tradicional seminário dos salesianos, em Lorena. Queria ser padre. Queria ser ponte entre o humano e o Sagrado. Era menino ainda, e ela entrou. Uma freira iria nos ensinar Introdução à Filosofia. Olhou um a um e iniciou sua viagem pelos filósofos da liberdade. Nunca me esqueci desse início. Eu copiava com medo de que a palavra se perdesse, de que o esquecimento roubasse um saber tão novo e iluminador. O ano foi me apaixonando e eu, ainda hoje, abraço os filósofos que ela me apresentou.

Era talvez setembro, e eu estava triste. Um jovem com o seu martelar interno. Tudo era construção e desconstrução. Possibilidade e medo. Segurança ou voo. E foi ela, a que antes havia me apaixonado no saber, que cuidava de mim, na psicologia dos sentimentos. Foram tardes de cultivos. Enquanto descansava em uma poltrona quase divã, via a exuberância dos ipês amarelos que explicavam que a vida prosseguia. E, então, parti do interior em busca das inseguranças da imensa cidade.

Era novembro e fazia calor. E um frio havia se apossado de mim. Estava sentado em uma escada, na universidade que tinha escolhido para prosseguir. Olhava para janelas de um dia que terminava e sofria o medo de não dar certo. Um professor havia rabiscado meus sonhos. E eu tinha medo de não conseguir prosseguir. E, então, ela passou andando com seus livros e sua paz. E nos vimos. E eu me despedacei em palavras desconectadas. Ela estendeu a mão e todo o resto para que caminhássemos juntos. E, assim, eu prossegui.

Não poucas vezes, sentávamo-nos para viver o dia. E a palavra ganhava significado. Foi me orientando, enquanto eu crescia, palmilhando sabedorias na minha inquietude.

Era ela uma mulher de vasto conhecimento. E, também, do silêncio dos que se alimentam de oração. Quando a via na capela olhando para o alto e para dentro, eu compreendia. A sabedoria transcende o humano. A ponte com os homens é mais sólida, quando as bases nascem de uma crença de humanidade que nos relembra o essencial.

Ela ouvia minha certeza e se certificava de que era insegurança. Uma ou outra pergunta já me desconcertava. Então, fui sendo simples. Lia os meus textos e comentava dizeres sinceros. E me ajudava a celebrar a autenticidade. Foi ela um punhado de Deus na minha vida. De um Deus inteiro que ultrapassa tudo o que se pensa saber. Tola arrogância humana tão sem luz, tão sem razão.

Íamos juntos ao teatro celebrar a arte, víamos os filmes e suas narrativas de encantamentos, alimentávamo-nos em jantares que rasgavam as noites e traziam o sabor do saber.

E, então, ela completou o poema.

Viveu para a educação e para a serenização das almas. Viveu para falar de Tereza D'Avila e Clarice Lispector, de

Agostinho de Hipona e de Goethe, da Bíblia e do Grande Sertão, como ensina Adelia. Viveu para a sua congregação, as filhas de Maria Auxiliadora, as mulheres missionárias de amor profundo pela razão e pelos afetos, como queria Dom Bosco.

Viver é uma despedida. Todos os dias, dos dias nos despedimos. Todas as horas, das horas nos despedimos. E um dia, então, chega. Um dia em que nem o dia nem a hora escapam de nós. Entregamo-nos inteiros ao Amor que é maior do que o tempo e do que o espaço.

No espaço da minha vida, ela estará sempre, como gratidão, como entendimento de que bebi dos seus poemas para poetizar também. E, um dia, nos reencontraremos. Não sei se por lá os ipês amarelos florescem apenas na primavera ou se será eternamente primavera. Ou se nem de primavera precisaremos.

Não sei se haverá abraços nem prosas. O que sei é que o mistério é um véu que só descortino quando escrevo nos dias a simplicidade. Mesmo assim, parcialmente. Não nos foi dado conhecer o que vem depois do ventre. Nem quando aqui chegamos nem ao daqui nos despedirmos.

Amanheceu domingo dia de São Francisco, e Olga já sorri o sorriso que nunca termina...

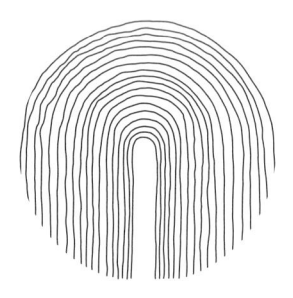

Encontrei o meu lugar

Foi uma formatura simples. O dia estava atrasado, sei disso. Ou eu estava.

Demorei a me desvencilhar dos medos e a decidir colorir o mundo do meu jeito.

Morreram muitos em minha casa, inclusive meu marido que permiti desde sempre me reduzir. Eu era a sem adjetivos. Nos seus dizeres, foi um erro o nosso casamento. Da cozinha, enquanto limpava o antes e o depois, ouvia seu riso tosco nos entreatos de um teatro que não me divertia. Dizia-me feia. Falava de minha ausência de atitudes. Ridicularizava a casa de onde vim. Mal conheceu meu pai e se punha a detalhar suas ignorâncias.

Por que eu permiti? Quem sabe?! Fui esperando algum acontecido que mudasse o curso dos dias. E aconteceu.

Não que eu desejasse sua morte. Chorei doído no dia do sepultamento. Não o queria morto. Queria que morresse nele as inseguranças tantas que o faziam tão necessitado de se mostrar importante.

Embora ele dissesse, não acreditava nas suas aventuras com outras mulheres. E confesso, também, que pouco entusiasmo tinha eu para o amor. Preferia limpar a casa ou cuidar da horta. Dormia antes para não alimentar qualquer possibilidade. Pobre homem que sabe nada do aquecimento de uma mulher. Não é no automático das modernidades, é no vagar dos estímulos que antecedem ao estar. Nos desaforos, eu me alforriava e fazia nada.

Resolvi estudar. Sem filhos, sem marido e sem pais. Morreram eles e morreu em mim a letargia. Fui cuidadosa, com medos aos montes. De não aprender, de não ser compreendida, de não dar certo. As aulas foram preenchendo lacunas deixadas há tanto. E fui escrevendo como nunca. E saboreando a novidade como quem sai de uma toca pela primeira vez e respira vida.

Decidida, enfrentei a falta de hábito e li o que não havia lido a vida inteira. E escrevi como recurso de conhecimento. E me refiz com frequências regulares para não voltar para trás. Não era mais possível. O barco já me conduzia para um outro lugar. Encontrei meu lugar.

O primeiro dia como professora, em uma sala de crianças inquietas, me fez ensinar o que decorei. Com alguma ansiedade, dei tudo o que sabia em alguns minutos. E me tombei diante do relógio que não me ajudava. Sofri o depois. E voltei mais forte para os novos encontros. Fui me compreendendo frágil e valente, como tem que ser. E olhando ao longe sem perder de vista cada vida que confiava em mim. Lia neles o que eles precisavam e, então, me abastecia dos livros e das teorias e do repertório todo que faria a diferença.

Aprendi a cantar para cantar junto, aprendi o mundo tecnológico para abrir outras janelas, aprendi o significado da palavra essencial. O que era preciso que eles aprendessem? O que era essencial para que construíssem um sólido início que resistisse às violências, que não se permitisse quebraduras, quando das adversidades, que abrissem portas e mais portas para a luz.

Do dia da formatura até hoje foram bons anos. Conheci Amauri na escola em que trabalho. Professamos juntos a crença no que fazemos e o prazer de estar com eles.

Amauri é romântico. Gosta de me surpreender com delicadezas. Deitamos sem pressa nas noites que nos assistem entrelaçados. Gosto de ser uma com ele.

Limpamos juntos a casa e gostamos do plantio. Mas o melhor é namorar. É sentir as transformações do corpo quando uma ou outra respiração se acelera e se acalma simultaneamente. Não sei descrever. Sei amar. E sei dar de mim.

O amanhecer é bom. Gostamos da primeira refeição e saímos para a escola.

E por que conto tudo isso hoje? Porque dia 15 foi dia dos professores. E, quando entrei na sala, ouvi canções que mais uma vez me convenceram de que eu estava no lugar certo.

Se tudo é perfeito? Não. Mas não é sobre isso que quero falar hoje. Quero falar que espero viver muito ainda. Que quero prosseguir compreendendo avanços e dores, medos e encantamentos.

Amauri me deu um vestido de presente, no dia dos professores, com um cartão que tem romantismos e um toque de safadeza. Não. Não mostro. Somos marido e mulher e gostamos do amar.

Cacos de vida

Mais uma vez ela me deixa sem chão.

Mais uma vez enfrento a frase que, não poucas vezes, registrei: "Você desmoralizou".

"Você" sou eu. Um capacho das emoções precárias, um rastejador de afetos, um implorador de atenções.

Quando termino e, às vezes, sou eu quem termina, visto a roupa de valente e comunico aos que me conhecem que o fim é, enfim, definitivo. E, então, a bloqueio de mim. E respiro os alívios.

E, então, começo a buscar justificativas, que ouso chamar de racionais, para tentar novamente. Não com essa rapidez. Faço a autopromessa de que seremos apenas amigos e que é injustificável, depois de ditos de amor, ficarmos distantes. Desenvolvo teses internas de que há vários tipos de amor. E, então, me ponho a insistir com quem já deu avisos de que prefere não estar.

Ela se veste de soberba e diz "não". Eu prossigo em minha insana subserviência. Aceito qualquer exigência, imploro o perdão por uma falta que inventei, choro sem cerimônias. E, então, cacos de vida vão aborrecendo o chão de onde deveria brotar futuros. Há vida sem ela. Já expliquei a mim mesmo, e já não compreendi. Uso silêncios quando estamos juntos. E, quando nos separamos, falo aos outros o que não falo a mim mesmo.

Nas fases da valentia, logo após alguma separação, dela digo sem pestanejar. O quanto não me completa, o quanto é arrogante, o quanto é insensível. Falo de suas variações de humor, falo de seu pouco apreço ao amor. E concordam comigo os que me ouvem. Imploro, então, que me apresentem alguém. Tudo, menos a cama vazia. Tudo, menos o voltar para casa e encontrar o som de mim mesmo.

Sei, por estudos, que sou caminhante errático em matéria de amor. Leio nos livros e nas conversas, quando estou atento, que o que faço comigo é um desperdiçar de emoções maduras. Já disse a mim mesmo que só quero quem não me quer. Que não valorizo, por alguma razão que desconheço, quem se faz a mim conhecer.

Rezo por uma história que suavize os meus dias. Talvez me faltem ouvidos para ouvir o que peço nas rezas. Não sei. Só sei que ela está de volta. E, então, eu digo para mim mesmo que a vida é curta. E que as variações de temperamento dão a temperatura correta de uma relação. Se não, seria o tédio. É o que eu digo para desdizer o que disse antes.

O que seríamos sem as contradições?

Ela está linda, como linda sempre esteve dentro de mim. Diz que aceita. Faz suas exigências. Eu aceito. Entro na solidão da casa em que agora ela está e sinto falta de mim mesmo. O que possa fazer se não consigo?

Talvez o tempo, amigo displicente – pelo menos é o que penso, se não, teria ele cicatrizado as feridas que tanto me ferem –, um dia resolva vir em meu auxílio. E aí nos auxiliaremos juntos e respiraremos uma manhã sem medo, uma manhã vazia de machucaduras, uma manhã primaveril.

Enquanto isso não chega, compreendam, por favor, os meus invernos.

Sangue no jornal

Só aos domingos minha família comia carne. O dinheiro não suportava outra possibilidade. Era minha avó quem determinava a ida ao açougue. Quantos anos eu tinha na época? Sete ou oito, talvez.

Gostava nada de entrar no açougue e ver o pendurar de vidas que foram abatidas para alimentar outras vidas. Foi aí que resolvi nunca mais comer carne. Não queria, dentro de mim, aqueles sofrimentos todos. Ficava imaginando os sentimentos arrancados quando um bezerrinho se ia, quando um porco gordo já estava pronto, quando um carneiro engolia o choro para ser engolido por gente desconhecida. Desconhecemos os sentimentos, nós, os racionais, os humanos.

Se há dor nessas lembranças, há, também, preciosidades. Eu gostava de ir ao açougue e ler o quanto podia do jornal que haveria de embrulhar a carne. O senhor Zé Geraldo me observava. Tinha pressa nenhuma. Deixava que atendesse as outras pessoas. E ia lendo, e ia ficando atento ao mundo que se escondia naquele jornal. Em casa, era difícil de ler. O sangue no jornal embaraçava a história.

Sonhei ser jornalista e jornalista sou. Deixei o interior e vim para a cidade grande. Catar letrinhas. Construir frases. Espalhar ideias. Dei muito orgulho à minha avó, antes de partir. Meu pai não conheci e minha mãe tinha pouco tempo para me perceber crescendo. Náo lamento o que não tive. O que tive foi suficiente para chegar até aqui.

No jornal em que trabalho, ainda me preocupo com meninos descalços que ficam, em algum lugar, tentando ler. Com mentes que ainda estão em formação. E, por isso, renovo em cada artigo o contrato com a verdade.

Dizem que sangue no jornal aumenta a venda. Não sei. Desconfio dessas estatísticas. Dizem que é bom inventar algum escândalo. Sou jornalista, não sou inventor. Lamento que colegas de profissão cedam ao engodo do espalhar inverdades. São irresponsabilidades que não acrescento ao meu currículo. Vejo alguns querendo proteger uns em troca de desonestidades. Outros abraçam o erro por preconceito. E há os que são precipitados. Querendo dar o "furo", cospem inverdades e sujam vidas que são corretas.

Talvez eu esteja ficando velho. Pode ser. Mas a velhice está me encontrando com a mesma compaixão que tinha quando via os olhos daqueles inocentes animais sem vida pendurados no açougue do senhor Zé Geraldo. Não. Ele não era um homem mau. Ele foi apenas se acostumando com a morte.

Eu escolhi a vida para escrever. E, se errei, e, certamente, errei muitas vezes, tive a honra de me desculpar e de prosseguir tentando fazer o certo. Sei do poder que tenho, que nós, jornalistas, temos de povoar as mentes de informações e de conceitos. E, por isso, digo "não" a todo tipo de trama que nasça da perversidade.

Dia desses um assessor de político me trouxe, em êxtase, um dossiê contra o seu opositor. Ofereceu algum presente. Pediu pressa. Apressado fiquei eu em me desvencilhar dessa teia. São doentes os que saem a elaborar astúcias para atingir o outro. Por que não lutamos no campo das ideias? Por que não sugerimos sonhos em vez de lamas?

Os que comigo trabalham gostam de me render homenagens, mas nem sempre homenageiam com seus atos os valores que tento deixar de herança. Prossigo, entretanto, semeando.

Já não sou o mesmo de ontem, cheio de certezas de que um jornalista seria capaz de mudar o mundo. Já não tenho a mesma aptidão para ouvir desavenças. Sou cuidadoso com o tempo que ainda me resta. Reservo para contar histórias que histórias construam e para amar a que construí com minha mulher, meus filhos e netos. Muito não temos. E, por isso, agradeço. O excesso de coisas torna a viagem mais pesada, mais desconfortável. Já o excesso de conhecimento só alivia a alma, os dias, a vida.

Aos domingos, minha família conta história e se alimenta de vida.

Abracei Nélida Piñon

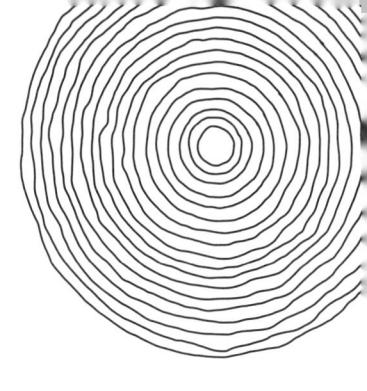

A sexta-feira deixava claro que a semana já havia cumprido seu papel. Um frio desnecessário atravessava o início de novembro. E um sol me explicava que o belo mora no alto.

Antes de uma sopa, cheia de quenturas, sentei em uma poltrona e abri o mais recente livro de Nélida, *Um dia chegarei a Sagres*. Conheço a autora, há algum tempo, de textos e de ternuras. De comunhão com suas palavras e de admiração ao seu agir generoso no tema da humanidade.

Começo a leitura. Os olhos vão enxergando palavras que vão significando sentimentos. Um nascimento dorido. Um filho sem mãe. Um avô cioso de seu ofício de apascentar a vida. E a simplicidade banhada por ventos de antiguidade. O menino precisava partir. O chão da estrada seria parte de seu impulso valente em busca de um tal Infante. Um que morou no passado, e um outro que por ele se permitiu ressurgir, no meio do caminho.

No caminho de Nélida, não faltaram as tais pedras de Drummond. O braço alquebrado atrapalhou nos movimentos da escrita, os olhos com algum cansaço exigiram que a grande dama da literatura fosse escrevendo à mão. Como no passado. E, assim, as quinhentas páginas foram nascendo.

Nélida não é mulher de reclamos. Gosta da vida como quem assinou um contrato com a escritura da felicidade. E, se havia pedra no meio do caminho, no meio da pedra encontrou Nélida caminhos tantos para dar curso ao seu romance. O viajante tem o nome de Mateus. O professor que palmilhou heroísmos em sua mente falou de Camões, de sua língua e de sua pátria.

Experimento a sopa e agradeço a quentura do dia. O livro fica comigo. Aguarda uma pequena pausa. E me acompanha noite adentro. Durmo depois de Mateus ter chegado a Sagres. E acordo com a curiosidade própria dos que amam uma história bem contada.

Mateus idealiza um amor. A tia forte, do amor idealizado, tranca o futuro dos dois. E um outro amor acontece no inusitado. E o desfecho é épico. As palavras dançam um som de Wagner, tão fortes, tão leves.

A manhã de sábado me acompanha até a volta a Lisboa. No almoço, como ovos com arroz e feijão, e couve refogada, e penso no desfecho.

Antes do despedir do dia, eu abracei Nélida ou o livro de Nélida ou a dignidade de Nélida. Quem é essa senhora que não tem medo de evocar, em um único livro, todos os sentimentos do mundo? Quem é essa escritora que elimina qualquer desnecessidade para que cada construção sintática se aloje na mente humana e cumpra o seu papel?

Ouço nos textos o seu sonho de um país sem radicalismos. Em que, das dores, brotem possibilidades. Em que as possibilidades se tornem concretudes.

A literatura nos deságua sentimentos para que nos fortaleçamos de repertório, de compreensões, de vontade. Tenho a vontade de que mais leitores surjam, de que menos superficialidades abatam nossa razão. Tenho a vontade de um mundo sem violência, sem desrespeito, sem precipitações nos julgamentos.

O sol vai se despedindo mais uma vez. Amanhã, será domingo em mim e nas personagens de Nélida que pedem licença para permanecer. Eu autorizo. Será bom ficarmos juntos para espantar os frios.

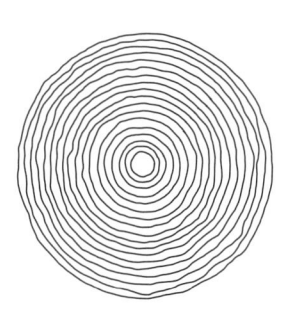

Tomei café com a tristeza

Chovia e eu estava triste. O despedir daquele dia trazia lembranças que rasgavam em mim as partes que precisavam ficar inteiras. Eu decidia os motivos. E errava. Culpava alguém. E errava. Lamentava escolhas feitas no passado. E errava.

A chuva me convidava a ouvir o que, há pouco, era inaudível. Sons silenciosos barulhavam em mim. Eu estava sozinho. E acompanhado de vidas que eu gostaria que voltassem a estar. Estavam; de alguma forma, estavam.

Levantei um pouco os pensamentos e resolvi deixar de brigar. Foi, então, que, me sentindo triste, convidei a tristeza para um café. O velho coador de pano recebeu o pó e, depois, a água que, ao passar, ia perfumando aquele dia chuvoso e se transformando em sabor.

Foi, então, que me sentei em tudo. E que conversei com a tristeza explicando o que eu sentia e mostrando, inclusive, compreensão pela sua presença. Um café não se toma apressado, inda mais acompanhado. Fui dizendo os dias em que ela foi quase insuportável. Ouvi, no silêncio, as explicações, o que veio depois, o que ficou em mim. Mudei de dor. Fui buscando feridas que já não mais havia.

E fui tentando disfarçar as que, por alguma razão, resolvi colecionar, porque, talvez, tenha a elas me apegado. As dores de estimação.

Chorei sem avisos. E ela, a tristeza, esperou. E esperamos o barulho da chuva nos ensinar sobre a germinação. A morte gera a vida. É assim na semente e no que brota. É assim com o dia. A morte da noite gera um dia que, ao morrer, faz nascer uma outra noite. Em mim, há o que morre e há o que nasce.

Expliquei à tristeza que a solitude não me agradava e concluí que, tampouco, as companhias. Que, quando estava acompanhado, me faltava. E que só, também.

Deixei o choro e passei a experimentar a quentura do café. E a brindar, em silêncio, a vida. Éramos três, a tristeza, o barulho da chuva e eu. E todos os outros que ainda estavam. Fui me experimentando e percebendo que rasgado eu não estava. Impressões erradas nos conduzem a errados sentimentos.

A tristeza parece ter gostado do café. E a chuva foi se rarefazendo como, também, as ausências. Foi quando desisti de pedir à tristeza que partisse. Era bom conhecer um pouco melhor quem tanto me conhecia. E me ensinava. E me fazia companhia. Pela janela percebi o luar. E sorri das minhas esquisitices.

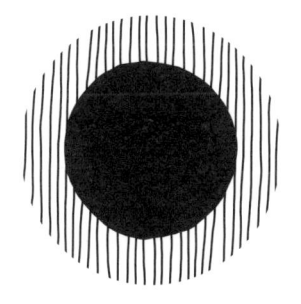

O ACONCHEGO DOS MEUS PÉS

Eu pedi ao meu pai um jogo de carros de alta velocidade que, na época, vasculhava a nossa cabeça de criança. Era sobre isso que falávamos, na escola, nas semanas que antecediam o Natal. Os mais novos ainda criam em Papai Noel. Eu nada dizia. Longe de mim riscar do imaginário de quem quer que seja algum colorido de alegria.

Havia um que escrevia cartas e que pedia o impossível, a volta da mãe, que, adoentada do desgosto do viver, abandonou a família. Subitamente, vi um mais velho dizer sobre a mãe de João. "Ela deixou o seu pai e vocês porque virou mulher da vida." O menino chorou abraçando o vazio de uma manhã de escola. E eu socorri. Na sabedoria dos meus 12 anos, despejei um anestésico de alma: "Quem conta apenas um pedaço da história de alguém despedaça a verdade e causa dor".

Não sei de onde decidi aquele dito. Mas aprendi comigo. E guardei para mim a decisão de não expor uma única das tantas histórias que moram em uma pessoa para não roubar sua dignidade. Julgamentos apressados não compõem a minha vida de juiz. Percorro silencioso as páginas que trazem fatos que rasgam vidas e que esperam soluções. Peço a Deus com humildade que o poder de julgar não me acrescente superioridades, que não seja eu precipitado ou preconceituoso, que apenas devolva os dias de paz aos que, por ganâncias de outros, adoeceram na esperança.

A verdade é difícil de ser encontrada em um mundo tão cheio de barulhos. Sei disso. Ouço nas audiências a dor e as dissimulações. Vou com a vigilância necessária de quem quer o certo, de quem teme o malfeito, de quem credita à justiça a certeza de dias melhores.

Alguns dos meus pares desistiram do ofício que abraçaram. Falam como se o viver humano desmerecesse maior atenção. Julgam antes por descrença ou por preguiça. Eu, não. Passo dias em releituras de um mesmo processo e em pesquisas do que outros dizem sobre as leis que já conheço. Não quero dar passos desprotegidos da verdade.

Falava eu do pedido de criança ao meu pai. O tal jogo de carros de alta velocidade. Naquele Natal, ganhei um par de meias. Quando abri o pequeno embrulho, disfarcei a decepção e agradeci.

Meu pai, homem bom e com poucas condições de outros ofertórios, completou o presente com um abraço de amor e algumas palavras que ainda moram em mim: "Filho, um dia vou poder dar o que você merece".

Chorei com ele e, novamente, um dito nasceu em mim: "Pai, eu preciso de meias, que feliz presente! Com elas eu terei o aconchego dos meus pés, para caminhar seguro por onde eu venha a decidir". Meu pai meneou a cabeça e repetiu uma frase para mim: "Não sei de onde você tira essas coisas, meu filho amado".

Meu pai morreu antes da minha formatura de advogado e não me viu ingressar na carreira de juiz. Minha mãe estava lá e também a mãe do João. Ela voltou para os filhos quando o pai morreu. João é meu colega na magistratura. Cuida da mãe com a arquitetura dos sentimentos mais profundos. Soube de histórias que desconfiava. A verdade vai se desvelando nos dias calmos, nos tempos que se seguem, na paz que vem da ciência de um amor não preguiçoso.

Em minha cabeça, hoje, vasculham essas memórias que gosto de contar aos meus filhos. E que gosto de preservar para mim. O dia em que deixar de acreditar na humanidade ou na justiça, peço aposentadoria. Por enquanto, acordo cedo, calço as meias que me permitem um caminhar aconchegante e decido, no quinhão que me cabe, fortalecer a esperança nas pessoas de que o bem existe.

Jardinei as lembranças

Acordei com saudade da minha mãe. Com muita saudade. Há fotografias em mim dos momentos mais preciosos de nossas vidas. Enquanto eu estiver, ela estará. Jardinei as lembranças de risos e de dias difíceis e fui colhendo aconchegos.

É cedo e o sol já oferece calor. Descubro minhas defesas e dou voltas na cama. Abro e fecho os olhos, conversando com os meus alívios. Pego um bloco de papel e rabisco poemas. É um jeito meu de escolher sentimentos.

Penso nos últimos dias com ela. Era outono e as folhas caídas das árvores combinavam com minha tristeza. No hospital, a esperança, amiga minha, deu lugar à fé, tão misteriosa e tão necessária. O beijo que dei, antes do cair daquele dia, naquele cemitério de um dos tantos interiores desse mundo finito, era o último.

E assim o seu corpo, de dias e dias de aconchegos, chegava ao despedir de todos nós. Havia silêncio e prenúncios de dias mais difíceis. É sabido que há partidas e que elas nos partem. Partido fiquei. Partido estou. Prossigo os meus dias trabalhando na semeadura de um mundo melhor. Como deve ser a rotina de todo vivente. É por isso que estamos aqui. É por isso que somos únicos. E é por isso que um dia nos despedimos e vamos ao encontro do que desconhecemos.

Não conheço o sol, mas sei que ele existe. Sinto sua luz e me guio pela sua presença. Experimento o sagrado sem no sagrado tocar e, também, a saudade e, também, os êxtases que me tomam quando sou capaz de amar alguém.

Nem tudo é tato ou paladar ou visão ou audição ou olfato. Sinto os dias de primavera com minha alma libérrima. E me vejo ouvindo e acreditando no eterno. Então toco no meu corpo que fica, enquanto fico. Um dia, corpo não terei. Como minha mãe não mais tem. O dia em que não mais estarei é um pensamento que me ajuda a viver o dia em que estou. O dia em que estou é um dia de saudade e é um dia de sol.

Tenho a disposição suficiente de limpar de mim os reclamos desnecessários, de me banhar de despreocupações, de me vestir de humanidade e pisar com decisão a terra onde me cabe semear.

Encontro pessoas e encontro sentimentos. Nem todos me são agradáveis. Mas convivo. Empreendo a dura batalha dos discernimentos. Não é em todo colo que deito minha história. Saudade do colo de minha mãe. Nele eu me ajeitava sem desconfianças.

Nos textos que rabisco, penso nas crianças e na criança que vive em mim. E que me surpreende quando permito. E que me faz dançar mesmo nos dias surdos. É primavera, sim. E eu vou caminhar. A saudade vai comigo poetizando a vida.

O JOGO DA VIDA

Dezembro não é um mês que me desperta alegrias. Digo isso não como um manifesto contra as festas que se aproximam. Sou dos que rezam a vida e que celebram os acontecimentos que nos fazem mais elevados diante do sagrado mistério do existir. O menino Jesus nascendo em uma manjedoura, em uma simplicidade de uma noite fria, sempre me comoveu,

Faz frio em dezembro naquelas terras do oriente. Faz frio em mim. Foi em um dezembro que ela decidiu que não combinávamos. Acordou aturdida a viver um amor, foi o que me disse, enquanto arrumava sua saída.

Eu disse nada. Os anos em que estivemos juntos beiravam à perfeição. Era o que eu me dizia. Não a conheci menino. Nem no auge. Já havia deixado os campos de futebol e já não mais despertava os interesses de quando eu fazia gols, em domingos quentes, em estádios lotados.

Comecei cedo, passei de clube em clube, ganhei muito dinheiro, acreditei que o sucesso era eterno. Despi-me da minha melhor parte, quando vesti a camisa de campeão. Eu era um ídolo. Eu era imortal, aos vinte e poucos anos. E fui morrendo.

No jogo de despedida, eu nada entendia de despedidas. E os convites foram se rarefazendo. E os aplausos, também. E, então, convidei a bebida para estar comigo. Para ouvir as histórias que eu tinha para contar. Para destruir, todo dia, um pouco da tal imortalidade.

Foi na sujeira que conheci Helena. Sua graça fez dança comigo. E nos amamos como adolescentes que não éramos. E nos juramos uma história sem fim. Sem filhos, nos filiamos ao discurso de nos dedicarmos um ao outro. Esqueci os que de mim se esqueceram. Helena bastava.

Risos sem razão. E quem precisa de razão para rir?! Peraltices de mulher feita. Era menina em mim. Surpresas em dias comuns. Do estádio de futebol ao pódio de um sentimento de amor que ressignifica os dias.

E, então, surgiu o dia em que ela disse pouco e partiu. Soube que se apaixonou. Que ficou por um tempo dividida. Que ainda me amava, quando se amou a outro. Que demorou a se decidir. Que não quis viver duplicidades.

Foi em um dezembro que a porta da casa se fechou. Faz alguns anos. O perfume de Helena ainda impede outro amor de viver comigo. Vez em quando, me enrosco para espantar a solidão. Deito acompanhado, na ilusão de que já estou pronto para amar novamente. Finjo satisfação, elogio quem acabou de chegar. E acordo querendo nada, apenas esperar.

Em dias de derrota no campo, eu esperava o próximo jogo. Ia inteiro para fazer o que eu sabia fazer. E o grito de gol renascia em mim o gosto de viver. Mas não é disso que me lembro agora. Colecionei títulos nos gramados. No jogo da vida, só fui campeão com ela.

Vou segredar uma intenção, aguardarei o quanto for para ter Helena de volta. E nada direi, se ela voltar. Abrirei o imortal sorriso que aguarda em mim sua presença.

Quem sabe ela se canse do outro. Quem sabe ela se lembre do quanto fomos felizes. Quem sabe a porta se abra. Nunca troquei a fechadura nem exigi as chaves de volta. Quem sabe ela entre, rindo sua meninice e jurando nunca mais partir.

A esperança sempre esteve comigo. Só ela. Os outros se foram...

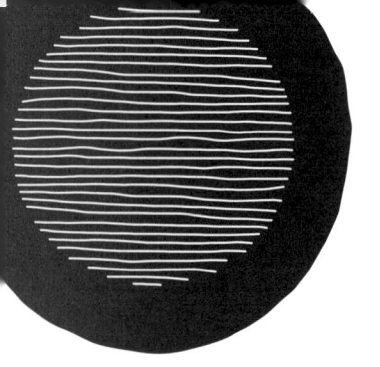

VOU SER PAI

Estamos gerando vida, minha mulher e eu. Estamos grávidos! Grávidos de esperança, de futuro, de um novo ano com a novidade, miraculosamente, acontecendo em nós. Foi ontem que confirmamos. E, hoje, eu já sinto a responsabilidade de ser canal de mais uma vida no mundo. Em um mundo tão grande que vai ver nascer meu filho, de início, tão pequeno.

Juliana é operária da serenidade. Ri dos meus arroubos. Brinca com as ansiedades que nascem todo dia antes do próprio dia. Acalma os meus horizontes sem dizer muito, apenas compreendendo e sendo. Diz ela que sou um homem prático, sem desperdiçar os acordes de uma melodia romântica. Beijei ontem, beijo hoje e prosseguirei beijando o lugar do milagre, o aconchego brotado de um encontro de amor. Espermatozoide, óvulo, vida.

Somos dois, que permanecemos dois, nos fazendo um. E, então, um outro, que vem de nós e que é sozinho. Livremente sozinho. Complexo e belo. Como tudo o que brota da terra e que, um dia, ao seu seio volta. Meu pai já voltou. Queria que aqui ele estivesse para embalar seu novo neto, para ensiná-lo a ser bom, o mais importante de todos os ensinamentos.

Rabiscamos em nós alguns nomes. Depois de termos nos amado. Quero continuar assim, fazendo amor, durante o crescimento do nosso filho. Gosto de tocar com delicadeza e de compreender o tempo necessário para nos encontrarmos com o prazer. Ela e eu. Quentes nas descobertas que se repetem e são únicas.

Gosto do que vem antes. Do brincar. Do espalhar surpresas. Do olhar de quem quer ser um. Sem pressa. Os nossos corpos se perfilam em poesia. E as partes vão dizendo o que querem. Querem a presença que alimenta e que alvoroça e que descansa.

Foi um ano difícil. A interminável pausa. Os desatinos de quem deveria amainar os medos. Enquanto as mortes se avolumavam, avolumavam juntos a insanidade, a mentira, o desrespeito. Temo pelo mundo que vai ver meu filho nascer. As violências prosseguem roubando os encontros. Descartando. Desperdiçando vidas.

Os risos ensaiados nos afastam de quem somos. Meu pai era um professador da crença das cirandas de gente, da importância coletiva do fazer feliz. "Ninguém muda ninguém, meu filho. O tempo nos ajuda a encontrar beleza no outro", dizia ele com a sabedoria dos plantadores de hortas humanas.

Juliana, com delicadeza, desliga as notícias e liga música. O despedir do dia deve ser leve para que os sonhos nos ofereçam paisagens melhores. Eu sonho com meu filho esculpindo a vida com a segurança dos que compreendem que nascemos para a felicidade.

Não vou dizer, agora, os meus medos, embora eles permaneçam comigo. Vou respirar a espera com a naturalidade dos que têm fé. Vou ser pai e é essa a emoção que divido com vocês. Há uma vida espreguiçando para nascer. E a cada vida que nasce, nasce um sorriso de Deus, que prossegue criando...

Enfim, casados

Conheci a mulher da minha vida há 12 anos. Foi em uma canção de música de espera. Linda, sentada à minha frente, em uma faculdade de direito. As primeiras conversas foram cuidadosas. Não sou homem de muitas palavras. Gosto dos olhares.

Gabrielle foi aceitando caminhar comigo. Somos do interior. Temos costumes um pouco vagarosos para tempos tão apressados. Quando conto que, do primeiro olhar ao primeiro beijo, aguardei um ano, parece coisa de antigamente.

Guardo momentos de conversas, guardo gestos de autorização, guardo carícias de jovens amadurecendo no amor. O primeiro beijo ainda mora em mim. Valeu a espera!

Os anos foram se passando, e os amigos brincavam da demora. Não houve demora. O amor nunca deixou de estar presente.

E, então, 12 anos depois, com os cuidados dos dias difíceis que estamos vivendo, ela entrou na Igreja, entrando ainda mais na minha vida. Sou tímido; às vezes, demoro a dizer sentimentos.

Minha mãe não disfarçava a emoção. E, também, a mãe da mulher que amo. E, também, o pai. E, também, o meu pai. Chorei devagar. Emocionado.

Combinamos muito. Fui o seu primeiro e único namorado. Fui com a delicadeza necessária para tornar mágico cada pequeno toque entre os nossos corpos. Sentir o seu cheiro é perfumar de amor os meus dias.

O dia teve chuva e teve sol. Reparei pouco nas temperaturas. E nos enfeites que acompanhavam os seus passos decididos em busca do altar, onde eu estava inteiro para ela.

Tenho amigos que se orgulham das conquistas irrepetidas. Das mulheres que se têm e se descartam. Ouço as histórias e digo nada. Cada um mora na casa que decidiu. A minha é de concreto firme, de base inquebrantável. Que venham os ventos e as outras naturezas. Estaremos juntos. Que venha algum estranhamento, longe de mim plantar perfeições. Em mim, mora o que nela mora, uma decisão de enlace, uma despreocupação com outras paisagens, um sorriso de quem acompanha os dias acompanhado.

Na roça, gosto de arrancar o mato para deixar a terra limpa para fazer brotar o que enfeita e o que alimenta. Quero ter a mesma disposição na vida de casado. Faz só uma semana do beijo do altar, das músicas das núpcias, do dormir sentindo o céu em nós.

E, em todos os poucos dias que se seguiram, eu pude olhar para ela e dizer que o amor existe e que a felicidade daquele primeiro dia, daquela faculdade de direito, endireitou os nossos caminhos.

O que são 12 anos em um sentimento que os poetas já decidiram eterno? Em nós, a escritura do amor foi feita com a arte de uma matéria-prima que nunca se acaba.

Um céu para Anna

Eram os dias finais do ano que já se findou quando recebi a notícia. Nesse dia, estava de folga, ajeitando a vida, que deixo de lado quando estou no hospital. Sou enfermeira e, no cuidar, descobri o meu lugar no mundo. E foi assim que conheci Anna Maria Martins, a escritora.

O primeiro dizer daquela bela mulher de 96 anos foi: "Minha querida, estou sendo muito bem tratada aqui, agradeço a amabilidade de todos, mas, infelizmente, vou ter que ir embora, compreende?". A filha sorria com o dizer da mãe. As palavras, companheiras de toda uma vida, não aconteciam sem cerimônias. Eram pensadas antes de ganharem vida.

Acho linda a vida de um escritor e quis saber mais. Um pouco ela mesma me disse, feliz com minha curiosidade. Outro tanto fui pesquisando e me encantando com aquela mulher. O marido era, também, escritor. E, também, a filha. Ela gostava de dirigir a vida, inclusive. Mas me contou que, aos 90, ainda ia interior afora visitar parentes. E gostava da liberdade. E ria dizendo que, vez ou outra, extrapolava os limites da velocidade, "Que minha filha não me ouça!", soletrava brincadeiras.

Os livros tomavam horas de seus dias. Era ciosa na arte de traduzir, engenhosa na arte de inventar personagens ou de relatar acontecimentos. Os seus pares a tinham como a dama da elegância ou da delicadeza ou da generosidade. Meu Deus, por que demorei tanto para conhecer essa mulher?

Já disse que gosto do cuidar, e esse é o meu manifesto de que não desisti da humanidade. Mas me pego absorvida de horror quando vejo as violências. Há mulheres que chegam ao hospital rabiscadas de um escrito covarde que agride partes do corpo e que diminui a alma. A alma, vocacionada para as grandezas. Brigas tolas que geram ferimentos, por homens armados de ódio. No trânsito. Na vizinhança. No bar.

Há outras provas da violência onde trabalho. Os abandonados. Os que melhorariam mais rapidamente se tivessem o amor dos seus. Essas imagens sempre me visitaram. E me entristeceram. E, jamais, me desanimaram.

Meu ânimo hoje é outro. A tristeza da despedida de Anna e a certeza de que o que ela falou era mais profundo do que ir para casa. "Agradeço a amabilidade de todos, mas, infelizmente, vou ter que ir embora".

Ela foi embora. Infelizmente, ela foi embora. Embora tenha ido feliz. Não que a vida não a tivesse ferido, mas tinha ela, na gentileza, o poder cicatrizante dos dias. Quem a conheceu, há mais tempo, dizia que os dias ao lado dela eram mais leves. Que ela plantou delicadezas em todos os palcos em que representou com mestria o viver pela palavra.

"Sou uma escritora", dizia ela, "Sou da literatura, sou das histórias bem contadas, dos laços que unem vidas e que proporcionam felicidades".

Decidi que vou ler mais em gratidão aos poucos dias em que pude ouvir a sonoridade da sua voz dizendo belezas.

Fico imaginando como deve ser um céu para Anna. Terá ela um clube de leituras para explicar o amor, a amizade, a bondade? Terá ela outros escritores para inspirar os dias? Terá ela alguma enfermeira como eu para acariciar a alma cuidando e sendo cuidada?

Sou uma mulher de fé. E isso me basta para dizer que não sei como é a vida depois que a vida se despede. Só sei que não pode ser ruim para quem foi bom. Anna, ainda nos encontraremos...

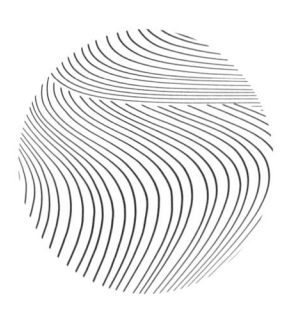

Os cachorros têm lugar no céu

O sol rachava a caminhada no janeiro do Rio, e a prosa soprava uma brisa metafísica sobre os nossos entendimentos. Júlio e Breno, de assunto em assunto, estacionaram as emoções para falar de Kush.

Kush era um cachorro. Chegou tímido tateando os cheiros da casa. E da gata. Sim, havia uma gata, Taga. Taga parecia professorar os jeitos de Kush. Ele se movimentava quase que deslizando. E, se não a via, escondida que gostava de ser, procurava-a sem incômodos nos poucos cômodos onde moravam. Quem disse que cão e gata precisam brigar? Que precisam se estranhar?

Os anos de alegria vão se desligando, e outros se ligam sem que possamos decidir. Do jeito filhote ao entardecer cansado, ele ocupava aquele mundo. Era preto como as asas da graúna e foi se esbranquiçando como acontece com as forças que se despedem.

Na caminhada, uma água para refrescar os pensamentos. E o pensamento nele prosseguia no dizer daqueles dois. Ele gostava de gente. Esmerava-se em desfilar com elegância e olhava, em pose de atenção, para receber elogios. Os passeios com ele eram obrigação de amor. Nos movimentos de saída, ele já aguardava na porta, ensinando gratidão. Sua felicidade dissipava qualquer antônimo. E o dia começava bem. No pôr do sol, ele admirava como gente. E, como gente, olhava as expressões dos que sabem se expressar quando conseguem ver o espetáculo único de todos os dias.

Júlio se emociona para falar da despedida. Pede desculpas. Eu digo, em sorriso, que compreendo o amor que eles nos dão e a dor de quando se vão. Conto dos meus cachorros que se foram. De um que partiu o ano passado. Do último abraço no tapete da sala, do último olhar, das primeiras lágrimas sem ele.

Breno pede que Júlio conte da missa. "Fomos à Igreja de São Judas Tadeu, e o padre, quando começou a ler as intenções, disse: – Missa de sétimo dia de Maria Antonia e de... me desculpem, mas tem um nome aqui que não consigo pronunciar. Deixe-me soletrar: K U S H. Tem alguém da família?"

E eu, com riso nervoso e os olhos marejados, expliquei que era o meu cachorro. E achei que ganharia uma reprimenda. Ocorreu o contrário, o padre me acolheu com sorriso. Tempos depois, nos encontramos na rua e ele se lembrou de mim e disse: "Viu que até o Papa Francisco disse que os cachorros têm lugar no céu?".

Algum silêncio nos encontrou, enquanto minha imaginação brincava de desenhar palavras. Como é bom encontrar pessoas que não têm medo de demonstrar os sentimentos. O que é o viver sem o sentir? No mosaico dos sentimentos, encontramos recados todos os dias. Misteriosamente, eles aparecem tentando fazer desaparecer nossas insensibilidades. São trechos de vidas, são dizeres de encantamento, são silêncios reveladores. Por isso, presto tanta atenção ao que os outros me dizem. Abro os compartimentos da escuta para que histórias de amor me preencham. Por pessoas, por animais, pelos dias, pelas causas.

No fim da caminhada, nos despedimos e voltei para a vida imaginando Kush brincando em algum jardim das transcendências. E abanando uma alegria capaz de ultrapassar o invisível.

Alegre, terminei o meu dia.

Entre o amor e as sinceridades

Seu Tomás trabalha na portaria do prédio em que minha mulher e eu moramos. Gosta ele das conversas e das verdades que diz, sem muitos filtros. É assim nos assuntos da política, do futebol, da religião e da vida das pessoas.

Foi na semana passada, em que ele gastou alguns segundos me olhando, enquanto eu aguardava o elevador, que ele incendiou minhas preocupações: "Engordou, hein, doutor?!".

Antes de a porta se abrir e antes que eu pudesse conferir no espelho a sua verdade, tentei explicar dizendo que havia operado o joelho, que estava sem correr, que já havia voltado, que, enfim, tudo voltaria ao seu lugar.

Ele ouviu, meneando a cabeça, e lascou: "É, mas se não fechar a boca, não resolve". Ri e disse nada. Entrei no elevador e fiquei medindo o que estava fora do lugar.

Vida dura a de médico. Pouco tempo para cuidados necessários. Vou voltar a correr, sim. E vou voltar a viver sem as gorduras que perturbam o Seu Tomás.

No mesmo dia, recebemos um casal de amigos para jantar. Minha mulher gosta de fazer pizza. Temos um forno na varanda de casa. Soraia é uma amiga querida que, há muito, não nos visitava.

Seu marido é um diplomata da elegância. Pensa em cada palavra que vai dizer. Tem a humildade de ouvir antes de opinar.

Ajudava Verônica, minha esposa, a preparar as pizzas, enquanto ouvíamos Chico Buarque e falávamos amenidades. Soraia parecia satisfeita com os pedaços que comia. Perguntava eu os sabores, e ela aceitava todos. Marguerita. Muçarela. Burrata.

Ríamos de lembranças do ontem, comentávamos a genialidade de Chico de compor tão único e tão diverso. Foi quando ela olhou para minha mulher e falou: "Agora, depois do sexto pedaço, posso confessar, não gosto de pizza". O marido, elegante, tossiu engasgado. Quis explicar: "Meu amor, – prosseguiu ela – fui sincera! Se eu soubesse que era pizza, nem teria vindo, é que gostei tanto que fui comendo".

Minha mulher ofereceu fazer outra coisa. Ele disse que não, que queria mais um pedaço de marguerita. E depois comeu mais uns três ou quatro. E eu estou sendo tão sincero quanto ela e o Seu Tomás, sem exageros nem interpretações. E ainda perguntou se faríamos uma pizza doce para terminar.

O marido lembrou que eles haviam trazido uns chocolates para a sobremesa. Que era desnecessário. "Eu prefiro a pizza doce, se não for dar trabalho", disse, selando o seu dito com um beijo no marido que aquiesceu.

E assim foi feito. Eles se despediram e, antes de nos amarmos, Verônica e eu brincamos de revisitar o dia. Contei do Seu Tomás e disse que, no dia seguinte, sairia escondido, depois de tanta pizza. E agradecemos o privilégio de, em tempos tão maquiados, conviver com a sinceridade.

Entre sorrisos gentis, a verdade é sempre bem-vinda. Ouvindo Chico que cantava: "E me beija com calma e fundo até minha alma se sentir beijada", eu beijava minha mulher que não tinha os mesmos incômodos do porteiro.

Penso eu. Mas amanhã volto a correr.

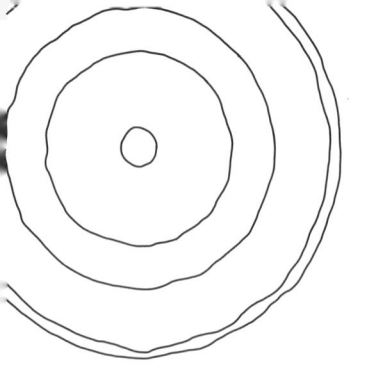

O VOLUME DO SILÊNCIO

Minha filha não se entende com a felicidade. Não diz os sentimentos. Desperdiça o perdão.

Converso com ela, com algum cuidado. Gosta nada de ser contrariada. Sei que ela e João se amam. Pena estarem distantes. Ele fez de tudo para voltarem. Ela disse "não" querendo ter dito "sim". Chegou a me confessar entre dúvidas. "É bom ter dúvidas", foi o que eu disse.

Pedro e eu fomos casados por quase 40 anos. Éramos tão diferentes. Poderíamos ter desistido, mas escolhemos nos amar. O amor é, sim, também uma escolha. Escolhemos nos amar mesmo em tempos ruins.

Pedro viajava muito, vendia tecidos e, também, simpatia. Era, certamente, convidado a outras experiências, mas escolheu permanecer. Eu, também, tive outros convites. Sempre fui uma mulher interessante. Bonita, por que não? Tenho mais de 60 e, quando me olho, gosto de como sou. No passado, então, "eu fechava quarteirões", era o que vociferava Pedro, meu marido, orgulhoso da beleza da própria mulher.

Digo à minha filha sobre desentendimentos. Sugiro alguns passos. Solto frases que marcaram uma história que existiu e que deu certo. Uma das vezes em que eu tive dúvidas, ainda nos inícios, ainda sem filhos, Pedro me recobrou os pensamentos dizendo: "Você pode escolher me amar acima das minhas imperfeições". Eu disse nada. Ele prosseguiu: "Fique e superaremos juntos esse medo".

Tive medos, sim, e não foram poucos. Medos dos dias prolongados quando eu estava triste. Minha mãe terminou o seu tempo regada a depressão. Temia que acontecesse comigo.

Meu filho mais velho é chegado à vida. Aprendeu a não discutir com o destino, embora nele não acredite. Vai vivendo de acontecer. São irmãos e são tão diferentes.

Disse à minha filha outra frase do meu marido, seu pai, "Desliguei os ouvidos e aumentei o volume do silêncio". Foi quando os irmãos dele brigaram pelo que ficou de herança do pai. Ele queria o pai, não a matéria, não o metal que se perde. E o pai estava nele. Somos pedaços dos nossos, mas vamos discernindo os pedaços bons para vivermos melhor.

Quando Pedro morreu, eu estava com ele. Rezei com ele os últimos suspiros. Sofri, agradecendo. Que bom que permanecemos, que nos demos a chance da felicidade.

O que pode uma mãe ensinar a uma filha que já beira os 40? Ela é mulher feita. Talentosa, sem acreditar. Boicota a si mesma, parece não registrar o direito de ser feliz. E, por isso, escolhe por teimosia, não por amor.

Sei que é errado comparar os irmãos. Cada um carrega a unicidade da existência. Mas que mãe não sonha com a felicidade para os seus? Falei, ontem, com João. Pedi que o amor se alimente de paciência e compreensão. Ele sorriu esperançoso.

Resolvi rezar para que minha filha compreenda que desperdiçar um homem bom não é prova de sensatez. Maria Fernanda há de dizer "sim", quando quiser dizer "sim". E se ajeitar com a felicidade.

O ANIVERSÁRIO DA MINHA MÃE

Foi ontem, dia 13 de fevereiro. E, pela primeira vez, ela não estava. Seu sorriso, então, não estava. A não ser em mim. Em mim, ela prossegue, plena, como desde os inícios, que vivem em minha memória.

Eu não a tenho como gostaria. O seu colo é lembrança. Os seus dizeres, passado. Seu beijo, que evitava tantos males, reminiscência.

Em um dos seus aniversários, depois da partida de meu pai, resolvi preparar a sua alegria. Disse que não conseguiria estar com ela e que comemoraríamos no final de semana.

Comecei com uma cesta de café da manhã e um poema de amor. Depois, umas flores com algumas fotos nossas. Depois, um bolo enfeitado de gratidão, no almoço. No início da tarde, doces caseiros e mais flores e mais bilhetes. Depois, uns tocadores de música no entardecer. E depois, apareci, de surpresa, para jantarmos e fecharmos o dia brindando o amor. A cada surpresa, ela me ligava e ria me chamando de maluco. Maluco por ela.

Em um outro aniversário, eu dei de presente um livro que escrevi sobre sua vida: *Carta aberta para minha mãe*. Festa linda. Ontem, revi as fotos. Chorei sozinho a orfandade.

Eram tantos convidados. E ela, ao meu lado, vendo os autógrafos e os afagos: "Dona Anisse, como a senhora é linda!".

Em seu último aniversário, ela estava no hospital. Foi o dia em que quase partiu. Estávamos lá para dar amor, família toda. Enfeitamos o quarto. E a vimos recobrando o sorriso. E ainda tivemos alguns meses juntos, antes de ela se tornar eterna. Quando fez 80 anos, olhamos para o futuro brincando dos 90. Que não vieram.

Se tenho alguma inveja na vida? De quem tem mãe. De quem tem o privilégio de olhar para o celular e receber uma chamada com o nome de "mãe" ou de "pai". Eu a atendia brincando, "mamãezinha", e desligava dizendo "te amo muito". Ela falava em saudade e me contava histórias. Às vezes, repetia a mesma história. Dava alguns conselhos. E ralhava com as minhas discordâncias.

Gostava das festas. Do convívio. Do passear pela vida. Teve ela vida dura. De muitas despedidas. A dor de uma mãe que enterra um filho é indizível. Ela enterrou dois. E prosseguiu. E foi avó. E bisavó. E distribuidora de amor.

Sonho com ela sonhos bonitos. Há pouco tempo, estávamos na praia, e ela boiava e eu acariciava seus cabelos dizendo que era preciso voltar, sair da água, que havia muita gente esperando. E ela respondeu com um sorriso ainda mais lindo: "Vou ficar, meu filho, está tão bom aqui". Fiquei um pouco mais tocando sua felicidade plena e, depois, acordei.

Os acordes do dia ora afinam, ora desafinam. Ora rimos, ora choramos. Ora nos fortalecemos de futuro, ora desejamos o passado. A tristeza já não me surpreende como antes. Me lapida. Me ajuda a tirar fora as partes que me desfiguram. Sem os enfeites, tenho saudade de ser quem sou e me esforço o quanto posso para me lembrar do que faço por aqui.

Como minha mãe e meu pai, eu também vou. Vamos todos. A fé me acalma, mesmo sem nada saber, mesmo com as dúvidas que se revezam, mas que sempre existem.

Antes de terminar o dia do seu aniversário, falei com ela. Sozinho. Agradeci pelo sonho, pelos sonhos. Um sonho de mãe que plantou, em mim, todos os sonhos do mundo.

Feliz aniversário, mamãezinha.

Foi só um dia ruim

Voltei para casa precisando me matricular em alguma escola do perdão. O ódio faz mal, eu sei. Mas a forma como fui demitido. O momento. A falta de jeito. A ingratidão.

Tremi bebendo um copo de água durante o desajeitado comunicado. Eu disse que queria conversar com o patrão. Recebi um "não". E um apressado aviso de que retirasse as minhas coisas. E um segurança ficou, sem jeito, observando. Foram mais de 20 anos no mesmo chão. Sem chão, fui caminhando. No dia seguinte, acordaria sem ter para onde ir.

Sei que essas coisas acontecem, mas acho que eu esperava um abraço, alguns dizeres e confiança. Tropecei, enquanto caminhava. Um senhor distraído quase pôs fim à minha vida. Quando viu, se desculpou. Eu disse nada.

Tomei chuva. Não me importei. Parecia ver o filme da minha vida embaçado por algum engano. Enganado estava eu em confiar. Eu sei que dinheiro não falta para ele. Eu havia pedido uns dias para cuidar do meu pai, que não está bem, no interior. Ele deu de ombros e falou que assuntos menores eram resolvidos com a secretária.

A saúde do meu pai não é um assunto menor, pensei sem dizer. Eu cuidei do pai dele durante anos. Morreu ele de uma doença demorada. O filho pouca atenção dava. Fui filho do seu pai. Era assim que o velho Antenor me tratava, "Meu filho, como você é bom para mim!", e chorava a emoção de ser cuidado. Herança grande ficou para o filho. Em dinheiro. A bondade foi enterrada com o pai.

A quem os filhos puxam? Como podem ser tão diferentes? A mãe foi para uma casa de repouso, depois da morte do marido. E era eu quem a visitava. Dona Lúcia tinha histórias para contar, e eu ouvidos para ouvir. Ele não visitava a mãe e foi rápido no sepultamento. Fiquei procurando alguma lágrima naquele rosto tão mexido por reparos estéticos e tão pouco inteiro no tema das emoções. Mas não sou dos julgamentos. Comigo, era ora ríspido, ora ausente. Fui me acostumando à falta de afetos. E fui me esmerando em trabalhar sempre mais.

E tudo acaba com um comunicado breve e um segurança olhando para o que eu levaria das poucas gavetas que tinha de 20 anos de trabalho.

Cheguei em casa e recebi meu filho Mateus gritando: "Papai, que bom que você chegou!". Sentei no chão e chorei abraçado ao menino de nove anos que faz minha vida a mais feliz do mundo. Ele não entendeu o choro nem Marina, minha mulher.

Contei que havia sido demitido, que nem pude conversar direito, que havia me sentido desrespeitado. Foi quando Mateus lascou: "Papai, foi só um dia ruim!". E seus olhos acenderam em mim o que aquele dia havia apagado. Eu era pai de um menino maravilhoso, casado com a mulher que sempre senti ser o grande amor da minha vida, filho de um casal que me ensinou a bondade como um valor inegociável.

"Foi só um dia ruim", é isso. Vou poder ficar algum tempo com o meu pai. O dinheiro é pouco, mas o essencial vai muito além. Seu André, meu patrão, não esboça felicidade com todo o dinheiro que tem. É perverso até nos intervalos.

A escola do perdão estava no abraço do meu filho. Fomos fazer o jantar juntos e, depois, vimos filme aconchegados por uma manta e muito amor. Mateus dormia no meu ombro, enquanto a trama percorria minha mente mais calma.

Falei com meu pai, que demonstrou felicidade sabendo da minha ida. Marina, com as mãos nas minhas, parecia querer amar até mais tarde. O dia não foi tão ruim assim.

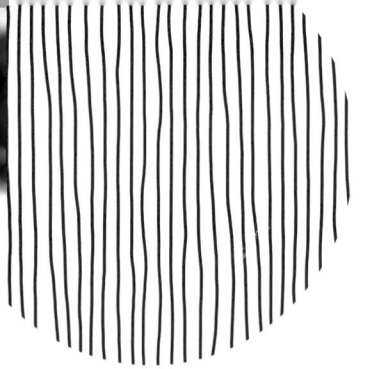

A DOR DA VIDA

Eu voltava da missa da quarta-feira de cinzas, quando caí em dor. Voltava feliz. Padre Antonino tem um jeito humano de nos trazer Deus. Um olhar que une o que o interminável inverno do mundo vem desunindo.

Gosto das músicas e do silêncio. Das explicações e do tempo das esperas. É quaresma. O espaço das pedras que ferem precisa ser convertido em jardins que acolhem.

Chorei os meus erros e fiz promessas de vida nova. Quero limpar meu coração para a Páscoa. Quero vida em mim. E foi assim que deixei a Igreja e caminhei passos tranquilos para minha casa.

Foi quando Julia disse a solidão que a incomodava desde a morte do marido. Resolvi mudar o caminho e fui com ela conversando sobre despedidas e sobre a fé. E, então, vi o que não queria ter visto. Nadir, meu marido, beijando uma mulher dentro de um carro.

Tropecei em mim mesma. Ele me viu. Disse nada e foi caminhando sem ela. Passou ao meu lado e se foi. E ela deu partida no carro.

Entrei na casa de Julia e desabei. Ela achou estranho que eu não soubesse. Talvez eu soubesse. Ela falou do quanto ele era grosseiro. Eu concordei, ampliando. Nos modos e nos pensamentos.

Às vezes, tenho vergonha. Outras, tenho vergonha de mim por gostar dele. E gosto.

Fechei um pouco os olhos no sofá da minha amiga. Meus sentimentos barulhavam o frio que me consumia, quando pensava em viver sem ele. Quem era a mulher que estava com ele? Veio entregar em casa o seu brinquedo e parou em uma outra rua para que eu não visse? De onde estavam vindo?

Julia sugeriu que eu decidisse. Eu disse que não conseguia. Se sonho, é com ele que sonho. Quando acordo, é a imagem dele que me desperta. Que vejo. Que viajo nos dias em que ele não estava. Sim, porque ele já me deixou. Mais de uma vez.

"Até quando?", foi a pergunta que caiu de Julia. "Até quando?".

Vitor, meu filho, não suporta o pai, que tem vergonha do filho. O pai queria um filho macho como ele. O filho queria um pai amoroso como ele. E minha falta de ação em nada ajuda. O filho lamenta as piadas preconceituosas que o pai conta. E o meu riso. Mas eu não rio de concordância. Rio de nervoso, de tristeza, de medo de não ter mais ninguém para amar.

Julia oferece que eu durma em sua casa. Agradeço e enfrento as pedras nas ruas poucas que me separam da minha. O pó dos instantes vai me dar forças para fazer o correto. A dor da vida não inclui o desmanchar da alma.

Vou me refazer. É quaresma. Quero vida, em mim, na Páscoa.

O trocador de sonhos

No alto da rua que ficava perto da rua da minha infância, morava um distribuidor de bondades. Não sei precisar a idade que tinha o tal José Alegria. Nem conseguiria desenhar, hoje em dia, um rosto tão pleno de vida. Eu era menino e acreditava em sonhos.

José Alegria tinha a profissão peculiar de ajudar as pessoas. Histórias eram ditas sobre ele. Sorrisos brotavam nos que o encontravam pelo caminho. O que ele tinha de especial? Era ele um trocador de sonhos.

"Como assim?", perguntei ao meu pai que, sereno, me devolveu. "Filho, você nunca quis trocar um sonho?".

Naquela noite, os meus sonhos eram tantos que teriam que fazer fila se quisessem ser sonhados. Eu tinha tanto futuro em mim, tanta vontade de iluminar o mundo. De ajudar os que, caídos ou perdidos, acenavam com as mãos.

Acordei pensando. O que sonha quem não tem um amor? O que sonha quem não tem o que comer? O que sonha quem está sofrendo uma injustiça? O que sonha quem está doente? E, quando a doença se vai, ele troca o sonho que tinha? E os sonhos impossíveis?

Quando meu pai morreu, a casa, vazia dele, ficou em silêncio. E, então, eu sonhei com ele menino. Sem doenças nem dores. Menino na horta, menino na escola. Menino querendo encontrar um amor. Foi quando eu tomei meu pai menino, em meu colo, e disse o que haveria de nascer. Quando, em meu sonho, falei de minha mãe, ele, menino, sorriu ressabiado.

Desinteressado do meu sonho lindo, o sol nasceu. E eu, que já não era mais menino nem encontrava com o José Alegria, chorei a saudade do meu pai. Meu pai menino em meu colo. Nos almoços grandes de domingo, era o contrário. Era em seu colo que eu crescia.

O enterro de José Alegria movimentou a pequena cidade. E agora? O que iria acontecer com os que, por ele, eram ajudados? E quem quisesse trocar de sonhos? Sonhei, muitas vezes, com ele. E, confesso que, tanto tempo depois, já não sei o que é sonho e o que é desânimo. Alguns dias, vivo um dilúvio de sentimentos ruins em meu peito e uma babel de confusas conclusões em minha mente.

O que houve com os sonhos? Ouço gritos. Ouço cinismos barulhentos. Ouço mentiras que se oferecem como chuva para uma terra seca. E os sonhos? É possível trocar os sonhos de quem não tem nenhum?

A doença vai rasgando a terra onde se esperava fruto e flor. Em meu sonho, a esperança nunca deixou de estar. Nem quando teve que ficar apertada, convivendo com as dores das despedidas e das desilusões. Ontem, eu via o dia criança. Hoje, envelheço quando ouço os meus companheiros e me calo. Queria convidar cada um deles a visitar a casa das palavras e, em silêncio, compreender antes de escolher. E só depois oferecer uma a uma ao mundo.

O José Alegria cultivava o amor como quem conhece a vida. No dia em que ele se foi, aprendi que uma história só merece aplauso se for uma história de amor.

No alto da rua que ficava perto da rua da minha infância, já não sei mais quem mora. Sonhei, um dia desses, que moravam sementes escondidas que ainda não nasceram. Pedi, então, para trocar de sonho. E imaginei uma chuva delas amanhecendo amanhã um mundo melhor.

Guardados da alma

Foi no dia em que dormi pouco que percebi o tanto de guardado que tenho em mim. A noite grande prolongou os meus pensamentos se esquecendo dos meus cansaços.

Foi no dia em que os nossos olhos, depois de tempos, se cruzaram. Não fui eu quem fechou a porta. Não fui eu quem encontrou, em um outro, a disposição para prosseguir. Mas fui eu quem sofreu as ameaças, as acusações, a mentira.

Juntos, resolveram viver de tentar retirar de mim o que não tinham. Os mentirosos sempre caem no cadafalso da infelicidade. E os seus risos riem nada, apenas ensaiam um enfeite para disfarçar o que, de fato, são. Custou a mim entender no que ela se transformou.

Ela olhou e desviou. Disse nada. Talvez a vergonha tenha acelerado o seu passo. Devolveu ódio, depois de anos de amor. Namorávamos o dia, brincando de uma infância prolongada. Jurávamos eternidade. Espalhávamos pétalas de alívios quando os espinhos, tão comuns aos cotidianos, nos cortavam.

E, então, um falador de baixa estatura a convenceu a mentir. Homem pequeno em tudo, inclusive no caráter. Será que ela não percebeu ou será que eu não percebi que a imagem linda dela fui eu quem construiu? Fazia tempo que não nos víamos. E não nos vimos, porque já não somos quem éramos.

Os pensamentos da noite grande me fizeram abrir as gavetas da alma. São muitas. A primeira que abri me entristeceu. Uma desconfiança na humanidade foi me convencendo de que amar é desperdício. Fiquei remexendo e limpando e vasculhando e a incompreensão me fez fechar. E abrir uma outra. Minha infância estava lá. Então, ri de tempos que, amontoados, faziam ver o que um dia fui antes do hoje. Da criança que pedia histórias e mais histórias para viajar. Em outra, estavam trabalhos por onde passei, pessoas lindas que calejavam as mãos para plantar mundos bons.

Abri uma outra e encontrei o olhar doce do meu pai. Sua voz foi dizendo frases e, então, adormeci. Acordei abrindo outra gaveta, era o sorriso de minha mãe. Inteiro. Lindo como os dias de sol. E abri outras, já calmo de lembranças ruins.

A gaveta da sabedoria que comanda as gavetas da minha alma não pode ficar fechada. É ela quem guarda e me oferece as chaves corretas para abrir no tempo correto e, quando necessário, limpar o que deve, apenas, servir de recordação.

Decidi não odiar quem um dia amei. Abracei o resto que ficava da noite e, então, adormeci. A luz não perguntou se eu precisava de mais tempo. Chegou trazendo o dia e explicando o tempo do levantar. Estava bem, cheio de forças para abrir a porta de mais um dia e carregar comigo a disposição amorosa dos encontros.

Gratidão viver o tempo dos encontros. A gaveta da sabedoria me empresta óculos de compreensão para agradecer por todo amigo que enfeita de vida a minha vida. Alguns estão há anos, outros vêm chegando e ficando. Vez em quando, nos estranhamos, imperfeitos que somos. A gaveta do perdão precisa ser grande; se não, a gaveta da felicidade, a primeira de todas, a razão pela qual nascemos, fica emperrada.

Saio de casa e vejo o dia inteiro me esperando. E caminho no mundo respirando a vida grande que há em mim.

Onde mora o amor

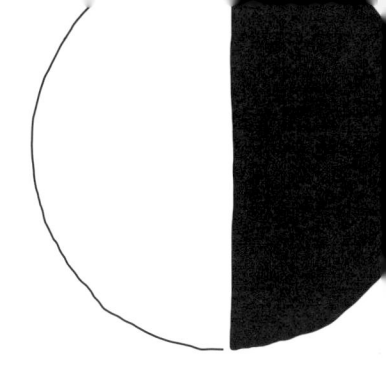

Era o despedir de um dia no Rio de tanta beleza. O bairro era o que já havia inspirado a canção de uma menina linda, cheia de graça. "Uma menina que vem e que passa num doce balanço a caminho do mar." A rua era uma entre tantas onde as gentes se locomovem ou param. Conversam ou silenciam.

Eu estava em uma calçada, quando vi, na outra, uma das tantas mulheres que vivem nas ruas se ajoelhar. Era uma oração, talvez. Foi o que pensei. Era um descansar o mundo. Era um desabar na barulhenta cidade.

Fiquei preso àquela imagem. Os cabelos desajeitados embaralhavam, ainda mais, os seus pensamentos. A pele exaurida pelos anos apresentava a idade. Era uma velha mulher. E, de cócoras, com as pernas se abrindo para abaixar mais, ela levou as mãos a uma água suja que ficava na rua rente à calçada. E, fazendo concha, bebeu com fervor a ausência de humanidade para com ela.

O movimento das mãos foi me silenciando, me emudecendo. Os meus pensamentos que, um pouco antes, viam a lua que se adiantava, naquele dia, já não resistiam a nenhum outro pensar. Quem era aquela mulher? Como ela chegou até ali? O seu vestido branco sujo de abandono, os seus pés descalços de qualquer cuidado, seu sorriso sem significado. Era o que eu via. Ela tinha a idade da dor. E eu a idade da omissão.

Nada fiz. Apenas, vi. Pensei em comprar água, pensei em oferecer alimento, pensei em cuidar dela. E nada fiz. O tempo foi escapulindo e eu nada fiz.

A demora da minha decisão fez com que ela caminhasse na solidão da rua e se perdesse no mundo grande onde ninguém vê ninguém. Fiquei imaginando o seu nome, a sua dor, o seu destino. Dormi com ela, naquele dia, e acordei em desalinho com os meus afazeres.

Ela é uma e eu sou tantos. Ela é muitas e eu sou apenas um. Tenho voz e não digo, tenho braços e não abraço, tenho coração e amo pouco.

Lembrei de um poema de Mário Quintana que escolhia as palavras para escolher a vida, a vida simples, a vida pura como a água bebida na concha das mãos. A água de Quintana é água cristalina. A água da mulher que me acompanha é água dos restos de um dia sujo, dos cantos das ausências, de uma mente sem condições de compreender.

Perto dali, havia uma torneira. A torneira do mundo estava seca para ela. Sua cabeça, tão sem cuidados, já não conseguia perceber. Foi o que vi. Foi o que senti. Se a ela pudesse dar um nome, chamaria de Maria. Não sei por quê. Ou, talvez, saiba. Talvez queira que o sagrado a proteja de nós, que pouco fazemos, por medo ou por acomodação.

Bebi em fontes límpidas na minha vida, mergulhei em cachoeiras abundantes, nadei em águas reconfortantes. E Maria? Como foi o seu ontem? Como serão os dias que virão?

Na canção de Vinicius e de Tom Jobim, a *Garota de Ipanema*, quando passa, faz com que o mundo inteirinho se encha de graça por causa do amor. Decidi acordar o dia e ir à mesma rua procurar Maria.

Quem sabe ela esteja. Quem sabe eu não fique petrificado e plante no mundo alguma bondade. Quem sabe ela me ensine que eu não deva terminar dia algum de minha vida sem oferecer, na concha das minhas mãos, um pouco de amor.

De cócoras, pariu o abandono. Onde mora Maria? Onde mora o amor.

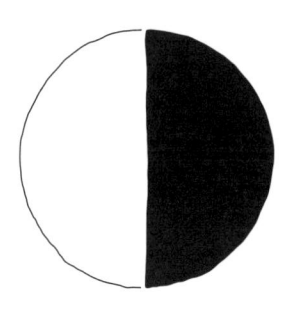

Faltou ar

Eu não entendi direito o que aconteceu. Só sei que aconteceu. A Fabíola morreu. A Fabíola é filha da Antonia, enfermeira das doenças do corpo e dos abandonos da alma. Eu mesma fui, por ela, acolhida desde sempre.

Meu pai morreu antes de me conhecer, não pôde esperar. E minha mãe, de doença em doença, viveu de ausências. Lembro dela, em um inverno inteiro, em qualquer estação. No dia em que ela foi ser recebida pelo meu pai, é o que quero acreditar, descansei de ver a sua dor e doí inteira a sua partida.

Antonia, desde sempre, falou dentro de mim, e, então, permaneci vivendo os meus dias. Nunca pude desistir. Ela não deixava. Ria das esquisitices dela mesma, das manias que toda gente tem e que nem sempre revela. Ria de estar viva e de ser feliz por inteiro.

A luz acordava esclarecendo o dia e me lembrando de que a bondade era minha vizinha. E ela pedia licença para entrar e trazer um pedaço de bolo de milho com coco para explicar à vida que merecíamos saborear a alegria. Depois, me arrastava para caminhar. E, se eu estava triste, dormia no sofá dos meus medos para espantar o que me trazia desconforto.

Essas coisas eu não concordo. Por que justo a filha dela teve que morrer? A filha que cresceu comigo. A filha que me ensinou a ficar bonita, usando maquiagens estrangeiras que a mãe comprava. E ria o mesmo riso da mãe. Usavam, vez em quando, a mesma roupa. Era bonito demais de ver. A mulher e a menina e o mundo inteiro cabiam naquele amor.

A Alzira, que é muito religiosa e frequenta sempre a minha vida, disse que me falta fé. Que nem tudo tem explicação. Mas eu não entendo. A mãe só faz o bem, a mãe tem uma única filha, a mãe já não tem mais a única filha, e sei que ela vai continuar fazendo o bem. Só que com o coração faltando o maior pedaço.

Eu sei que, como a Antonia, como eu e a Alzira, tem muita gente sofrendo nesses tempos. Enquanto uns brigam, outros enterram seus mortos sem despedidas. E voltam para casa querendo acreditar que o dia da dor não existiu. Existiu, sim.

Tão pouca gente no enterro de Fabíola. Velório nenhum. E Antonia despedaçada sem dizer nada. Ela que cuidou de tantas vidas, nesses tempos horrendos. Ouvia suas emoções dizendo da tristeza de não ter respirador para todo mundo. De mães gritando, quando recebiam a notícia, de filhos inconsoláveis. E, agora, era a vez dela.

A filha morreu no mesmo hospital em que ela trabalha. No corpo sem vida, o útero seco engolia nada de um desmentir da natureza das coisas. Não é justo uma mãe enterrar uma filha. Alzira disse algumas palavras. Fez uma oração triste e bonita. Tudo muito rápido, como rápido foi o existir da vida de Fabíola. Da Fabíola que sonhava em ser enfermeira como a mãe, que brincava de medicar as bonecas, que ajeitava o quarto como se fosse um hospital de criança.

O quarto ainda está lá com os brinquedos, sem compreender a ausência. As gavetas revelam pedaços de papel com vidas inteiras, fotografias das duas juntas, paninhos, bijuterias, cadernos e não sei mais o quê, parei de ver. Sobre a mesa do quarto, outros retratos, perfumes, maquiagem e uns bilhetes de amor. No espelho, grudada uma das tantas cartinhas da mãe, quando saía cedo para trabalhar e queria surpreender a filha.

Meu Deus, e agora? Eu sei que, em toda a rua, mora uma dor, mas é a Antonia que eu conheço que, hoje, sente a dor mais doída do mundo.

No rádio, dizem que já morreram mais de 300 mil pessoas. Eu pego a minha Bíblia e a aperto contra o peito. Fico em silêncio conversando com Deus. Ouço os comentaristas falando que demoramos para acreditar no vírus, na vacina, na ciência. Falam de outros países que cuidaram melhor dos seus filhos.

Eu não entendo dessa brigaiada toda. Não concordo com quem concorda com a mentira. Falam de armas. Eu que sou da paz, fico intrigada. É disso que precisamos?

Estou fazendo uma sopa para levar para Antonia. Eu sei que ela tem fome nenhuma, mas vou ficar perto dela, talvez sem dizer nada, talvez chorar doído com ela. Faço a confissão da sinceridade, o tempo vai aliviar um pouco, mas a vida sem Fabíola vai ser um jardim difícil de brotar beleza.

Céus, é a Antonia cantando. "Acorda mulher, o dia está lindo". Que horas são? Ufa, no meu caso, foi um pesadelo...

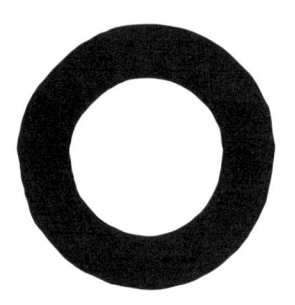

As chaves da Igreja

Acordei com os sinos avisando a missa. Acordei assustado. Quem toca os sinos sou eu. O dia ainda dorme e, também, a Igreja. Triste uma Páscoa sem alegria. A Sexta-Feira da Paixão invadiu os outros dias santos. É de morte que estamos vivendo.

Os calvários acumulam choros que invadem as cidades de silêncio. Nada de sinos. Os cemitérios têm um barulho próprio. Os passos vagarosos dos afetos, que acompanhavam a entrega do corpo do morto a terra, precisaram aguardar. E nada de abraços. Só a dor permanece invadindo todos os dias.

Trabalho, há muito, na Igreja de São Sebastião. Sou sacristão, tenho as chaves e a obrigação da limpeza. Ontem, fiquei sozinho ouvindo o passado e vendo as gentes que, nesses dias, se emocionavam com os quadros santos da paixão.

A Igreja silenciosa de hoje é o mundo silenciado por uma pausa que teima em se estender. Os lenços das mulheres de ontem, piedosas, deram lugar às máscaras protetoras de vidas. E foi, em uma sexta-feira, que pregaram o pregador do amor em uma cruz. E que o mundo se ajoelhou silencioso, depois dos estrondos dos homens que gritavam ódios.

Um inocente condenado. Inocentes continuam sendo condenados. E os ódios não morreram nem em uma sexta, nem nos outros tantos dias da semana.

Padre Silvio, com sua voz rouca e emocionada, lia os textos sagrados e nos convidava a convidar o que havia de morrer em nós que morresse. Que morresse a arrogância. Que morresse a perversidade. Que morresse a desumanidade. Na humanidade de Cristo, passaríamos a um outro tempo. A um tempo de libertação e de vida.

Sou de pouca leitura, mas de Bíblia conheço. A Páscoa antiga era a passagem da escravidão para a libertação. Seguindo Moisés, o povo de Deus se ergueu contra o que aprisionava e foi caminhando em busca de um sonho. Na Páscoa nova, a nova vida. A morte se despede no amanhecer do domingo. E, então, a vida surge vitoriosa. As mulheres corajosas viram que o corpo sem vida era passado. O sol havia mandado embora a escuridão.

Há escuridão no mundo de hoje. Os medos não são só de um vírus que mudou a vida. Os medos são do vírus da insanidade, do desrespeito, do desamor. Sempre me intrigava pensar no que aconteceu com os que, em um Domingo de Ramos, festejavam a chegada de Jesus e, dias depois, mudaram de opinião e gritaram ódios exigindo sua morte.

O mundo continua matando. Por que demoramos tanto a aprender? Não nascemos para a escravidão. Não nascemos para espalhar mortes. Nascemos para a compaixão.

Algumas mulheres permaneceram ao lado de Jesus, enquanto muitos homens, por medo, o abandonaram. Mulheres fortes que se alimentaram de lágrimas e esperança.

Janice, minha mulher, se foi em inverno antecipado. Demorei a aquecer os meus dias. Sua lembrança, hoje, já não dói, já traz alívios e gratidão. Vivi um amor simples durante anos de minha vida. Vivi muitas páscoas com ela e muitas primaveras em diferentes estações.

Vou à Igreja daqui a pouco. Sozinho, vou ajoelhar a vida e rogar à vida que vença a morte. Prossigo acreditando na Páscoa, prossigo passando os meus dias soprando amor nos cantos que conheço. Me reconheço em cada humano e, por isso, sofro por todos, mesmo pelos que não conheço. E, por isso, canto a liberdade na oração em que reconheço Deus.

É Páscoa. É dia de lembrar a vida, a vida milagrosa que não desiste nunca de nascer.

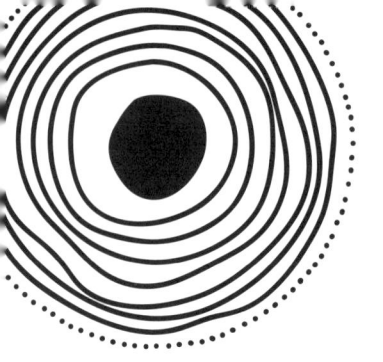

Prato de sopa quente

Pela vagarosidade dos passos, já sei que é ela. A velha porta range na sonoridade do tempo. Sem solavancos. O taco antigo está acostumado com a ausência da velocidade, conquistada com o passar dos anos. Os altos sapatos já não guardam os seus pés. Ela prefere o conforto ao desfile. Embora desfile, dentro de mim, sem pausas.

São 70 anos juntos. Inês ouve pouco e, então, grita quando quer dizer. Eu me perco nos esquecimentos. Tenho a memória dos ontens. Quanto mais distante o tempo, mais eu sei contar. Ontem, a Elaine veio nos visitar. E eu me vi perdido. Cada vez que falava um pedaço da vida, um pedaço da vida escapulia da minha lembrança. E, então, Inês, com as suas mãos desenhadas de tempo, apertava as minhas e perguntava: "Orlando, meu amor, do que você quer se lembrar?".

Inês se oferece generosa para ser minha memória. Não lembro bem o que Elaine queria. Parece que brigaram. Ela e o marido, cujo nome me foge agora. Os olhos marejados explicavam a dor. É difícil deixar de estar.

Inês fala alto tentando ouvir a dor de Elaine. É atenciosa. Sabe que ouvir é uma das mais belas expressões de amor. Amor que, por pouco, não se perdeu no barulho das escolhas não pensadas.

Eu penso nos dias em que a porta se abriu e quase saímos. Ou ela ou eu. E que ventos de quentura nos convidaram. Eu era jovem, quando me engracei com uma outra mulher. Jovem e inseguro. Gostei de seduzir. E, então, quando olhei no triste olhar de Inês, chorei a dor que causei.

Ela disse nada. Sofrendo por dentro, descascava o necessário para preparar um prato de sopa quente. Eu, arrependido, desembrulhava as palavras para entregar o meu pedido de perdão. Ela ouviu. Olhou para fora do que doía e terminou o cozimento.

Sentamos nós dois e a noite. E bebemos a esperança de espantar a machucadura. Outra vez, foi ela. Em um cansaço, quis deixar o que tinha. Teve jeito de pensar e, então, permaneceu. Ela nunca disse o que havia lá fora, e eu disse a mim mesmo que não era necessário eu perguntar.

Quando hoje nos sentamos, lado a lado, de mãos dadas, depois de 70 anos de amor, eu agradeço as limpezas que fizemos juntos e o gosto bom da permanência.

Ontem, antes da chegada de Elaine, ela arrumava os cabelos e perfumava o dia cantando alto uma música religiosa. Não me lembro de qual. Só me lembro que gostei. Sempre gosto. Ela enfeita a minha vida, estando.

Já passamos dos 90, os dois. Desisti de pensar no dia em que um ou outro vai partir. Prefiro que seja eu. As mulheres costumam viver mais. Prefiro que seja eu a preparar a casa nova em que continuaremos. Porque disso tenho certeza, continuaremos...

Ia me esquecendo de contar um pedaço de ontem. Elaine já estava pronta para se despedir nas inquietudes que têm as gentes que não sabem o que fazer, inda mais se tratando de paixão, quando Inês pediu à dona Elza, que conosco trabalha há muito, que cozinhasse um jantar. Elaine dizia que estava em dúvida entre permanecer ou tentar esquecer. Não entendi muito bem. Presumo que nem Inês. Só ouvi seu conselho em alto e bom som: "Não decida nada antes de um bom prato de sopa quente".

O tempo vai escapulindo e a vida vai se repetindo. Que bom que a porta da casa está bem fechada e que, nos cômodos de dentro de mim, só há espaço para Inês.

"Orlando", diz ela nos gritos de amor, "Venha dormir, já é noite".

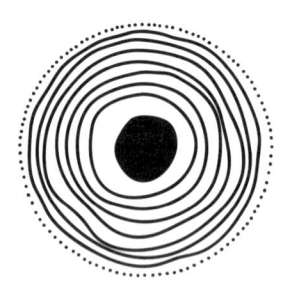

Minha amiga Juliana

Meu marido diz que vivo sem ele, mas não vivo sem ela. Ela diz que chegou antes. E que deveria ele ser grato por ter ela incentivado o tempo do encontro e os tempos todos que vieram depois.

Eu digo nada. Tenho um marido que me sabe a alma e que perfuma os meus desejos com delicadezas. Nos dias frios, nos apertamos na cama aconchegante e, nos outros, não nos apartamos por sentir que o prazer vive em qualquer estação.

Juliana é falante. Oferece opiniões a rodos. Não há assunto que ela não se ponha a desenvolver. Sabe sobre emagrecimentos. Explica o que é potente para desfazer gorduras. Hélio, meu marido, ri das suas certezas: "Onde você fez faculdade de nutrição?".

Juliana presta pouca atenção nas discordâncias. E prossegue receitando limões cortados em jejum, misturados com água morna e algumas gotas de um óleo milagroso que ela descobriu com uma comadre bastante sabida, segundo ela. Fato, Juliana pesa um pouco além do que gostaria e se justifica dizendo que tem problemas de circulação.

Gosta de saber de enlaces amorosos. E é capaz de discorrer durante horas sobre o que dá certo e o que dá errado em uma relação. Se diz muito intuitiva. Basta uma mínima informação e ela decide a personalidade do novo pretendente de alguma amiga ansiosa. Decidiu ela permanecer sozinha, depois de algumas incursões em enlaces que juravam eternidade e se desfizeram em histórias mal contadas.

Semana passada, quis ela que Hélio espalhasse a dor de estômago misturando refrigerante, para limpar, com leite, para besuntar. Hélio se perdeu nos risos. Ela ficou ofendida, justificando que leu em diversas revistas científicas. E que, em um grupo qualificado de WhatsApp, viu comentários de que os ciclistas de alto rendimento tomam Coca-Cola antes das provas e que os nadadores se aquecem com leite. "Acho que leite de cabra, é fato", disse ela.

Nos supermercados, Juliana, sempre bem arrumada, puxa conversa. Comenta sobre a escalada de preços e as frutas que caem melhor em cada ocasião. Fala de política, também. Emite opiniões sem cerimônias.

É generosa minha amiga. Se alguém morre, gasta os dias acalmando a ausência. Fez isso comigo, quando meu pai se foi. Hélio diz que ela deveria ter um programa de rádio chamado "Juliana responde", porque não é possível alguém que não tenha cerimônia nenhuma em opinar sobre os mais diversos assuntos.

Ontem mesmo, no meio de uma conversa sobre fins de semana, disse ela que quem come uma maçã por dia não terá problemas com cáries nos dentes. Que a maçã tem um ingrediente de limpeza mais potente do que um caro enxaguante bucal.

Vez em quando, jogamos baralho em casa. Ester joga conosco. Ester é amiga do silêncio e não se importa de ceder o tempo de fala à Juliana. Vez em quando, caminhamos e escolhemos uma padaria para espantar a fome. Sempre juntas.

Concebo a amizade como uma delicadeza do tempo para preencher de sagrado o espaço da existência. O tempo limpa o que deve ser limpo e deixa permanecer o que é forte. O que sentimos uma pela outra é forte.

Eu, também, tenho as minhas esquisitices. E ela não se importa. Finge que não repara. Hélio também sabe das minhas imperfeições e não as valoriza. Encontro pedaços de papel com escrituras poucas de um amor que faz questão de surpreender pedaços do meu dia. E rimos juntos, o que é prova de que a seriedade do amor não nos distrai do viver. Rimos, também, de Juliana e de suas certezas. E rimos com a Juliana da certeza de que o mundo se ajoelha diante de amores puros e agradece.

Sei que há muitos barulhos por aí e que os sofrimentos estão descolorindo a vida. Mas me permitam, hoje, compartilhar um pedaço da vida que mora no pedaço do mundo que resolvemos cultivar de amor.

De semente em semente, florestas são construídas. E isso não é opinião de Juliana. É a esperança que mora dentro de mim. Já pari filhos, já os permiti viverem. Quisera eu parir felicidades, parir bondades, parir mundos em que o amor e a amizade governem.

Utopia? Sonho? Pode ser. Pode ser, também, compreensão. De um sentir bonito por poder sentir, e de um desejo sincero de compartilhar o sentir. A felicidade mora nas pernas do meu marido procurando as minhas, quando nos deitamos, e mora, também, nas falas desconectadas da Juliana e de suas sinceras demonstrações do cuidar. Ela concorda comigo.

Ontem, vimos juntos o pôr do sol da varanda de casa. E havia um Roberto Carlos cantando: "Eu quero ter um milhão de amigos e bem mais forte poder cantar". Uma basta!

Um gato acariciando a janela

Joaquim é o nome que dei a um gato que veio da rua e foi ficando. Joaquim é o primeiro nome de Machado de Assis, o escritor que acariciou a alma da humanidade com os seus textos e os seus subtextos, com seus ditos e os seus mistérios.

Joaquim, o gato, acaricia a janela, enquanto separo umas roupas para o bazar. O frio se aproxima, e eu fico incomodado cada vez que penso nos excessos e nas faltas. Tenho tanto e tanta gente tem nada. Enquanto recolho, ouço música vinda de algum lugar. Deve ser da casa da Irene, contígua à minha. Ela gosta de revezar ópera com silêncio. Não me incomodo.

Na semana passada, fui encerrar o dia tomando chá em sua elegante mesa. Em silêncio, a música nos penetrava. De tempos em tempos, Irene explicava a canção. Havia algo de arrebatador em seus textos. Era sublime ouvir a sua voz entre vozes que preenchiam o mundo com a música. "Callas canta a dor como ninguém", explica ela. Callas canta Carmen em uma explosão de beleza. Irene faz um movimento de devoção. É como um ritual sagrado em que o êxtase disfarça o cotidiano.

Três lugares estavam cuidadosamente arrumados. O dela, o meu e um terceiro que, aos poucos, fui sabendo que era destinado a todos os ausentes. Irene não gosta das falas diretas. Mostra pouco do que é. E eu gosto de imaginar os seus mistérios. As luzes da casa são indiretas. Os abajures é que nos iluminam, na temperatura certa. Em cada canto, uma história.

Volto para casa e vejo Joaquim. Apago as luzes de cima e ligo um abajur próximo a uma poltrona antiga, herança do meu avô. Joaquim se preocupa nada com a vida. Mia de preguiça e percebe os movimentos sem grandes sobressaltos. Lambe o pelo limpando o que o incomoda. Come o que decide do que sirvo a ele. Quando quer, deita nos meus pés e oferece um afago. Quando quer, vai aos vizinhos examinar a noite. Não proíbo nada. Veio por escolha e é por escolha que permanece.

Volto às roupas guardadas e ao necessário desapego. A música diminui de presença. E, então, ouço um intermitente som de torneira pingando. Vou ao único banheiro da casa e nada. A torneira da cozinha está fechada. É a torneira do quintal. Sento-me ao lado dela e fecho os olhos para diferenciar os sons que incomodam dos sons que arrebatam a alma. Penso em Callas e na história que ouvi de Irene. Queria eu ter tido o amor de Callas, queria eu ter medicado as suas feridas da alma. A água vai pingando, enquanto Joaquim vem deitar próximo a mim.

A lua não autoriza a escuridão. E, então, eu vejo as árvores que rejeitam os muros descansando na noite. Penso nas minhas impermanências, quando contemplo a gigante figueira que me olha pequeno.

Fecho a torneira. Já poetizei demais os pingos d'água. É melhor entrar. Joaquim entra comigo. E se esfrega tentando espantar pensamentos que possam me entristecer. Explico a ele que a tristeza faz parte de mim. A infelicidade, não. A infelicidade vem de um espírito fechado. Vem de lamúrias, de reclamos diante da vida. Isso não. Gosto da vida e das suas estações.

Já não sou tão moço. Já sinto o tempo pesando em mim. Já doem em mim as ausências e as impossibilidades. Mas são dores boas. Não choro os que se foram sem antes agradecer por terem estado. E, se percebo que as roupas já não mais me servem, experimento outras ou até a nudez exata de quem precisa se enxergar como é.

Tive diversos amores. Alternei sobressaltos e prazeres. Autorizei me rabiscarem de descuidos, era medo de solidão. E desvalorizei algumas poesias que me amanheciam, era imaturidade. Não. Já não tenho a idade das culpas. Passei o que passei e fiz as escolhas que fiz com o que sabia, até então. Hoje, prossigo sabendo nada.

Gosto de olhar os mistérios do olhar de Joaquim e de ficar imaginando de onde vêm os gatos. Tem ele muitas vidas? E eu? A minha janela é diferente de todas as janelas que há, porque ele a acaricia. Porque vejo todas as ruas do mundo, vendo ele. Quanta estupidez em quem desconfia dos gatos. Desconfio eu dos humanos. Principalmente dos que não gostam de música.

Agora ouço outra ópera, entrando pela minha janela. Não sei se é Callas, mas decido que é. A voz combina com o gato que combina com a noite que combina com a minha alma.

Amanhã, levo as roupas para doar e fico comigo mesmo e com o que ninguém nunca vai tirar de mim.

Folhas de abril

As folhas de abril já se foram. Inclusive, algumas das árvores que vejo enquanto escrevo. Caem uma a uma. As folhas do calendário, inventado por mente humana, também. Abril não esperou mais do que o esperado. E se foi. Encerrei abril, fazendo aniversário. Acordei, antes do dia, e cambaleei tateando lembranças.

É de minha mãe que mais sinto falta. No abril passado, ela era presente. Dei, em pedaços, um bolo grande que ganhei. De uma cama de hospital, ela sorriu inteira. E contou, com a voz já ensaiando despedidas, os lindos abris que vivemos juntos.

Juntos lembramos de meu pai que, há muito, já não nos abraçava nos nossos aniversários, a não ser dentro de nós, nos aconchegos da lembrança. Enfermeiras ouviam em atenção. Um filho alimentando sua mãe que o alimentou sem pausas, em todo o seu existir. E se foi abril. E permaneceu a consciência de que, em nenhum outro abril, eu teria a minha mãe como tive antes.

As folhas caem e forram os chãos da memória. O vento leva para longe quem amamos. As raízes permanecem. O cordão umbilical que une terra e firmeza não se desfaz. A seiva de amor percorre as veias dos sentimentos e prossegue nutrindo de vida a vida que ainda há.

Sou um com minha mãe onde quer que ela esteja. Sou um com as folhas que já estiveram em mim e que foram partindo, uma a uma. Sou um com os dias de ontem que ergueram o hoje que prosseguirá erguendo, enquanto houver um amanhã. Sou um com os olhos que me permitem ver a árvore que vejo, enquanto escrevo, e sou um com os mistérios que só vejo com o espírito aberto ao não tentar compreender.

Sou razão, gosto dos argumentos e das peneiras que me emprestam discernimento para elaborar antes de concluir. Sou silêncio, crente de que, além da razão, moram mundos inteiros que desconheço, que sequer posso ver, porque há entre nós uma cortina costurada na imensidão que se chama mistério.

Onde moram, hoje, minha mãe e meu pai? Onde moram os meus irmãos que, prematuramente, se foram? Onde moram as folhas que me enfeitaram por tempos e que os ventos decidiram levar? Como saber? Se a razão tentar racionalizar, despedaça-se em pedaços caídos da árvore que não vejo. Só sei que os sinto em mim. E, se os sinto, é porque eles cabem em mim. Cabem na parte inteira de mim que não conheço.

Estão vivos, eu sei! Como sei? Não sei. Só sei que sei. E que sei, porque há uma seiva que transcende o que há em mim e que, ao mesmo tempo, há em mim, e que ao não me explicar me explica que é lindo, mesmo sem saber, acreditar. As folhas que voam das árvores de abril e dos outros meses não se perdem, não deixam de existir. Voam os voos elevados dos que rompem invernos e acedem primaveras em tempos e espaços encantados.

As religiões trazem lâmpadas para que possamos enxergar com a alma. A minha foi enroscada no bocal da fé, desde os tempos em que eu corria despreocupado ao redor da árvore e arriscava apanhar algum fruto para alimentar de alegria a vida. Os pensamentos eram puros como quem de nada desconfia, porque ainda só conhecia a cicatrização dos joelhos e das mãos raladas em terra por algum descuido infantil.

Hoje é minha alma que dói. E alma dói? Dói. Dói da tristeza das ausências. Dói das decepções dos ausentes de sentimentos. Dói do tempo fugidio incapaz de permanecer. Dor de alma também tem seiva alimentadora, fortalecedora.

Um aniversário é um ritual de agradecimento. A vida prossegue vencendo. Vagarosa e plena. Ou apressada e, também, plena. Plena como a árvore que recebe chuva e calmaria, silêncio e barulho de revoadas. Plena como cada dia do calendário tem que ser. O abril que se foi não se foi. Vive em mim.

Agora, é maio. Daqui a pouco, vou chorar o dia das mães sem mãe. Eu tenho mãe. Preciso me lembrar disso. No mistério que mora fora e dentro de mim, eu tenho mãe. O colo não tenho, é fato.

Colo, então, nessa imagem, de um dia nem frio nem quente, de um dia em que o vento perturba pouco a árvore, em que passarinhos, que não pensam o que eu penso, cantam para cumprir o seu estar no mundo.

As flores, também, se abrem sem pensar. Quisera eu apenas cantar ou me abrir para enfeitar de generosidade o mundo... As folhas de abril já se foram, os meus pensamentos permanecem.

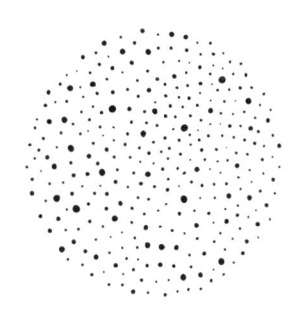

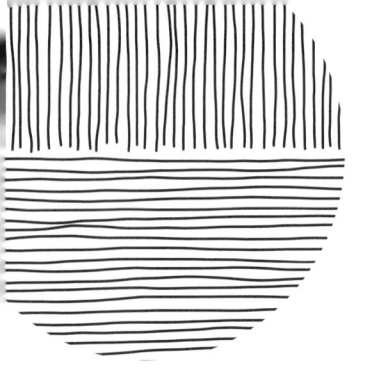

Carta para a mãe de Paulo Gustavo

Dona Deia, hoje é Dia das Mães. E sei que seu coração dói. Enterrar um filho é desdizer o cordão umbilical, é inverter as lógicas, é desapropriar o direito de lamber a cria com a alma, de impedir a visão encantada de ver o fruto crescendo.

O fruto, Paulo Gustavo, cresceu. Se fez um homem capaz de emocionar um país inteiro. O fruto abraçou a autenticidade como princípio de vida.

Foi assim que ele fez com que pudéssemos conhecer a mãe, nas suas peculiaridades, no seu humor, no seu inegociável exercício de amar. Ele fez humor com respeito. Ele fez humor com inteligência. Ele fez humor com a pedagogia própria dos que perfumam o mundo com a sua existência. Nos perfumamos de Paulo Gustavo. No teatro, no cinema, na televisão, nas novas mídias, nas matérias que iam desvelando um pouco a sua vida.

Seu filho amou sem receios. E, sem receios, foi se apresentando como um colecionador de verdades. Nada de máscaras. Nada de sombras. Foi a luz da sua vida que clareou tantos preconceitos. Que aliviou tantas inseguranças.

Amou um homem, Thales, e por ele foi amado. E por ele é amado. A fotografia da história dos dois inspirou outros a não temerem as singularidades, princípio tão bonito do existir humano. Cada um é único e cada um tem o direito de ser feliz do seu jeito. De construir a sua trajetória ao lado de quem faz a travessia ser mais aconchegante. Thales também chora, hoje, a ausência do seu amor. Embora dentro dele, o amor permaneça.

A paternidade trouxe ao seu filho novas perspectivas. Ele não acompanhará o crescimento do Gael e do Romeu. Mas o Gael e o Romeu crescerão sabendo do pai que distribuiu sorrisos e plantou alegrias, do pai que rompeu barreiras e que fincou a bandeira da verdade onde pôde, do pai que fez do tempo e do espaço uma eternidade de sonhos e de realizações.

Eles vão rever, muitas vezes, ao seu lado, as imagens que ficaram do Paulo Gustavo e vão aplaudir, com a vida, a vida que decidiu dar vida a eles.

Hoje é Dia das Mães, Dona Deia. A senhora tem uma outra filha para beijar. A senhora tem uma história para agradecer. A senhora tem uma dor para conviver. Mas a dona Hermínia é forte. É ousada. E fez um contrato com a vida. Nada de desistências. Seu filho, que fez de tudo pela senhora, envia sinais de ternura pelas imagens e pelas frases que, miraculosamente, permanecem dentro da gente. E ele te diz: Feliz Dia das Mães. E ele sorri brincando de ser filho em outra estação. Uma que desconhecemos, mas que existe.

O vulcão de amor que é seu filho não acabou. Permanece onde não sabemos, apenas sentimos. Porque os sentimentos, talvez, sejam mais nobres que os pensamentos. Há muitas mães, como a senhora, que hoje gostariam de ter, no colo do cuidado, os seus filhos. E há muitos filhos que, também, se ressentem do vazio das mães que vivem na eternidade e nas memórias.

Eu sinto muita falta da minha mãe. E, então, te abraço na alma, comungando da falta que sei que seu filho faz. O seu filho virou um pouco irmão nosso. Rezamos por ele, torcemos por ele, choramos por ele. No plano humano, lamentamos a partida. No plano da fé, simplesmente agradecemos.

No curto espaço do seu existir, Paulo Gustavo eternizou os sentimentos mais lindos que elevam a humanidade ao lugar onde ela se reconhece humana. É humano o direito de sofrer e é, também humano, o direito de agradecer vidas curtas que alongam os sentimentos do mundo.

Querida Dona Deia, um ser de luz só nasce de um ventre de luz. Feliz, apesar da dor, Dias das Mães.

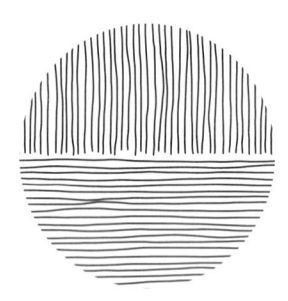

Entre o doce de goiaba e a banana desidratada

Mandar no que eu como? Não. Nem os meus filhos mandam. Tenho o corpo que quero ter na idade que tenho. E isso é problema que não compete a uma agregada. Quando tiver tempo, procuro melhor o significado desta palavra: agregada.

Meu filho do meio é meio lento para a compreensão de quem presta e de quem não presta, quando se trata de paixão. Valéria não é grande coisa. E não me venham com o apetite de dizer que tenho ciúme do meu filho. A Janaína, que é a mais velha, se casou com um homem que poderia ter nascido de mim, de tão parecido comigo que é. Meu genro nunca deu palpite no que eu como, pelo contrário, faz questão de me alimentar com guloseimas e com carinho. Já disse que quero um neto igual a ele. Janaína ri desconcertada. Mas gosta dos delírios da mãe faladeira.

O Júnior, o caçula, ainda não escolheu. Tem tempo. Espero que não siga a sina da ausência de pensamento do irmão. Otávio pensa nada. É guiado pela veterinária. Valéria é veterinária, não sei se já disse. Diz ela que gosta de bicho, o que já ganharia de mim alguma aprovação. Bicho, ela não tem. Com a Pipoca, cachorra de casa, ela só brinca quando eu estou vendo. Pensa que eu sou cega. Me faço, às vezes.

A Tereza, que trabalha em casa, concorda comigo. Valéria tem o porte de não se importar com ninguém, além dela mesma.

Foi, então, que eu me ressenti com o seu comentário sem pertinência. "Dona Dulce, a senhora não deveria comer tanto doce. Se quiser, eu trago uma banana desidratada que faz o mesmo efeito".

"Não quero", pensei comigo. Não quero de jeito nenhum. Banana desidratada. Ela pode ser magra, mas beleza só o sonso do Otávio para enxergar. Sabe o que me incomoda mais é que, toda vez que ele fala, ela interrompe. Ela sempre sabe mais do que ele. Ela sempre tem um exagero a mais do que os exageros que os outros contam.

Minha avó dizia que tem gente que sabe, tem gente que não sabe e tem gente que pensa que sabe. Esses são os piores. Essa é Valéria. Não há assunto que ela não pense que saiba. E o indefeso do Otávio diminui a voz para o nosso desprazer de ouvir a voz da Valéria.

Todo o apetite que tenho para o doce de goiaba, que não é desidratada, eu não tenho para a conversa da fulana. Já expliquei para o Otávio o que eu penso. E disse devagar para ele compreender.

Ela é nervosa demais. É mandona. Dá broncas nele e isso antes do casamento. Ele, que não é dado a discordâncias, apenas sorri para mim e diz que me ama. E, então, eu deixo as rasuras de lado e me apego ao principal. Um texto que nasceu de mim e que só diz bondades. Ele se forma médico o ano que vem. Trabalha com tanto afinco. Vai ser oncologista. Pesquisa o que pode para diminuir a dor do mundo. Fala sem arroubos, ouve com generosidade e une as mãos ao coração para em ninguém tocar sem deixar um tanto de amor. Um homem desses não poderia encontrar alguém que falasse menos?

Pipoca não gosta de Valéria. O que, para mim, é uma confirmação das minhas suspeitas. Pipoca é uma cachorra sensitiva. Se ela desconfia, eu desconfio. Tereza disse que ouviu um barulho de Valéria reclamando de mim para o Otávio. Que faz de tudo para me agradar, mas que eu dou de ombros para os seus afagos. Quero afago nenhum dela. Quero verdade. E a verdade é que eu crio os meus filhos para a felicidade.

O Otávio é muito diferente quando está sem ela. É mais leve. É despreocupado com as brincadeiras. É inteiro. A Janaína, a minha filha mais velha, que é psicóloga, diz que ou você é você em uma história ou é preciso que a razão explique para o desejo que não vale a pena prosseguir. Eu concordo.

Perdi cedo meu marido. O câncer o levou sem compreender o vazio sem ele. Abracei meus três filhos. Chorei o que tive de vontade. E decidi viver espantando qualquer desistência. Otávio não diz, mas sei que querer prolongar a vida dos doentes é um aprendizado nascido da dor da partida do pai.

Éramos os quatro. Meus três filhos e eu brincando de acordar os dias e enfrentar os tempos ruins. Eu levantava batendo panela no quarto deles e cantando alguma canção engraçada. E exigindo alegria. Aprendi com as minhas cicatrizes que alegria é hábito. E ensinei isso a eles. Então, por favor, vou comer o doce de goiaba que eu quiser. E, discretamente, vou rezar para que o meu menino acorde da teimosia de achar que, aos poucos, a Valéria se apruma.

E olha que eu até acredito em milagres.

O perfume da Rosa

Faz tanto tempo e o perfume ainda preenche. Os azulejos da cozinha são os mesmos. Envelhecidos pelo ar da idade. O azul se acalmou. As minhas inquietudes, também.

Era Rosa o nome da minha avó. Rosa é mais do que um nome, é uma vocação. Meu avô, eu conheci pequeno e, pequeno, dele me despedi. Ouvi, desde sempre, o som de uma tosse perturbadora e o som de um amor cuidador. Rosa cozia a vida para iluminar aquele quarto onde foram tão felizes.

Eu gostava de ficar imaginando o que conversavam quando tinham um futuro. Ela era mais alta do que ele. Mais decidida, decidi eu que pouco conheci seus tempos de independência.

Quando minha mãe morreu, foi com ela que escrevi os dias. Sobre lembranças, posso escrever um tratado. Da minha volta da escola. Do sono com ela, depois do almoço. Seus dedos brincando de desarrumar os meus cabelos e de cantar canções de calmaria.

De quando quebrei o braço. Mal sabia ela que era um desejo que eu, secretamente, alimentava. De ter gesso. Das pessoas escreverem dizeres. De quando chorei por ter sido reprovado no coral da escola. A gente afina e desafina, é assim a vida. E eu enxugava o resmungo e ia viver.

Meu avô ouvia do quarto a conversa e gritava uns sons querendo entender. Ela socorria os dois. E também minha tia, a mulher mais namoradeira que já conheci. Pelo menos nas falas. Todo homem tinha propensão a querer viver uma história com ela. Mas era ela muito inteligente e eles se afastavam, era o que ela explicava. "Alessandro, vou te ensinar a vida", dizia minha tia, que pouca vida teve antes de partir.

Minha avó enterrou as duas filhas. E enterrou a tristeza, depois de um tempo. E encerrou as incompreensões de um fardo tão carregado. E viveu os dias sem reclamos. Seu semblante me inspirava. Os seus movimentos, eu imitava brincando. Havia um roseiral no quintal. E eu gostava de ver as podas, os cuidados, as conversas. Uma Rosa dizendo às outras rosas os seus sentimentos.

Digo isso, hoje, porque acordei com o cheiro da torta de maçã que ela fazia. Nunca soube que as memórias cheiravam. Cheiram. Cheiram saudade. Cheiram um tempo. O tempo doce das rosas. O prazer que minha avó tinha de cortar as maçãs, de preparar a calda, de enfeitar cada instante do seu dia para alimentar a vida.

No sepultamento do meu avô, lá estava ela. Altiva. Digna. Sabedora de ter feito o necessário. Chorou a despedida e, de mãos dadas, fomos para casa. Por algum tempo, ficou sozinha no Roseiral. Eu vi da janela. Eu fotografei na minha alma. No dia seguinte, arrumou o quarto. Separou o que o agasalhava e agasalhou outras pessoas.

Invariavelmente, ela levava tortas de maçãs para um asilo que ficava no quarteirão onde morávamos. Eu ia junto. Cresci indo junto com ela viver a generosidade. Sei que sofrimento não é escolha, escolha é o que fazemos com o sofrimento. Aturdido por barulhos insanos, é comum gritarmos a dor. Rosa gritava a coragem ou silenciava até encontrar forças.

Na sala em que ela guardava boa parte dos seus livros, havia um sofá confortável onde eu me deitava no seu colo e pedia conselhos. Mesmo depois de crescido. Mesmo depois de liderar centenas de funcionários em uma empresa. Tirava o paletó, os sapatos e me deitava em Rosa e me perfumava de um amor inesquecível. Ela ora apenas ouvia, ora dizia.

Ela morreu no despedir de um dia comum. Já não morávamos juntos. Fiz de tudo para ela ir comigo. Agradecia sempre e sempre me explicava que gostava das recordações de onde vivia. Era um dia comum, como disse. Passei cedo na sua casa, e ela estava na cozinha fazendo a tal torta. Falamos da morte, porque uma atriz amada havia morrido. "Que privilégio morrer trabalhando", disse Rosa. E disse mais, que a morte era apenas uma luz que mudava de lado, um caminhante que atravessava a margem de um rio, uma primavera que devolvia perfume às flores que o inverno levava. Gostava Rosa dos livros. Gostava de ler ou contar histórias para mim. Eu disse que passaria no fim do dia. E passei.

Na poltrona, Rosa estava, confortavelmente, sentada com um livro nas mãos. Os olhos cerrados indicavam a partida. As rosas no vaso antigo enfeitavam. E a música ainda prosseguia explicando o amor. Sem dores ela se foi, aos 93 anos. O cabelo impecavelmente arrumado. A leve maquiagem. O colar de pérolas que eu dei. E o cheiro da torta de maçã sobre a mesa, preparada para comermos juntos.

Faz tanto tempo e tudo é tão ontem dentro de mim.

O ACUMULADOR DE BONDADES

As máscaras foram deixadas de lado no domingo de ventos e de sol. Pela janela, um som bonito de felicidade. Éramos poucos, como convém nesses tempos de pausa. George sorri com os olhos e fala, sem pausas, a alegria de viver. Gosta dos aniversários. Eu gosto, também.

O sol forte ilumina a minha alma. Pela janela, olho a vida. Vem um pensamento de outros tempos. Morava eu nos fundos de uma casa, não muito longe de onde estou. Era jovem e era feliz. Ronaldo era o dono da parte da casa que me cabia, era a ele que pagava, regularmente, o aluguel. Sei pouco de sua vida. Sei que ele era um acumulador. Os móveis brigavam por espaço. As caixas, de onde vinham os móveis, também. As louças, que eu avistava pela janela, por entre os tantos guardados que quase impediam a visão, misturavam-se a espaço nenhum.

Na entrada, havia muitos vasos e poucas flores. Tentei falar de algum plantio. A escuridão da ignorância, entretanto, preenchia os pensamentos sisudos de Ronaldo. Ele andava carregando o peso do mundo. E sofria de um esquecimento da condição natural de felicidade. As roupas guardadas eram tantas, e as que usava, as mesmas.

Não sou dono das decisões de ninguém, apenas observo e absorvo o que me inspira e o que me afasta. Decidi deixar o meu canto minimalista, enfeitado de passarinhos que me acordavam, brincando com as flores boas que eu cultivava. Lembro-me do dia em que escolhi e do dia em que parti. Da conversa com Ronaldo. Das frases soltas que jogamos. Família, ele não tinha. Nem disposição para o calor. Na ausência das relações, preenchia ele, de coisas, a vida.

O barulho de George me acorda do passado. Conta ele de uma amiga entristecida com a partida de um amor. E de seu amparo. "Sou dos que param o dia para ajudar algum amigo", disse George. Eu concordei. Multiplicou ele as forças para, de mim, cuidar, quando me acidentei. Dias difíceis.

Era um dia assim, cheio de verão, e um caminhão acumulado de descuido me jogou fora da estrada. Desacordado, acordei sendo cuidado. Não tenho a ingenuidade de imaginar bondades nas pessoas. Sei que é mais fácil causar dor no outro do que sentir dor. Sei que há uma orla de insensatos que agride a vida destruindo sentimentos. Vejo isso nas ruas, vejo isso nas redes. Desperdiçam o prazer de falar com as pessoas para falar das pessoas. George não é assim. Diferentemente de Ronaldo, George é um acumulador de bondades.

No meu pé direito, a cicatriz do acidente. No meu lado esquerdo, a metáfora da gratidão por encontrar amigos na travessia que me compete no misterioso tempo da existência.

O bolo é de morangos. Sophia abana o rabo e brinca de latir. O vento mais atrevido atrapalha o cabelo de Maísa, que está comigo. Digo que vou embora, ele insiste para um pouco mais de permanência. Esclareço que permaneceremos sempre, que a amizade é um sopro divino que nos relembra a essência de cuidadores. Nascemos para cuidar. Nascemos para sermos cuidados. Ele agradece contando uma das tantas histórias engraçadas que homenageiam a leveza do bom humor.

Andando de volta para casa, respiro o dia que se despede, agradecendo.

Fui acender uma vela

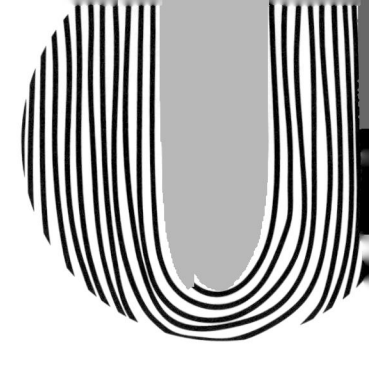

Fui acender uma vela, como minha mãe ensinou.

No dia em que uma parte de mim voou e a outra parte quis voar para me encontrar, eu senti o que é o amor. A dor era tão forte que o sol, que brilhava ao lado, não espantava a chuva que chovia só em mim. Fui sentar sem mim em um banco, em uma praça. Fiquei ali, soterrado de histórias. Algumas reais, outras, certamente, inventadas pela minha necessidade de amor.

Fui trocado, subitamente. Parecíamos eternos até o dia em que, na iminência de desaparecerem os nossos laços, saí sem ouvir. Oscilamos muitas vezes, mas tínhamos um futuro, era isso que me confortava.

Desconfortado, fiquei com o fim. Foi o primeiro fim. Não sei precisar se o mais dorido. Outros se sucederam a esse desfecho. Por mais ou por menos dias, sofri. E, depois, vivi as sobras que se encontram na caixa dos desejos que não desaparecem de nós, mesmo quando parecemos desaparecer. E, então, me lembrava da fé de minha mãe. E da vela. "Vai acender uma vela, minha filha, que tudo se acalma".

Hoje, penso na vela e na oração da minha mãe. Da vela, aprendi, também, que a luz que chameja ilumina e aquece e espanta a frieza do frio que mora em mim, mesmo nos dias quentes de verão. Sobre a oração, também compreendi que o seu poder é o de melhorar em mim o que eu preciso quando peço para Deus.

Tenho tentado acender velas. Tenho tentado, aquecido, aquecer. Tenho, rabiscadas em mim, cicatrizes que me ajudam a mapear os sofrimentos do mundo. É desumano não se dobrar de joelhos e chorar pelas desumanidades.

Aprendi, com o tempo, que voar para ir em busca da parte que parte, quando parte um amor, é mais bonito do que os voos incorretos de ódio. A vingança sempre foi uma erva amarga que não me interessou.

O plantio de minha mãe, da luz da vela que foi se consumindo até o dia da despedida, foi de um perfume que o tempo não leva e que preenche todos os espaços do meu existir. E, quando me procuro nas lembranças dela, só há verdade. Ao contrário das memórias construídas de amores que se foram.

O tempo tem um estranho brincar que desmancha as rasuras e que valoriza o belo. Talvez seja melhor assim. Sempre houve um luar acompanhado nos tempos do amor. Sempre houve um calor gostoso nos tempos do amor. E um arrepio feitor de elevações nos tempos do amor. Mas os tempos do amor são todos os tempos. Mesmo os de dor. Mesmo os de educativa dor. Se chove em nós, é para que compreendamos a chuva. E, se faz sol, é para que saibamos a diferença dos dias quentes e dos outros. Se tropeçamos e nos aliviamos depois, é para que compreendamos o dual.

Faz um ano que minha mãe se foi e, então, eu acendi uma vela. E pude até encontrar sorriso nas lembranças dos seus ensinamentos. E, então, deixei de vasculhar em mim razões para compreender o que não se compreende. Há véus de mistérios por todos os lados enfeitando de surpresas a vida. Querer saber demais é acabar sentindo de menos.

Os amores todos que viveram em mim e que se foram ficaram. E, de todos eles, é a vela da minha mãe a que mais continua a chamegar vida em mim.

Bebendo a desconfiança

Doutora Julieta desconfia de mim. Sei disso. Talvez, tenha os seus motivos. Já foi enganada à exaustão. Por outras que, por aqui, trabalharam. Por homens que passaram por sua vida. Por vidas que despedaçaram a sua. Eu entendo. Também desconfio dela. Também eu já vivi a iminência do desistir.

Quando Roberto foi embora, sorrindo, eu olhei nos seus olhos e vi uma outra mulher desalojando os meus espaços. Dói ser trocada. Oscilamos os limites da não existência. A vontade de não mais estar. Imaginei rabiscando um solilóquio dramático de um fim. Apaguei os dias em que não existi, depois de muitos dias. E voltei a brincar de viver, desconfiando.

Confio nada nos homens. E, também, nas mulheres. Judite trabalha comigo no consultório da Doutora Julieta. Jura amizade e esconde informações. Tem medo de que eu ocupe o lugar dela. Sorrimos, ora sinceras, ora obrigadas pelas circunstâncias dos dias. Desconfio das suas histórias, dos seus vitimismos. Sempre sofrida, sempre disposta a ajudar. Sei não.

Sou de outra espécie, da que finge heroísmos. Quando disse a ela o que disse a mim o Roberto, ela quis saber por que não retruquei. Não sou de retrucar. Bebendo a desconfiança, fui matando a sede das incompreensões, fui percebendo que é dentro da gente que devem morar as melhores respostas.

Desconfio dos políticos. Não sem razão. A razão tem me ensinado que os egoísmos são como que uma camisa de força que nos prende à infelicidade, e que os que conseguem se libertar e abraçar alguma bondade tornam-se grandes na humanidade. Mas quantos são assim?

Desconfio dos que me vendem facilidades. Viver é árduo. Não se colhe o não plantado. Disfarço atenção aos que sorriem sem sinceridade. Não serei uma mulher impolida. Nem abraçarei a desagradável sentença de julgar, apressadamente, os que se aproximam. Sou cautelosa. Ou medrosa, talvez.

Gosto da mãe da Doutora Julieta. Seus enfeites de vida brotada nos sacrifícios. Gosto da sinceridade com que ela desconfia e revela as desconfianças. Da própria filha, inclusive. Que quis antecipar a herança. Que quis administrar a mãe. Os olhos dela ensinam a beleza de uma velhice com sabedoria. Conversamos, há alguns dias, sobre uma amiga que morreu: "a velhice nos ensina a conviver com as despedidas", foi o que disse, sem rancor e sem alegria.

Há muito, ela não lê jornais. Leu, em algum livro de que não se lembra, que são aperitivos de mau gosto para abrir o dia. Disse eu a ela, quando ainda sofria da partida de Roberto, que contava os dias para envelhecer. Que aí, sim, seria plena. Que os desejos seriam passado. Que as tormentas cederiam espaço aos silêncios aconchegantes. Ela sorriu com os olhos desconfiados e disse, como que descortinando mistérios: "respeite o tempo".

Tenho uma filha que é um pedaço de mim, que é o amor que me faz inteira. Lembro-me da gravidez. Dos dias que antecederam o parto. Eu que sou dada a pensamentos inusitados ficava imaginando que, depois da sua chegada, seria a pessoa mais importante da minha vida. Que muitos amores seriam ali canalizados. E estava certa. É ela que me apresenta os meus mais lindos sentimentos. Ser mãe é arrebentar as tais camisas de força dos egoísmos e entregar o nosso inteiro a uma parte inteira que sai de nós. Mas até de mim desconfio. Quando sonho por ela. Quando decido por ela a escolha da felicidade. Quando resolvo trancar os seus sofrimentos com as minhas proteções.

Sim, desconfio de mim. Das projeções. Das expectativas. Ela não é uma parte de mim para realizar a parte que ficou faltando da minha realização. Ela é ela, Sophia, o nome do que busco a vida toda. Saber. Desconfio do que sei, porque não sei se sei ou se acho apenas que sei para impressionar.

Na clínica, vejo pessoas buscando belezas. Quisera eu me formar em uma medicina de bondades. Trabalharia com mais decisão. Desconfio que a desconfiança nasceu em mim no dia em que nasci. Como proteção. Como honestidade de atravessar com cuidado as margens intranquilas da vida. A ponte é muito frágil e se constrói aos poucos. Com pedaço da gente que vai ficando. Com os tempos que vão e que dão liga às vigas que percorremos e que percorreremos.

Quero envelhecer, sim, e acalmar os olhos para enxergar com beleza o outro lado. Desconfio que deva ser lindo.

Será que eles vêm?

Claro que eu gostaria que viessem, são meus filhos. Mas já não espero com o mesmo aguardar de antes. O amor não é um aprisionamento das horas em detrimento de liberdades. Não quero que venham sentindo o peso das renúncias, quero que venham para enternecer os nossos entardeceres e para alimentar de prazer a vida deles.

Cuidei eu dos meus pais até as despedidas. E sem pesar. Minha mãe foi se desconstruindo com a doença. No final, sabia nada de mim. Eu sabia tudo dela. E responder, invariavelmente, quem era eu não retirava, em absoluto, a vontade de estar com ela.

Meu pai se foi em um dia de outono. Poucos meses depois da minha mãe. Tomamos café juntos, e ele foi até a horta limpar as pragas. E voltou. Lavou a vida nas águas que escorriam de suas mãos envelhecidas. Deu uma laranja nascida de um laranjal plantado por ele e sorriu explicando a doçura da fruta que me alimentaria. Foi para o quarto dizendo nada, e nada nunca mais disse. Enquanto descansava para o almoço, descansou para a eternidade.

Minha irmã e eu cuidamos de nunca deixar os ventos da solidão despentearem a felicidade dos dois. Meus filhos não são assim. E são quatro. Há algum tempo, tempo nenhum eles têm para nos ver. Julieta é quem sofre mais. É mãe. Mente contando histórias das histórias que têm eles. "São ocupados demais, David, os meninos". Não concordo nem discordo. Estamos casados há 65 anos. Temos nossas aposentadorias e alguma reserva. Temos cuidadores que se fizeram filhos na delicada decisão de serem a terra que precisamos para brincar nossas memórias.

Ivan é o caçula. Liga com alguma frequência e mente obrigações. Moram os quatro na mesma cidade que nós. Disseram que se preocuparam conosco nesses tempos de pausa e, então, se ausentaram para nos proteger. Desculpa. Até nas ligações são eles econômicos.

Fico pensando se o erro foi meu. Se não plantei corretamente a semente que recebi dos meus pais. Se não gastei os dias trabalhando demais. Mas e a mãe? A devotada mãe que escolheu a maternagem para a sua vida? Vejo as suas mãos virando as páginas antigas dos álbuns de ontem, vejo os risos acompanhando as lembranças, vejo o esforço para entender dessas novas mídias e ficar buscando encontrar os sorrisos, que faltam nas visitas, nas postagens que eles fazem. "Olha, David, que beleza que está a Mariana. Puxou a você. Sua neta tem os seus olhos, meu amor". Mariana, também, não vem. Vinha quando precisava.

O fruto do meu trabalho já foi dividido entre eles. Achei por bem fazer em vida. Julieta concordou. Deixem que administrem. O que temos nos basta. E basta mesmo. Sei de tantos que, na nossa idade, ficam na dependência de outros. Fui cauteloso. E, mesmo dividindo uma soma considerável de patrimônio, ouvi de meu filho David, o mais velho, o que leva o meu nome, que a casa era grande demais para os dois. O meu olhar e o meu silêncio bastaram. Grande demais é a ambição dos que não compreendem o belo do amor.

Os livros me fazem companhia e as conversas com Julieta e os filmes que gostamos de assistir e os que aqui trabalham. "Será que eles vêm no domingo, David?". "Vêm não, meu amor. A previsão do tempo para domingo é de sol. Você acha que vão deixar a praia para vir até aqui?".

"Imagine, David. Eles têm é muito trabalho. São todos muito ocupados. Olha, eu vou te mostrar o que eu vi do Fernando no celular". "Quero ver não, Julieta. Deixa eu continuar lendo a vida do Tolstói".

Ela se fez de entristecida, gosta de defender os filhos. Então, eu prossegui: "Meu amor, olha que bonita essa frase do Tolstói: aquele que conheceu apenas a sua mulher e a amou sabe mais de mulheres do que aquele que conheceu mil". Ela pegou, então, na minha mão e apertou com as forças que ainda permaneciam. E fizemos amor de um jeito nosso, no entardecer de mais um dia.

Eu disse que pediria para Dona Isabel, que trabalha conosco, que convidasse os seus filhos para o domingo. Gosto de ensinar gamão para o Leandro, o mais velho. Luana arruma os cabelos de Julieta e a perfuma de atenção.

Reclamar da nossa vida é incorreto. As ausências se preenchem com descobertas que o tempo nos oferece quando nos permitimos limpar a sala do nosso aconchego para receber quem quer se aconchegar. E tem mais um detalhe, Julieta toca piano e eu ainda me emociono como das primeiras vezes. Ouçam, ela está tocando *O lago dos cisnes*, é lindo demais!

A DERROTA DAS PALAVRAS

Mando notícias de Berlim. Já aqui, há alguns anos, publico a vida que conquistei.

Sou bailarino. Rasgo a tristeza nos saltos que me fazem voar. E convivo com tantos ontens que não tiveram o poder de silenciar os meus sonhos.

Sou filho duvidoso de uma mulher que frequentou os mais dilacerantes calvários. Das lembranças que ainda tenho, ela se pintava com as trêmulas mãos para ganhar algum dinheiro entregando o corpo. Meu pai eram muitos. Ouvi histórias contraditórias e mastiguei o silêncio sem disposição para mais perguntas. No enterro de minha mãe, ouvi que ela, filho, não teve nenhum. Como saber?

Um homem mais velho resolveu interceder por mim, quando já mais ninguém havia. Gostava ele de balé. E foi assim que, pela primeira vez, eu vi um palco e vi o exercício das danças que voavam. Sonhei, menino, ter essa vida.

Morreu, também, o senhor. E fui viver em uma casa de acolhimento. Conheci, nesses esconderijos humanos, faces muitas da bondade. E, também, conheci o descaso, a perversidade, o desconhecimento do amor.

Desde o único dia de um único teatro, dançava eu nos sonhos e nos cantos que me sobravam. Foi quando um instrutor me tomou pelo braço e quis saber que movimento era aquele. Eu respondi dizendo que sonhava ser bailarino. Ele deu um tapa na minha doída infância e gritou que eu virasse homem.

Olhei sem reação e ainda tive ouvidos para ouvir que eu nunca seria ninguém. A brutalidade daquele homem condizia nada com seu comportamento em dias de visita. Tão solícito aos que tinham poder. Tão desumano aos que mais precisavam de humanidade.

Lorena era bailarina e abriu uma escola perto de onde eu vivia. Eu vi os seus vultos por entre as cortinas e parei como se parasse o mundo. Ela me viu. Olhos ardentes e silêncio. Sorriso medroso e silêncio. Movimentos nenhum e silêncio.

"Qual é seu nome, menino?"

"Leandro, senhora".

"Gosta de balé"?

Com medo de apanhar, novamente, disse nada. Lorena tinha a luz mais iluminada que já acendeu em mim. Pegou em meus sonhos e me conduziu para dentro da escola. Pouco tempo depois, fui viver em sua casa. Lorena havia perdido os dois filhos em um acidente da vida. Deu-me a vida aquela mulher.

Os passos desencontrados encontraram motivos. Aprendi a emoção de cada compositor, a intenção de cada coreógrafo, a razão de dançar. A adoção demorou algum tempo. Todo o meu tempo era dela. Da escola à escola. Das rotinas de livros e cadernos aos saltos nascidos da técnica e da emoção. A dor se mudou da alma para os pés. Pés de bailarino.

Lorena abriu os espaços para que eu pudesse entrar. Era isso que eu dizia a ela, enquanto ela vivia por aqui. Ela dizia "não" com a cabeça e me rendia os méritos por ser o bailarino que me tornei.

Morreu Lorena, depois de me ver dançando nos principais teatros da Europa. Era inverno e eu estava com ela. As suas mãos entrelaçadas às minhas dançaram a dança final de uma vida feliz. Eu disse tudo antes da partida. Das comportas do céu que se abriram para que ela dançasse sobre a terra, da generosidade que elevou meus passos, da música que retirou as barbáries de minha história. Eu sei que ela ouviu e, sorrindo, o seu corpo permitiu à bailarina que ocupasse o dançar da eternidade.

Mando notícias de Berlim aos irmãos meus que sofrem o que eu sofri. Visito o meu país, quando posso, e sempre que vejo uma criança sem amor componho uma sinfonia inteira dentro de mim para abrir os teatros da vida e conceder o palco da alegria a quem tem o direito de ser.

Estava errado o instrutor. Pude perceber em mim a derrota das palavras malditas que, naquele dia, ele me ofereceu. Não é correto oferecer derrotas a ninguém. Nem desamor.

Entristeço pela tristeza do outro e danço a liberdade para espantar tudo o que escraviza no mundo em que vivo. Vivo para dançar e vivo para agradecer os olhos que me retiraram da invisibilidade do mundo.

Fui filho de ninguém e filho do mundo inteiro na inteireza de uma mulher que se fez bondade. Em cada audição. Em cada dura prova para provar meu talento, eram seus olhos ou sua lembrança que me dizia: "Confia, Leandro, você pode, vai dar certo!".

Mando notícias de Berlim e da vitória das palavras que pavimentam caminhos e que compreendem sonhos.

Frio no jardim

De onde estou, vejo o frio e vejo o silêncio. O cansaço me tira outra visão. E o conforto de pouco me mexer me desmobiliza de ir em busca de aquecimentos.

O jardim aquietado pouco perfuma. As rosas, antes tão luminosas, se perdem na timidez dos desânimos. As árvores, podadas pelos enganos, já não se comunicam como antes. É inverno no tempo e na alma dos irmãos meus.

Há pássaros que trazem esperanças, mas são logo espantados por gritos histéricos de vermes rastejantes. Quem deu a eles tamanho? Quem a coragem ofereceu para rasgarem os disfarces e as almas de tantos irmãos meus? São preconceitos que voltaram a ocupar o jardim. São pragas que disseminam desamor. São cadafalsos de tempos que anunciavam vir tão mais felizes.

Onde estávamos, ontem, que não limpamos antes? E por que foi que nos desmobilizamos?

Vejo o sol ao longe, mas minhas mãos desabituaram de pegar o seu brilho. Envelheci antes, certamente. Descri da chegada de algum calor. Fico aguardando que cantem por mim, enquanto vivo a mudez. Lembro de tantos que já se foram e que rasgaram as mãos, limpando a vida do que a vida ameaçava. Eram fortes pela ausência de descanso. Eram valentes pela causa que anunciavam. E a sonoridade das notas de suas vidas aqueciam todo o jardim.

De onde estou, pouca disposição tenho para me preocupar com as sementes. Erro meu. Engordo de distrações os dias que deveriam entregar, às minhas mãos, água, pá e vontade. Fecho os olhos e olho dentro de mim, procurando o que perdi. Grito para dentro, exigindo alguma reação.

Teria dado eu poder demais ao medo? Teria me convencido de que um lavrador sozinho não muda a terra? E quem disse que sozinho estaria, se me levantasse rumo à coragem? É isso que grito, de mim para mim, para que alguma lucidez espante o desânimo que me mantém vendo apenas frio.

O frio no jardim mata os desagasalhados e nada faço para agasalhar. O frio no jardim faz marchar os que pisoteiam a verdade. O frio no jardim estende os mastros da injustiça como bandeiras de um povo incauto e inculto.

Busco, nas gavetas em mim, as argamassas de tempos novos, de primaveras do conhecimento, de encontro das diferenças fazendo canção. É de cultura que falo. De cultuar e cultivar a terra, o jardim, a alma dos irmãos meus. Mesmo dos que desalmados ficaram pelo engano dos dias.

Os gritos confundem, as ameaças atormentam, e o silêncio protege os vermes que vão crescendo de tamanho e de coragem. Sei que é inverno, mas isso nunca foi desculpa para acomodar a estação.

Ao longe, o barulho de um trem, como nos tempos em que eu saía e visitava um museu cheio das coragens dos meus antepassados. Estariam eles sentados na vida, enquanto vidas partem prematuramente?

Volto ao meu interior para me aquecer e ouço um pássaro que persiste cantando, mesmo em meio aos gritos dos vermes. Agora, outro pássaro. E mais um. E, então, eu me alimento dos necessários incômodos que, com o frio, haviam partido. Mais um pássaro resolve correr o risco do congelamento e canta. Canta ele, cantam eles, uma canção que me comove, que me move.

Amanhã, espero escrever de um outro lugar. Não do que vejo acomodado, mas do que desacomoda os tempos para deixar o jardim ser jardim.

A IDADE DO AMAR

Ela mora em frente à minha casa. Falamos pouco. É Darcy o seu nome. O meu, também. Não faz muito tempo, a surpreendi com um daqueles cigarros que se faz com as mãos. Ela, na janela. Eu, também.

Ao longe, observei o desleixo com a vida. O vestido com algum remendo. O lenço por sobre os cabelos mal colocado. A tristeza do mundo inteiro morando em um olhar.

Viúvo, também sou. Minha Adélia se foi dessa doença terrível que silenciou a humanidade. Ainda sofro a ausência do cheiro que me perfumava de alegria. Era descrente Adélia de que o vírus roubaria vidas. Era crente na fala errática dos que brincaram com a vida dos outros. Cuidou pouco de si mesma e se foi, tristemente, sem despedidas. Dizia ela que Deus ajeitaria para que nada de mal acontecesse, e eu dizia que Deus nos deu a inteligência para não cobrarmos Dele o que nós mesmos podemos fazer.

Minha Adélia levou um pedaço de mim. Éramos diferentes até nas escolhas políticas, éramos um na cumplicidade humana de amar sem exigências. Quando doente ela ficou, preferi que fosse comigo. Desacreditei da vida, quando a vi sem vida. Choro ainda a não conversa, a não presença, o não abraço em anos de noite esquentando a mesma cama de amor.

Darcy tem a beleza escondida nos seus mistérios. Conheci o Armando, seu marido. Homem de sussurros. Vi nada dos seus dizeres nem dos seus carinhos com a mulher. O cumprimento era com o olhar e, vez ou outra, um aceno discreto.

Fui ao enterro do falecido. E desacreditei de alguma dor maior em sua mulher. Parecia satisfeita com o desfecho. Quem sabe o que vive junto um casal?

Darcy tem uma filha que mora fora. E que estudou com a minha filha que, também, não mora por aqui. Vive ela só. Eu, também. Ainda tenho a idade do amar. Darcy mora no número 57. E eu no 66. A soma dá 12. Cismei que significa alguma coisa.

Não poucas noites, acordei surpreendido com um sonho bom em que fazíamos juntos o cigarro de palha e que, depois, sorríamos como um convite. Na primeira noite, pedi desculpas para Adélia. Sei lá se os mortos entram nos sonhos da gente. Fazia uma semana que ela havia me deixado. Achei que, pelo menos, deveria esperar 12 dias para sonhar com outra mulher.

Se me perguntarem se tem Darcy atrativos que despertem uma paixão, respondo nada. Não sou das externalidades. Cultivo o que mora dentro. E, no silêncio de Darcy, há algo que barulha os meus sentimentos.

O dia que ela estava com uma garrafa térmica de café servindo a si mesma em uma pequena xícara, fiquei observando a fumaça subindo livremente. O silêncio daquele ritual foi quebrado por um carro de som oferecendo pamonhas. Acenei para o vendedor e comprei duas. Pedi que atravessasse a rua e entregasse uma a ela. Ela pegou e negou qualquer sorriso. Não comeu na minha frente. Prosseguiu no café e no olhar misterioso.

Há uma figueira esguia que sombreia minha janela e tenho a impressão de que é para os seus galhos que olha Darcy. Ou então, disfarça ela, de mim, os seus sentimentos. Percebo que as plantas da entrada de sua casa estão malcuidadas. Há algumas samambaias que, se podadas, ganhariam mais beleza. Gosto de como elas caem, despreocupadas, pintando de verde as paredes.

Sou bom no cuidar. Pensei em oferecer o que sei, mas voltei a ser o adolescente medroso de antes de Adélia aparecer e nada disse. Pensei em escrever a Darcy, explicando que, talvez, estejam Armando e Adélia conversando por lá. Achei desnecessário. Estou esperando uma ocasião para atravessar a rua e entrar em seu silêncio. Quem sabe ela tenha uma tosse e eu corra, rapidamente, com um pote de mel?! Ou, então, eu corrija alguma goteira que, em dia de chuva mais forte, perturbe o seu teto?

Nossas idades pouco importam. Importam as carícias que temos condensadas em compartimentos possíveis de serem abertos. Sonho com um caminhar de mãos dadas até a praça que fica na rua de cima. Sonho em desajeitar os passos para confundir os paralelepípedos que sustentam paradas as nossas vidas.

Gosto do movimento, do sorvete e do beijo de amor. Dizia Adélia que era eu um romântico das antigas. Dirá alguma coisa Darcy? Sei que tenho me aprumado melhor. Que voltei a comprar camisas novas e que me barbeio com finalidades maliciosas. Quero encostar no rosto de Darcy a pureza de um amor na melhor idade.

E quem disse que não há beleza no entardecer?

E quem disse que os sorrisos, nos inícios, não podem ser para dentro?

A NEBLINA DO TEMPO

É tarde e já me ocupo dos véus do esquecimento. Antes isso a rascunhar textos que já se foram. Depois da carta entregue, nada mais há a ser feito pelo carteiro, nem pelo escrevedor. As letras, fotografias daqueles instantes, já emolduraram os sentimentos. E, na escrivaninha do recebedor da carta, o espaço para a permanência ou não.

Em todas as casas, há lixeiras e, em todas as lixeiras, há passados. O passado que esqueci autorizou outra chegada.

Sou mulher de fé. Não titubeio, quando se trata de dobrar os joelhos. E de acreditar que me transformo, quando transformo em oração as dores que me sangram.

E foi assim que, em um dia comum, na Igreja, com os olhos para dentro, ouvi uma voz em cantoria. Pedi a Deus um minutinho e abri os olhos e as esperanças e vi Breno. O culto continuou e eu prossegui, observando. Dona de atitudes, fui dizer a ele a beleza da voz. Ele acenou agradecendo e prosseguiu para dentro.

A pastora da minha Igreja é uma distribuidora de alegrias. Foi assim que eu soube, inclusive, o nome do anjo cantador, Breno. Foi assim que eu soube, também, que ele jurava haver aposentado os seus sentimentos. Meu silêncio provocou a pastora que sorriu decidida. "Domingo próximo, jantaremos. Eu sei que, com você, tudo tem que ser rápido".

Contei os dias até chegar o dia do encontro. O culto transcorreu como sempre. Cheguei antes. Não consegui explicar ao tempo que ainda faltava muito para o horário. Sentei quase na frente e nada de Breno. Olhava sorrindo, disfarçando, aos irmãos que se ajeitavam nos assentos. Olhava de um lado a outro e nada.

Subitamente, senti um perfume e vi o pescoço de Breno passando por mim e encontrando, no primeiro banco da Igreja, seu conforto. Meu entusiasmo foi se despedindo, quando percebi que, em nenhum momento, ele olhou para os lados, nem para trás. Ele, decididamente, não estava na mesma espera que eu.

Acabou o culto e eu saí sem despedidas. Antes de chegar em casa, o telefonema da pastora. E, depois, o jantar e, depois, a conversa leve e, depois, um outro encontro e, depois, o impertinente medo de amar novamente.

É por isso que cultivo a neblina do tempo. Faço votos repetidos de não olhar para trás e de não me permitir trancar as portas para um outro começo. Breno dedicou instantes preciosos para dizer o passado. Falou dos arrombamentos, chorou as partidas e as tentativas erradas de chegada.

Ouvi em silêncio. Sei ouvir. E falei, sem sobressaltos: "Está com medo?". Ele ouviu e, enquanto pensava, prossegui: "Eu também". Ele sorriu. E, depois, emendou: "E se, mais uma vez, não der certo?". Não aliviei: "Choramos e partimos". Mas os meus olhos explicavam que, hoje, estava dando certo. Os dele diziam a mesma coisa. E desperdiçar um instante não é prova de conhecimento da vida.

Resolvi comer a metade da parte da pizza dele, que descansava no prato. Ele gostou, dizendo que, nessas situações, não come. Eu expliquei que era um sinal, porque eu comia em dobro. Rimos. Rir juntos é um bom começo.

E foi assim que ele entrou em minha casa e conheceu meus filhos, meus maiores amores. E foi assim que eu entrei em sua casa e conheci sua filha, seu maior amor. Está tudo nos inícios, mas quando me lembro de que tudo começou em uma Igreja, enquanto eu rezava e ele cantava; quando me lembro de que machucados estavam os dois, quando me lembro dos sentimentos que sentimos...

Mas nossas cartas já haviam sido entregues, por que pedir informações ao carteiro? É o que tento me convencer, quando o passado teima em querer dizer. Mesmo sendo tarde, os véus do esquecimento me ajudam a ver um outro cenário. Com um outro amor.

Como disse a minha pastora, viver sem amor é um desperdício que não combina com a atitude de um crente.

Bem-vindo, Breno. Prossigo crendo.

Deitei o mar

Estava exaurido, quando cheguei em mim, e perscrutei o que havia me tornado. Um ser de infelicidades.

No trabalho, as asperezas do Dr. Walter. Os gritos parecem alimentar a sua ânsia de poder. Sou motorista, apenas. E ele a mim se dirige variando brincadeiras vulgares com xingamentos. E eu digo nada. Mente o Dr. Walter com a mesma regularidade com que respira. Finjo distância, mas o gordo da sua voz não deixa espaço nenhum para o silêncio.

Preciso do trabalho. E trabalho sofrendo pela ausência de coragem de dizer "sim" à liberdade de tentar outros caminhos. Dirijo carros, mas estaciono a minha vida.

No amor, a vergonha de ser trocado. Sei que acontece. Mas não sabia que doía tanto. Foram palavras poucas em um disfarce facilmente percebível. Acusações encomendadas para culpar quem fica. Fiquei eu chorando a cama vazia e a pouca vontade para um recomeçar.

Resolvi estudar. Como? Se horários não me pertencem? Como doeu, certa vez, em que o deixei em casa depois do desligar do dia. Eram duas da manhã. Ele, vociferando brincadeiras tolas, contando vantagens da vida sexual, marcou comigo às sete do dia seguinte. Contando o tempo da distância entre as nossas casas, o que sobrou foi para um banho e um café sem açúcar.

Cheguei, pontualmente, e ele saiu às 10. Sem uma palavra de desculpa por me deixar sem dormir. É esse o meu patrão. Gosto nada de suas piadas. Mas exerço o sacrifício do riso. Forçado.

Pedi a um professor paciência no atraso de um trabalho. A um outro, desmarquei a prova. E, assim, vou de súplica em súplica. Alguns compreendem, outros desatendem. É assim mesmo. Sou apenas um. Sou ninguém.

E foi assim que saí de sua casa e fui em direção ao mar. Estava contando os dias para um dia de repouso. Estava contando os dias para um dia de paz, sem que eu pensasse na dor da traição. Estava contando os dias para terminar a faculdade e dirigir minha vida sem precisar digerir indelicadezas.

Fui em direção ao mar. E deitei o meu cansaço na areia. E deitei o mar de barulhos que atormentavam aquele dia. Com a roupa do trabalho. Com o trabalho de acordar o mundo adormecido dentro de mim.

Adormeci e sonhei a infância. Meu pai faleceu no meu primeiro engatinhar. Minha mãe teve que cuidar de tantos. O mar. Eu pequeno brincava com uma bola pequena, quando as ondas desavisadas do meu pouco ter engoliram. Eu tentei ter a bola de volta. Eu chorei na beira e nada pude contra o vaivém ininterrupto daquele dia, de tantos outros dias.

Perdi meu pai, quando nem sabia. Perdi uma bola imaginando ter perdido o mundo. Perdi tanto. Foi o que o meu alternar de realidade e sonho diziam no cansaço da areia.

Era um entardecer e poucas pessoas estavam na praia. Fazia frio no dia e em mim. E, mesmo no cansaço, havia um vento bom que me lembrava a graça de estar vivo. Pensei pensamentos estranhos. Quem fez o mar? Por que o mar foi feito? E o resto, quem fez? E a injustiça não pode ter sido feita pelo mesmo Artista que fez o mar. Nem a traição. Nem os dizeres arrogantes. Quem fez? Quem foi que me fez?

Não sei se, no sonho ou no pensamento, o menino, que um dia eu fui e que chorou apenas uma bola, conversava comigo. E me recobrava o que ele sonhava naquele dia. Um dia, ele não seria mais menino e enfrentaria as ondas descuidadas e tomaria de volta o que era seu.

Como faço para tomar de volta o que é meu? Como faço para desviver a submissão, o comodismo e reencontrar as forças do menino valente?

O sol já estava indo, quando acordei em definitivo. Decidi limpar os pesos que me prendiam ao chão que não me pertencia. Há beleza demais no universo para me empoeirar de vidas sem vida. Amanhã, Dr. Walter será apenas uma lembrança do que não quero jamais ser. Amanhã, a dor de amor que passou será passado. Amanhã, me formarei na escola de comunicar felicidades. É isso o que importa.

Limpei a pouca areia teimosa e ri como riem os loucos ou os apaixonados. Falei sozinho comigo e me vesti de vontade para beijar minha mãe. Dona Elvira anda reclamando das minhas ausências. Ela vai se surpreender.

A PROCISSÃO DOS ANÔNIMOS

São tantas e tantas foram. Sei de uma que clamava por liberdade. Não estava lá, sei por ter ouvido. Escrevia silêncios, quando li suas vidas. Um nome era Moisés. E os outros que o seguiam em procissão?

Um nome era Martin. E Martin se foi acreditando na igualdade. Se foi em um dia de música calada. Se foi compondo a canção que hoje toca, embora desafine em alguns professadores de crenças incorretas.

Eu vi uma menina, que tem um nome, chorando o direito de estar apenas na procissão da existência. Sem as cobranças e as exigências que fazem os que pouco compreendem o peso da dor. Nos saltos da menina, o fogo do temor foi queimando o fogo da alegria. E, então, ela parou parada e se distanciou dos gritos surdos que queriam mais. O fogo consumindo não queima os distantes. Distantes daquela dor urravam por mais dor.

A menina é uma e é tantas. Na procissão dos anônimos, o pisar no mundo, o respirar o mundo, o sonhar o mundo. Em cada anônimo, mora o mistério do mundo inteiro, criado por amor, é no que acredito. Em cada lágrima, que confere delicadeza aos olhos do sofredor, o mundo inteiro chora. A menina pediu para desviver e, então, viver.

Eu sei disso por dores próprias. Eu consegui desviver as tolices da fama para, anonimamente, escrever a vida nos textos simples do meu caderno de dormir. É isto que faço as noites. Escrevo. Digo o que foi digno e o que foi esquecimento. Digo o que uniu e o que rasgou a delicada teia das relações humanas.

Quando se trata de fé, o que mais me comove é o mover da procissão dos anônimos. Querem nada eles da terra onde pisam. Querem um sagrado sorriso que empurre as nuvens e esclareça à dor que é preciso ter alegria. Foi isso que fizeram Dulce e Tereza. E Francisco. E Clara. Clarear os dias é o rogo puro dos peregrinos.

Eu vi meu pai, ainda ontem, com seus joelhos dobrados rezando paz. E vi, em mim, um choro puro de gratidão pela árvore de onde meu fruto brotou frutos no mundo. Humilhações vejo sempre, mas eu vi um amigo, que tanto admiro, Ignácio, me reclamando alegria. Então, deixo as lamúrias de lado e abraço o bom de estar vivo. De estar vivo na procissão dos anônimos. Na procissão dos despreocupados com o que temos e não é nosso e conscientes de que o que temos e é nosso não se vê em procissão nenhuma. Mora dentro. E esclarece fora.

Eu vi o sorriso de Rayssa e sorri, também. E aprendi sorrindo que o sorriso mais bonito é o nascido do sorriso dos outros. E é por isso que eu caminho a procissão dos anônimos e oro para o Deus amor. E compreendo as vozes diferentes da minha e abraço quem não conheço, mas que pisa comigo o solo sagrado do existir.

Se na noite escrevo; no dia, caminho. Caminho lembrando o que escrevi para, à noite, escrever respeitando o que caminhei. Na procissão dos anônimos, não há razão para enfeites. Não há máquinas observadoras nem medidores da temperatura dos sucessos. Não há competições, porque a chegada está no alto, não na frente. Correr muito não interfere no final. Na idade que tenho, compreendo que os exageros impedem a paisagem e que as quenturas de opiniões desalojam o prazer delicioso de ser abraçado em algum frio dia.

Celebro os abraços caminhando. Caminhando e cicatrizando antigas feridas. Caminhando e celebrando a vida de irmãos que não conheço, mas que reconheço nascidos do mesmo barro de esperanças que eu. Posso dar um nome a eles, dentro de mim. Posso dizer o nome a alguns. Posso tanto, enquanto caminho, que o caminhar exige escolhas.

Hoje, escolho o sorriso que sorria na infância, quando as fadas espantavam os males que me ameaçavam. Hoje, escolho o sorriso coletivo de saber que as poeiras estão indo embora e que, em pouco tempo, caminhando, reviveremos a liberdade e a igualdade que já valeram tantos passos de ilustres e anônimos caminhantes.

Pai querido

Pai querido, vejo a envelhecida fotografia e viajo nos tempos em que estávamos de mãos dadas.

Que pena não poder brincar de felicidade em seu colo. Que pena não ouvir os seus sorrisos com a minha chegada.

Foi triste a sua partida. Partido, conheci a orfandade. Partido, me despedi dos dias em que o perfume da bondade me explicava a vida. Na sua escola, compreendi que amar é criar espaços para o outro florescer. Era você um professor de generosidades.

Floresci, meu pai, fruto seu. Floresci como pude em um mundo tão grande e tão espinhento. Floresci reconhecendo no amor o sentido da vida. E sentindo na minha vida que cada gesto interfere no universo todo. A palavra que sai da razão humana é tão especial quanto um céu descansando na noite estrelada. O silêncio, também.

Não tenho, meu pai, o seu silêncio. Nem a sua paciência de ouvir as dores do mundo e compreender o tempo da gestação das alegrias. Às vezes, me perco nos desânimos e nas distrações. Então, me abraço à sua imagem ajoelhado em simplicidade e acreditando que o dia de amanhã será melhor.

O dia de amanhã será único, repetindo o dia de hoje que nasceu da despedida do dia de ontem. E todos eles, um a um, me deram, me dão e me darão a oportunidade de ser bom. É o que você plantou em mim. Quando me esqueço, praguejo contra os que incomodam a existência. Quando me lembro, compreendo e perdoo e prossigo em busca do Sagrado. O Sagrado é a jardinagem do mundo encomendado pelo Artista e livremente oferecido às mulheres e aos homens.

Temos tudo para ver brotar em cada canto aconchego e alimento. E espaços para que a cantoria da criação nos ponha em caminhada em busca do que precisamos construir. Você construía casas e afetos e esperanças em uma pequena cidade de um dos tantos interiores desse grande país.

Seus passos foram ficando mais vagarosos, e eu gostava de sentir as suas mãos me apertando o braço e me mostrando o dia. E ficava atento à sua atenção diante de quem nos parava e narrava a vida. Era bonito ver o bonito dos encontros sem pressa. E os seus ditos gentis e as suas brincadeiras polidas e sua generosa teimosia em nunca abraçar a infelicidade.

Em dias de chuva, a gratidão pela horta feliz e pelos barulhos de infância. Em dias de sol, também a gratidão pelo sair despreocupado. Em dias indecisos, você decidia que estava bom.

No seu velório, fiquei vasculhando em mim a sua fé, quando os meus dois irmãos morreram. Primeiro um, tempos depois, o outro. E você, entre as lágrimas dolorosas de um pai que oferece o filho à terra, agradecia a Deus o tempo da convivência. Eu pequeno perguntava: "Papai, o que você está rezando?". Você respondia sorrindo: "Agradecendo, meu filho, agradecendo".

Quando comecei o ofício de escrever, era você que eu procurava nas noites de lançamento. E, quando via você em casa, sentado em sua cadeira de balanço, lendo e relendo um livro meu, o mundo todo sorria dentro de mim. Depois que você se foi, conheci tanta gente que me explicou o seu amor, tanta gente que floresceu por um gesto seu.

Meu pai, queria muito conversar hoje com você. Queria muito brincar de quem tem as mãos maiores. Queria muito contar da viagem que fiz ao Líbano e da casa onde nasceram os seus pais e da fotografia do seu casamento com a minha mãe, que estava na parede da casa do irmão do seu pai. E você iria passar as mãos na careca ilustrada de sentimentos e agradecer.

Sua foto com minha mãe olha para mim. E, então, eu escrevendo, choro a ausência e a emoção de ter vocês em mim. Minha mãe se foi há pouco. Quanta dor eu senti. A orfandade estava, então, completa.

Os mistérios não me permitem saber como é o Dia dos Pais por aí. Com você, meu pai, qualquer lugar floresce bondade. Beije a minha mãe e diga que está tudo bem por aqui.

Entre retalhos

Luciana tem mistério nos olhos e tem cheiro de amanheceres no sorriso. E eu tenho medo e silencio.

Trabalhamos na mesma loja. Outros, também. Outros trabalham. Ficamos fechados um tempo. Tempo de pausas. A pausa em mim dura desde que desisti de insistir em Sílvia. Foram anos de uma espera e de desenhos de palavras nunca ditas. Era minha vizinha. Sorríamos nos encontros e mais nada.

Entre as cortinas, eu vigiava sua saída e saía, e a minha rapidez nos passos não se convertia nas falas. Que, quando vinham, eram tímidas e vagarosas. E, quase sempre, solitárias.

Dei sorte uma vez em que ela deixou cair um livro. Era um livro que trazia amor no título. Deitei minhas mãos no chão e consegui dar a ela apenas o livro. Ensaiei um improvisado comentário que não saiu. Disse ela "Quanta gentileza!", e disse, também, um sorriso. Respondi nada. Só depois, diante do espelho, fiquei repetindo o que poderia ter dito.

Quando falo em Sílvia, distraio os pensamentos de Luciana. Um dia, vi Sílvia beijando, no portão da casa, um homem que não era eu. Fechei a porta de mim e fiquei semanas e meses brigando com o que não saía.

E, então, veio Luciana. Entrou depois de mim na loja. E o amor entrou junto. Medroso, nos inícios. Medroso até hoje. Usa óculos a Luciana. Usa mais de um. São coloridos. Colorem de tentativas os meus dias. Retiram de mim poemas ensaiados, um a um, em frente ao mesmo espelho que conheceu tudo de Sílvia. O que mais digo é um que intitulei "Entre retalhos". É sobre a loja. É sobre os panos. É sobre os esconderijos a que viajamos, quando sentimos.

Descobri ouvindo que, há não muito, ela terminou uma relação. "Desacredito dos homens", foi o que recebi de textos pouco compreensíveis pela distância que nos separava. A esperança conversou comigo e explicou que seria uma questão de tempo. Bastava o esquecimento da dor, e ela estaria pronta para vivermos nossa história.

Decidi o regime, a caminhada, a mudança do corte do cabelo, a compra de algumas roupas novas, a limpeza dos dentes, a limpeza de tudo e o sorriso.

Horário triste o de fechar a loja e caminhar sem ela pelas ruas anoitecidas do bairro. Moramos em lados opostos. Comprei, outro dia, uma caixa de morangos, de um vendedor de rua. Cheguei decidido a oferecer. Achei atrevimento. Passei o dia inventando um jeito de dividir aquele sabor. Saber ausente. Fiz pouco da intenção e, no caminho de casa, dei a um homem mais faminto do que eu, que estendia as mãos em uma calçada com pouca luz.

Na pouca luz do meu quarto, só há pensamentos. A noite indormida repete os tempos de Sílvia. O que é melhor, então? Encerrar a vida com cortinas pesadas de segurança? Não é isso o que quer a luz que atravessa a fresta que deixei aberta para o acordar. Acordei a vida, quando a vida de Luciana entrou naquela loja.

Luciana é da conversa. Fala sobre um cliente que reservou um corte. E corta para outro assunto. Fala de pessoas que desconheço e prolonga a conversa, enquanto não entra outro cliente. Um dia, me disse: "Mudo, você!" E riu. Fiquei pensando no "mudo", se era de mudança de atitude ou de ausência de fala. Vasculhei o dia inteiro os meus pensamentos e resolvi dizer. Soltei um "Está frio, né?". E a resposta veio em uma velocidade que nunca tive. "Claro que não, Geraldo". E, antes de eu concordar, com a tesoura cortando um tecido, ela olhou disfarçando os óculos e continuou: "Está uma delícia".

E, então, entrou alguém. E era minha vez. E vendi um pano para cortinas. Um pano para esconder a parte de dentro da casa ou para enfeitar de alguma cor a sala interna de alguém. "Está uma delícia", era sobre o quê? O dia? O nosso encontro em uma loja de bairro? O futuro que nos esperava juntos? Sobre o que seria aquele dito? Resolvi resolver ir com ela pelas ruas opostas às que me levavam para onde eu já sabia. E passei o dia satisfeito com a resolução.

Olhei no pequeno espelho do banheiro e me arrumei de coragem mais de uma vez. O relógio demorava a compreender que eu tinha pressa de me oferecer para caminhar com ela até sua casa. Sim. "Está uma delícia!". Era uma autorização. E teve o sorriso como complemento. E, se não fosse a necessidade de atender quem chegou, ela teria dito alguma coisa mais. No velho relógio, os ponteiros diziam que faltava pouco para minha atitude. Fiquei limpando um balcão já limpo e vendo os outros funcionários com pressa.

Ouvi barulhos de arrumação no banheiro. Ouvi o perfume de Luciana se aproximando. Iríamos juntos. Era disso que se tratava. Por entre a porta entreaberta, a noite se explicava. Noite de luar. Noite de gravidez de palavras de amor. Noite de mistérios que despedem um dia, enquanto aguardam um outro.

"Geraldo", era Dona Sônia, a dona da loja, me chamando, enquanto o meu amor se despedia. Quis dizer que hoje não. Não podia falar naquele sagrado instante. "Geraldo, parabéns, a Jandira disse que você tem muito bom gosto para sugestões de cortina". Resmunguei algum som de gratidão. E, depois, ela disse apenas "Até amanhã!". Agradeci, apressando a saída, mas a calçada já não me mostrava ela.

Um frio soprou em mim na quente noite de verão. Silenciado, fui pelo caminho conhecido acompanhado, apenas, da esperança do dia seguinte.

A FUNDURA DA MEMÓRIA

Há tanto de mim em mim. Há tanto dos que foram e que não foram. Há um devagar dos dias e um depressa dos anos me explicando sem explicar que mando nada no que penso.

E, então, me afundo no fundo de mim e expando a atenção para compreender por que penso o que não teria precisão de pensar. Isso, quando me aborreço com distrações.

Sou do silêncio e falo nada de mim a quem se aproxima. Desconfio dos certificados em conhecimento. Conhecer exige bondade. É assim que aprendi com o finado professor Amaury.

Dia desses, uma foto me falou daquele tempo. Eu era magro demais e alto demais para ser aceito. Aluno novo vindo de escola velha e sentando em lugar errado. Riram de mim e, de mim, fizeram troça.

Errei nas contas. Era novo demais para acertar a matemática do mundo. Amaury me olhou na alma e me acalmou os medos. Mostrou a lousa do tempo disfarçando a luz do futuro que espantaria qualquer dissabor daqueles dias.

Fui me ajeitando na nova escola. Querendo ser ele. Até o imitava na solitária varanda que dava para dentro de casa. Rasguei a timidez no dia certo, nem antes, nem depois, e expliquei as somas que os sonhos e os esforços eram capazes de alcançar. Minha avó, em silêncio amoroso, ouvia as minhas aulas. Sem dormir. Sem desviar o olhar. Era companheira dos inícios. E teimava em aplaudir, quando eu dava por encerrada a lição daquele fim de tarde.

Morreu minha avó em um dia triste. Faltei à escola, mas já era escola dos grandes. Juntos aos andarilhos que subiam ao cemitério, na pequena cidade, estava ele, o professor Amaury, e a sua mulher, Dona Diva, que nos oferecia doces de pote para amainar os azedumes da vida.

Tempos antes da formatura, um dos nossos morreu no mergulho arriscado de uma cachoeira grande. A dor avisou à nossa idade que a morte existe.

Deixei o interior para ser professor na capital. Casei com os livros e com a intenção de adoçar de conhecimento a vida. Moro em uma das tantas periferias que, de central, tem as ausências.

Dia desses, entrei em uma sala e encontrei um riso sem amor contra um aluno perdido nas atitudes. Observei com calma e viajei no tempo em que de mim cuidaram, quando o respeito faltou. Falei bondades ao aluno, contei de mim, ofereci a lousa cheia de possibilidades para escritos seus e corrigi as rasuras que se causam ao outro, quando o outro é diferente do que sabemos nós.

A diretora da escola teima comigo que tem gente boa e tem gente ruim no mundo. Eu ouço e silencio e, quando antevejo uma trilha segura, caminho cuidadosamente sobre seus pensamentos e explico os meus: "gente ruim é plantio malfeito". E dou exemplos. Ela ora acredita, ora desacredita dela mesma na árdua tarefa de educar os deseducados. "Bom seria se os pais educassem primeiro", resmunga ela já andando para longe de minhas insistências.

Entro na sala dos professores e me alimento da saudade dos doces de pote da Dona Diva. Tinha de leite, de figo, de abóbora e de laranja. O sabor valia menos que a intenção. A casa deles era quase em frente à escola e a mesa grande em que cabia o mundo ficava embaixo de uma árvore que atingia o céu.

Está tudo na fundura de mim. Tanto o futuro que me antecipa a ultrapassagem do presente em dias estranhos, como o passado que, quando perco a luminosidade, me lembra das gentes boas que ficaram em mim.

O ACARICIAR DAS MÃOS

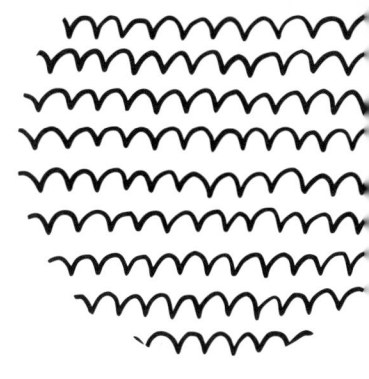

Foi em um dia triste quando, tristemente, senti o peso das mãos duras de um professor.

Era um escolher de crianças para algumas canções que encerrariam o ano em uma escola pequena do interior. E eu queria ser escolhido. Sorri as horas que separavam a hora da decisão. Arrumei o melhor de mim para ser visto e, talvez por isso, exagerei quando ele pediu a voz.

Sem envelopar as palavras, depositou a pesada mão sobre o meu ombro e explicou que o meu problema não era apenas cantar mal. Era cantar mal e alto. Abaixei o volume do entusiasmo e me sentei embaixo de uma árvore que nos escondia do calor dos dias de verão do fim do ano.

No silêncio do "não" recebido, esqueci que eu era criança e que crianças são ensinadoras de prazeres cotidianos. Pensei em pedir para que devolvessem meu sorriso. Desisti. Sozinho, pensava em meu pai. Eu havia dito a ele que cantaria na festa do fim de ano, e ele sorriu orgulhoso.

Na parte da aula depois do intervalo, intervalei nada as minhas tristezas. Não culpo o professor. Faz tempo demais para julgamentos.

Andei da escola até minha casa. Meu pai me viu da loja e me chamou com sorrisos. Leitor dos detalhes dos sentimentos, ele viu meu vazio. "Filho, venha ficar comigo um pouco, preciso de você". Foi dizendo e acariciando o meu rosto com suas generosas mãos. Não me perguntou da dor, apenas me apresentou novamente a alegria.

Olho as minhas mãos gastas de tempo e viajo em seus significados. Quantas carícias fui capaz de oferecer? Quantas atenções desperdicei ao negar as minhas mãos aos agachados das dores da vida? Construí, com ela, caminhos. Coloquei tijolos sobre tijolos na argamassa dos "sins" e dos "nãos", das pontes e dos muros. Acenei aliviando medos, mas, com ela, ameacei, quando, medroso, esqueci pensamentos.

Escolhi dedo para apontar, demonstrando arrogâncias. Errei. Com elas, pedi perdão, quando amadureci. Que beleza a arquitetura das mãos. As mãos do pianista que antecipam o paraíso. As mãos do cirurgião que arrancam males que arrancam vidas. As mãos calejadas dos colhedores de esperança, aliviadas pela alegria das mudanças de estação.

Meu pai me chamou para a horta. E, antes do jantar, apanhamos verdes. E falamos da terra. Subindo a escada, ele emprestou sua mão para chegarmos juntos. Com a outra, o que colhemos. Minha mãe limpava o feijão em uma mesa iluminada pela sua alegria. Ao lado de Rosa, que trabalhava conosco e que, desde sempre, nos enfeitou a vida. As mãos do meu pai e da minha mãe se encontraram e os dizeres combinaram com os seus gestos.

Lavei as mãos, mas não o constrangimento do não recebido antes do jantar. E, então, minha mãe fez a pergunta que eu não gostaria sobre o coral. E só perguntou de tanto que eu havia dito antes, tamanha era minha empolgação em fazer parte. E eu pensei em mentir. E eu abaixei a cabeça e apartei as mãos de raiva de mim por não ser cantor.

Meu pai entendeu e disse: "Melhor não participar esse ano, assim temos mais tempo para plantar, você me ajuda com a horta, não é, meu filho?". E o assunto ganhou despreocupação. Meu pai piscou para mim e prosseguiu agradecendo as mãos de minha mãe capazes de nos alimentar com tanto sabor.

Disse eu, depois, a ele do professor. Quis dizer alguns dias depois. Valorizou nada a minha voz boa ou ruim. Disse não entender de canções, mas de sentimentos. E que ele me amava muito. Sem compreender muitas teorias, plantou em mim a certeza de que o amor não exige perfeições.

Anos depois, minhas mãos foram as últimas a segurar a cabeça do meu pai. Em um quarto de despedidas. Ele teve forças de sorrir para mim antes de plantar gentilezas no outro lado dos mistérios.

Uso, hoje, as minhas mãos para escrever. Olho para elas e me lembro das mãos grandes do meu pai. Ah, tempo indomável. Os dias jovens foram escapulindo das minhas mãos e me permitindo apenas segurar as lembranças.

Hoje, canto a canção da vida no tom que consigo, que compreendo ser capaz de aliviar outras vidas das mãos pesadas dos que não prestam atenção na dor alheia.

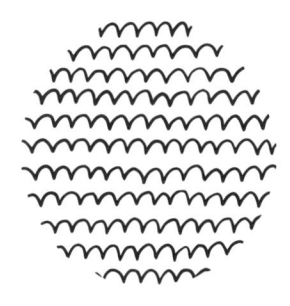

A LINGUAGEM DOS SENTIMENTOS

Vivi o dia nas histórias da minha tia. Dia pleno que rompe as cronologias e que coloca todos os tempos na linguagem dos sentimentos.

O passado é terra de nascimentos. De pessoas. De encontros. De despedidas. Casou minha tia depois do desmanchar da juventude. Era mulher decidida ao solteirismo quando uma amiga, em prontidão para morrer, entregou o pedido, que casasse minha tia com o marido que, em pouco, enviuvaria.

Sem pensar em desobedecer ao desejo, aceitou. E enfeitou os dias com um amor maduro. Viveram de cuidados, de gestos brandos, de presente. Depois de ele se despedir, mudou ela para viúva o estado civil.

Conto eu sobre os sobressaltos que vivo. Que vive a humanidade. Ouve ela com os ouvidos experimentados pelos sons dos barulhos e do silêncio. Gosto das suas mãos delicadas acariciando minhas preocupações. Lutamos lutas decididas por outros. Tememos perder a batalha imaginária. Perdem todos quando não usam as mãos dadas para o caminhar, mesmo que mais lentamente. Os passos da minha tia combinam com suas ausências de pressa. "Que bonito eles cantando", explica ela os passarinhos na janela, "Eles gostam da nossa companhia", prossegue com sua simplicidade orgulhosa.

No almoço, do dia pleno, comemos a saudade. Fotos espalhadas pelos cômodos da casa registram amores que não mais vivem conosco. Só na caixa que ressoa beleza dentro de nós.

Brinca minha tia com as rugas. Uma a uma foram chegando, enquanto o tempo ia partindo. O tempo que temos, e que é pleno, é Kairos. Não sobra e não falta. É o presente de um dia amanhecendo sem pressa nem preguiças. Minha tia é a infância renascendo em mim. Lia ela livros cujas palavras ainda não significavam. Eu passava os dedos, enquanto ela dizia as histórias. E eu pedia mais. Se havia tristeza na história, eu sentia. Se havia alegria, também. De história em história, fui escrevendo a minha. O verdume das frutas explica que ainda falta. A lagarta ainda há de ser borboleta. Tudo ontem era promessa. E tudo poderia não ser. Ou quebrar. Ou, diz minha tia, sobre uma velha amiga japonesa, Kiome, que falava sobre uma arte de restaurar cerâmicas quebradas. Há força na imperfeição, decido eu.

"Kintsugi, lembrei", comemora ela. Há um vaso bonito que minha mãe guardava como lembrança da mãe de sua mãe. E há flores que nos perfumam por enquanto. Que hoje estão. Que amanhã não estarão. Olho para o vaso com respeito. E, ao lado dele, encontro um candelabro que, tantas vezes, vi emprestando firmeza para as velas iluminarem.

Deito o cansaço no colo da minha tia e fecho as preocupações que carrego sem muita explicação. Adormeço e sonho o sonho bom do amor. Quando acordar, será hora de partir. Primeiro, um bolo de cheiro de tantas mãos que prepararam o meu alimento. Depois, a partida física, com as lembranças agradecendo uma pausa na quentura dos cansaços.

Acordo com o barulho dos passarinhos e com minha tia respirando paz. Desperdiçar um dia desses?

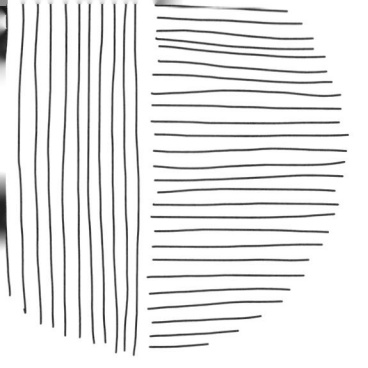

MIGUEL E MARIA

Que bom que você chegou, Maria! Os dias aqui não são dias. Então, não faz tanto tempo que nos despedimos. O tempo aqui não é o tempo. E os espaços são todos. Aqui, Maria, somos nós. E é o que basta. Tudo que não era nosso ficou e você sabe que não faz falta.

Antes de você chegar, Maria, você já era daqui. Os sinais da sua paz eram sinais daqui para acalmar os arroubos dos que não compreendem o que fica e o que vai. Sentada na mesa da cozinha, você brincava de limpar o mundo no dobrar das sacolas que traziam a comida. Brincava de disfarçar o tempo organizando a vida.

Quando nos conhecemos, você, tão jovem, já emprestava mansidão. Eu era mais agitado. Impressionava você decorando os nomes das ruas. E os seus significados. Você deu significado a mim, Maria. Dormir e acordar com você era uma rua sem fim de felicidade. E vieram os nossos filhos. E uma filha se foi e nos deixou partidos. Eu, em pedaços. Você, inteira. Seus olhos lacrimejavam saudade e acendiam a fé de que os mistérios são véus e não desaparecimentos.

Regina, nossa filha, está aqui, Maria. E, também, os outros. Os seus olhos tão abertos prosseguirão enxergando. O corpo descansa, e a alma voa no interior da bondade perfeita. E de nada mais você precisa. E de nada mais preciso eu.

A bondade ilumina o mundo, todos os dias, mas há os que desacreditam. E, então, lançam gritos de inumanidades. A bondade prossegue sem retroceder. É água limpa oferecida a quem percebe, a quem se dispõe a se alimentar e a alimentar os seus irmãos de cuidado. Você não descuidou de ninguém, Maria. Seu nome já foi um prenúncio. Do silêncio. Da prontidão. Dos ouvidos atentos ao clamor de uma humanidade melhor.

Foram quase cem anos de presença. De um dormir e acordar acompanhada da disposição de não desperdiçar amor. É o que fica, Maria. É só o que fica. Você se lembra dos poderes que eu tive? Das homenagens? Dos cargos? Tudo tão distante daqui! Tudo inventado para distrair. A distração também faz parte. Só que parte em pedaços o que deveria ser inteiro. E é assim que nos olhamos no espelho da vaidade e não enxergamos ninguém. Porque ali ninguém mora.

Você dizia, no silêncio, que me amava sem os enfeites. E eu compreendia. E agora, Maria, estamos aqui. Nos completando, novamente, no completo do existir. Nada mais é preciso dizer. Basta sentir. Venha dançar comigo, Maria, a dança que nunca acaba. Ouça a canção do encontro. Toque na imaterial memória do que sempre fomos. Prove da matéria-prima de que fomos feitos.

Sabe, Maria, você sempre soube. Você nunca duvidou. Os seus ditos diziam, antes, o que há por aqui. Sem exigir concordâncias. Cada um tem o seu tempo do acreditar. Aqui o tempo é inteiro. Ah, se soubessem por lá o que é a felicidade, as águas do esquecimento fariam perdoar os desacertos e a liberdade seria a compreensão do que fica quando tudo passa. E tudo passa!

Que bom que você chegou, Maria! Por aqui, só fica o que permanece.

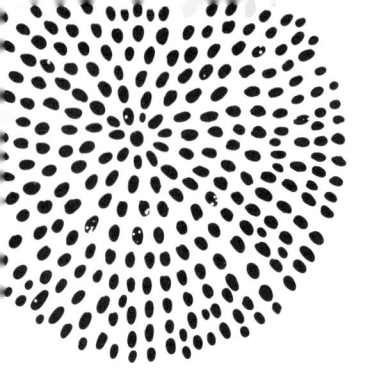

Novamente uma estrela

O badalar preguiçoso do sino da Igreja avisa que é sobre morte. Esse ano a primavera resolveu descansar. E, então, o frio prolongado do inverno impediu renascimentos.

Foi assim que acordei. Triste de um desligar durante o dia. Não é sempre que durmo à tarde. Os ventos daquele setembro pareciam excessivamente desnecessários. Olhei para a Estela, que trabalha comigo, e compreendi o meu mal-estar por não estar ela vivendo o mesmo luto que eu.

Faz alguns dias, recolhi as falas. Reservei a mim as minhas ideias e o meu vazio. A memória, caprichosa, criava textos com exclamações. Viver sem Alberto era espaço não imaginado até pouco tempo. Foi em um meio tom, entre o despedir do dia e o anoitecer, que ele levou o que faltava e foi morar com a inominada. Era ela conhecida de frequentar nossa casa. Era ela bastante limitada nos comentários sobre o viver. Fui eu que errei ao não perceber que as fingidas ingenuidades têm sua importância.

Alberto vive com ela do outro lado da Igreja. Ouvem o mesmo badalar do sino que ouço. Devem saber que tratam de falecimento as tristezas do sino de hoje.

Não tivemos filhos. Melhor. Não tivemos tempo de aquecer a lamparina do futuro com os chamegos que desperdiçamos. Sempre fui uma mulher do trabalho. Enfermeira pela convicção dos alívios que minhas mãos trazem ao mundo. Desdigo pessimismos e devolvo sorriso aos outros. A mim, cultivo a dor do abandono, da traição, da troca.

Estela, enquanto varre o quintal, sorri de algum pensamento. Pergunto. Responde nada. Apenas sorri. Abandonada, também, pelo marido, Estela vive de cuidar dos filhos, de mim, e da alegria de estar viva.

O enterro passa ao longe. Cidade pequena é possível saber quem vai e quem chega. Na minha idade, tenho medo de não mais arder por amor. Nem sei se amor arde. Sei que arde o pensamento que pensa no que faz o amor, quando faz amor em outra cama.

Já pensei em incendiar a casa deles. Já assisti às labaredas consumindo suas mentes arrependidas do que causaram. Fiz nada. Nasci para cuidar. O resto limpo quando vem ao pensamento.

Estela, percebendo o meu vazio, me convidou para ir à padaria. Sem resistência, aceitei. Insistiu que fôssemos pela praia, carregando as chinelas em nossas mãos. O infinito do mar venta energias e reacende vidas. Foi quando vimos um braço de uma estrela-do-mar. Foi quando Estela explicou de sua capacidade regenerativa. Quando perdem um braço, são capazes de ter novamente o braço perdido. E o braço perdido consegue ser uma outra estrela-do-mar, inteira. Chorei com a explicação. Ela prosseguiu ensinando que, se compreendermos que fazemos parte da natureza, a natureza regenerará em nós as partes perdidas.

O silêncio foi nos acompanhando por mais alguns passos, enquanto as águas se atiravam em nossos pés. Era um dia de mar calmo, era um dia de mar explicativo. Olhei, com profunda admiração, para a simplicidade de Estela. Ela, cortada por um marido violento, se refez. Ela, sofrida pela traição, se refez. Ela, sozinha para criar os filhos, se fez a estrela que é hoje. Bondosa. Não há brilho maior do que resplandecer bondades.

Uma paz explicou que eu estava errada, primaveras não descansam. Inteiras, limpamos a areia dos pés e entramos na padaria do João Antônio. Ele olhou de um jeito bom. Disse que era bom quando eu ia.Sorri desajeitada. Era ele um pouco mais novo do que eu, viúvo, jeitoso com os dizeres. Era alto e forte. Já havia me olhado, outras vezes, e eu desviado. Por que o trancafiamento? E, então, percebi os meus pensamentos se limpando dos ontens. Nos convidamos para um banho de mar. Amanhã.

Estela acenou com a cabeça, feliz, enquanto fazia o pagamento do pão, da manteiga e do punhado de queijo que poderíamos usar para um café acompanhado.

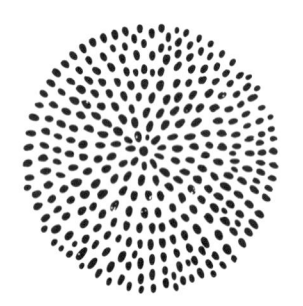

O BARULHO DA PORTA

O sono dá sinais de falência e os incômodos pensamentos assustam minha paz. Viver de passado é o que eu nunca quis. Viver de brigar com o que fiquei sabendo é desconhecer o viver. Mas e quando o passado diz o hoje?

Ouço o barulho da porta. Não sei se é Bernardo ou Joaquim. Meus filhos, embora crescidos, ainda moram aqui. Virgínia dorme ao meu lado sem as perguntas que me impedem dormir. É mãe. É protetora inconfessa das erráticas escolhas. Sou rabiscado por textos diversos que me trazem nada das explicações do existir. Por que são tão diferentes? Criados pelos mesmos pais, com os mesmos afetos, na mesma casa, com as mesmas condições de escreverem o certo.

Joaquim é dissimulado. E isso me dói. Faz das trapaças um trampolim para o sucesso. No pulo vazio, encontra-se até alguma suposta vitória, algum dinheiro, algum imerecido reconhecimento. Leio em seus pensamentos a perversidade de não se preocupar com a dor que causa aos outros. E sei que ele percebe o que percebo. Então, ri gentilezas e fala inverdades como compensações ao que devo esquecer. Não esqueço. Até porque me culpo por algum descuido dos seus primeiros passos, onde tudo é mais fácil, onde tudo é mais complicado.

Bernardo é um homem casado com a generosidade. É verdadeiro até nas derrotas. Assume para si a responsabilidade de melhorar o mundo. Abre as portas para que outros entrem na casa necessária das oportunidades. Dá de si sem barulhos, sem publicidades. Apenas ajuda na carpintaria de esculpir felicidades.

Falo não como pai, mas como observador da fascinante ventura de viver atento. Virgínia diz o certo, não se comparam os filhos. O incerto é, entretanto, o nascimento do mal. Ouço em Joaquim o prazer de destruir alguém, a trama que deu certo na inverdade que grudou, nas lágrimas da injustiça que impediram sonos bons. Diz ele que é da sua profissão. Que a vida é uma batalha. Que os fracos devem conviver com as derrotas e não reclamar dos que vencem. Entende nada ele. Lembro-me de Machado que, também, tinha Joaquim como primeiro nome: "Ao vencedor, as batatas".

Bernardo é diferente e é, por isso, vitorioso. Tudo dá certo com ele e a paz que ele bebe nos aproxima cada vez mais. Ontem mesmo, ele narrou uma história de arrancar lágrimas. Sem invenções desnecessárias. A riqueza da vida está nos detalhes verdadeiros da vida. Das vidas que se encontram, que se aquecem. Bernardo fala de amor com os gestos.

Falam pouco os dois, o que entristece Virgínia. Nas diferenças, as palavras foram encontrando os seus cantos. Joaquim fala muito de si e fala alto e mente conquistas. Bernardo silenciou, há tempo, os egoísmos e, serenamente, percorre os embates sem se debater em estranhamentos.

Por que alguém escreveu a história de Caim e Abel? Como foi que a inveja foi nascendo e foi matando? Joaquim diz mal do irmão. Vive de memórias construídas. Bernardo fala nada de Joaquim. Olha com piedade o atormentado irmão. Um dia justificou a mim o cansaço. Entregou os pontos. "É mais fácil ajudar o mundo do que o próprio irmão?", foi a pergunta da mãe. Ele sorriu silêncios. Já tentou de tudo.

Viro na cama e abraço minha mulher. E acaricio seus cabelos. Amo os dois. Os dois são filhos meus. Sementes que plantei na humanidade. O amor, entretanto, não me retira as lentes da consciência. Em algum momento, errei eu ou alguém errou. Não sei. Sei que a porta que se abre barulha em mim sons que não controlo. Não sou dono do mundo nem de ninguém nem, ao menos, dos meus pensamentos que teimam em prosseguir pensando.

A DOR DOS ANIMAIS

Do deserto, recebo notícias de um amigo. Olha ele nos olhos de um camelo, usado como atração turística. Um homem gordo de risadas sobe sobre o animal cansado, que emite sons ao desdobrar os joelhos e levantar com o peso.

Em um lugar de neve, recebo notícias de outro amigo. Fala da dor de ver os chicotes em cachorros que fazem as vezes de renas e puxam trenós nos gelos onde turistas fotografam a si mesmos.

Faz frio no coração da humanidade que habita a mesma casa que outros seres vivos e não compreende a dor que é capaz de causar. Há um deserto nas consciências que alimentam o próprio prazer no sofrimento dos outros. Os chicotes que retiram sangue, os cubículos em que alguns são criados para a fome obsessiva de si, própria dos homens.

Pobres pintinhos machos descartados de primeira. Caçadores se alvoram para atingir suas presas. Posam com o troféu da morte e riem as perversidades como vitórias de um dia bom. Um dia bom seria se caçassem a si mesmos, as funduras de si mesmos, as viagens necessárias pelos nossos interiores que nos fazem compreender as escolhas que fazemos.

A perversidade é um hábito. Não sei de onde veio, mas é um hábito. Quem é insensível com animais é, também, insensível com humanos. Ainda criança, chorei ouvindo a canção de Luiz Gonzaga, "Tudo em vorta é só beleza / Sol de Abril e a mata em frô / Mas Assum Preto, cego dos óio / Num vendo a luz, ai, canta de dor".

É possível furar os olhos de um pássaro que, segundo dizem, canta mais bonito à noite, para que seja sempre noite nele? Vi, mais de uma vez, cenas de abandono de animais. Um cachorro, uma estrada e uma partida. O animal aturdido correndo atrás do carro imaginando algum engano. Enganados estamos nós ao não nos incomodarmos.

Vez ou outra, uma grife anuncia que não usará mais animais para suas confecções. Confeccionemos um outro estilo de vida. As empresas de cosméticos têm sofisticados aparatos tecnológicos, por que algumas teimam em fazer testes em animais?

Enquanto escrevo, Tales, Serena e Princesa reclamam atenção. Paro um pouco, acaricio seus pedidos e volto. Agradecidos, abanam os rabinhos e adormecem os três ao meu lado. Olho para a tela e para eles. A tela só tem vida porque dou vida a ela com as palavras que nascem de mim. Já eles têm vidas que ressignificam vidas. Serena, ontem, deitou no colo da minha tia e espantou uma tristeza que veio sem convites. Princesa agradece o passeio, e Tales se diverte com um jogar de bolas e um depositar de afetos.

No interior onde nasci, os passarinhos amanheciam o dia cantando. Sem os olhos furados. Sem as gaiolas egoístas. O mundo vem nos poluindo de objetos descartáveis. Objetos que não estabelecem relações afetivas. E, sem afetos, nos perdemos e nos fazemos sociedades cruéis e doentes. Tenho saudade do tempo das desobrigações em que um dia de sol era para se nadar em uma cachoeira limpa, e um dia de chuva era para deitar no colo da minha avó e ouvir histórias. Desde cedo, me encantei lendo Clarice e suas impressões do banho de mar. Tão menina, tão desnecessária de outras riquezas.

Vou passear com os três depois de colocar o ponto-final neste texto. E vou observar, com ainda mais cuidado, a vida que vejo e que passa por mim, e em mim, todos os preciosos dias. Agradeço aos que me ensinaram a romper os desertos e a frieza e a encontrar beleza em cada respiração desse planeta tão lindo que ganhei de presente ao nascer.

A dor dos animais dói, também, em mim!

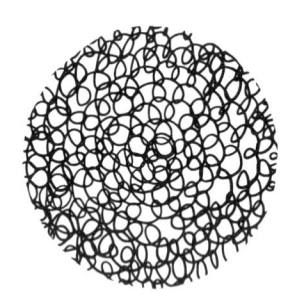

Os buracos do alambrado

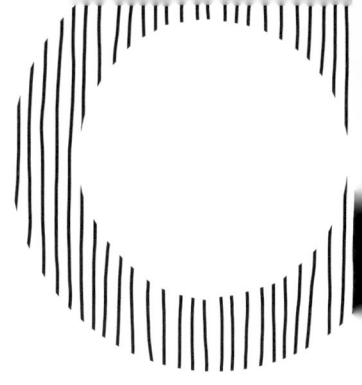

O dia havia se espreguiçado além do costumeiro. Fiquei na cama rodopiando passados. Sou uma mulher do presente, mas, vez ou outra, me entrego à saudade.

O tempo é uma costura de encontros e, então, as descosturas. O tempo é um tecer de esperanças e, então, a dor. O tempo é o que é.

Sentada, aguardando uma amiga em um restaurante rente a um enorme campo verde, vejo o alambrado. Vejo e penso o alambrado. As impossibilidades da passagem. O que está do lado de cá, do lado de cá está. E o mesmo para o lado de lá. Vejo alguns animais curiosos cheirando o que não podem ter. Cheiro o passado pelos buracos do alambrado da minha alma.

Hoje, faz um ano que meu marido se foi.

Não sei se as datas desconstruidoras de felicidade devem ser lembradas. Mas mando nada nas lembranças que tenho. Penso em Lara, minha filha, e no pai que não a cultiva. Penso nos que não se importam com os descompromissos com o amor. Penso nos que descumprem a promessa do viver acompanhado.

O sol é mais quente no meio do dia. Já passei do meio da vida. Certamente, já passei. A quentura em mim prossegue nos ódios que ainda não superei, nas imperfeições que me acompanharão até o último suspiro e no amor que é como água que bebo e que me nutre, enquanto aguardo.

Aguardo uma amiga para o almoço. Aguardar o fim sem pensar no fim é mais prudente na ventura da vida. Minha mãe só soube sobre o próprio pai aos 80 anos de idade. Súbito, uma antiga vizinha contou. Soube ela há tempos e, há tempos, rascunhou coragem para entregar a carta do que foi algum ontem. O que disse a si minha avó, quando nada disse aos outros o que sofreu? Eram outros tempos, e as paixões proibidas pecavam mais.

Há um barulho na mesa ao lado. Alguma reclamação fora do tom. Um prato que não veio como queriam. Sei nada do que quero. Decidi, depois de Ayrton, viver sem ninguém. Desfruto do privilégio de usufruir da aposentadoria e de alguns proventos de família.

Por que minha avó não contou a história verdadeira à sua filha? Morreu com os segredos. Quando minha mãe soube a história do pai, calou sobre o assunto. Ouviu. Disse nada. E pediu que abrissem a janela. Era, também, o meio de um dia quente.

Reparo nos animais do lado de lá do alambrado e me preocupo se há água. Olho para o relógio mais de uma vez, enquanto aguardo. Sophia tem o hábito do atraso. Mas hoje estou sem pressa de viver.

Divago decidindo o que comer. Algumas decisões da vida cabem a mim, outras cabem a mim aceitar. Se fosse meu o espaço separado pelo alambrado, teria já consertado os buracos. Ou não. Em um deles, descansa um pássaro antes de voltar ao necessário voo.

Cuidado para não pisar

Acordei o dia antes de o dia me acordar e saí na ânsia de movimentar o mundo.

Os sonhos da noite curta foram valentes e me trouxeram cenas que não consigo reproduzir. Enquanto caminho, penso em por que sonhamos. Tento alguma lembrança de alguma explicação de algum significado.

É bom ver o nascer do dia caminhando. E, caminhando, vi uma criança dizendo, da calçada onde vive, a frase que me estacionou. "Senhor, cuidado para não pisar, é minha mãe, ela não está bem".

O senhor que andava distraído, um pouco à minha frente, cambaleou e prosseguiu, sem nada dizer, sem nada fazer. Bêbado de alguma desilusão, prosseguiu desequilibrando.

Olhei para o menino e quis saber. Com a coragem de um pequeno protetor, explicou a mãe, a pobreza, a doença, o abandono. Morar na rua não é uma opção. É uma ausência. De olhos. De mãos. De pensamento.

Sentei com eles e convenci uma atitude. A mãe, entre acordada e distante, primeiro disse que dali não se levantaria. Eu concordei e apenas pedi autorização para prosseguir com eles, conversando. Ela fechou os olhos sem dizer. O menino respondeu pela família: "Pode sim", e prosseguiu: "Espera, deixa eu colocar esse papelão para o senhor ficar mais confortável". Me movi para cima e ele cuidou do meu espaço.

O menino se chama Rafael, como o anjo da cura, e a mãe se chama Teresinha, como a santa que pediu a Deus que, quando morresse, pudesse derramar sobre a terra uma chuva de pétalas de rosa.

Em frente à calçada em que estávamos, uma grade alta protegia um roseiral. E, por trás, uma casa de gigantesco luxo. Rafael disse da doença da mãe, "A cabeça não ajuda a melhorar o corpo". Perguntei se estavam com fome. Ele olhou para o longe. Imaginei todas as fomes que eles deviam estar. Disse eu da minha fome e os convidei para comer comigo. A padaria estava a alguns passos. Ela disse "não". Ele disse nada.

Olhei para o menino e me vi menino, também. Infância feliz a minha. E a dele? A frase "Cuidado para não pisar" foi ganhando outros significados em mim. Em quem pisamos? Por que pisamos? Por que pesamos sobre o outro? Por que desrespeitamos a humana necessidade de tratarmos o outro com cuidado?

Levantei e encontrei na padaria o que queria para aquele instante. Comemos os três, na calçada, o que, apenas naquele instante, nos alimentou. E depois?

Fui com cuidado conversando. E, com cuidado, falando da minha mãe e de algumas doenças que foram curadas quando ela deixou. Teresinha parecia um pouco mais confiante no que eu dizia. E, algum tempo depois, ela autorizou alguma ajuda. A Santa Casa compreendeu o seu estado e a recebeu sem muitas interrogações. Rafael, com as mãozinhas miúdas, passava a mão pelos cabelos da mãe.

Por uma manhã, esqueci os problemas todos do mundo que carregava em mim. Por uma manhã, despistei os pensamentos pequenos que nos reduzem ao egoísmo e à luta insana por desnecessárias vitórias. Éramos nós três em uma comunhão de intenções corretas.

Alguns pensamentos tentavam adiantar o que viria depois. O menino não estava na escola. Eles não tinham onde morar. Ela temia os abrigos e as pessoas, já foi machucada demais pela vida. Tentei desligar o que me roubava a preciosidade daquele momento.

Já vi muita gente na rua e tive receios. A coragem daquele dia veio da força de um menino defendendo sua mãe. A coragem daquele dia veio de uma cura da minha alma proporcionada por um anjo que me permitiu voltar a prestar atenção ao que há de mais bonito no existir humano, o exercício do cuidar.

O tempo aliado ou o tempo devorador?

O relógio explica que é preciso deixar os receios e voltar a viver.

É manhã de um dia que se seguiu a tantos outros e que traz a obrigação do reinício. Sou professor. E professor alfabetizador. Na minha leve opinião, a alfabetização é uma das maiores aventuras humanas. A alfabetização me leva à leitura, do mundo e das pessoas. Do texto. Ler é percorrer outros imaginários. Ler é um entranhamento fascinante de histórias nascidas de mentes generosamente leais à literatura. Alfabetizo para tirar portas incômodas do cenário vivo e mutante do que se deve ler.

Sou um ser em construção e as experiências narradas por tantos outros me servem de cimento firme na formação da minha linguagem, do meu caráter. Uma obra nascida de um escritor, de uma escritora, provoca conexões entre as tantas regiões que habitam o humano. O imaginário do pensamento e da emoção. A ampliação dos repertórios que ampliam as vidas em novas possibilidades. A leitura oferece inteligência, criatividade, empatia, compaixão.

Lembro-me de uma professora da universidade que, vez ou outra, fechava os olhos quando reverenciava uma personagem nascida de um autor. Autorizava ela as emoções reais depois dos embates ficcionais no pensamento. Dialogavam, assim, razão e coração. Contava que, na Grécia Antiga, havia avisos nos portais que davam acesso às bibliotecas, com a advertência de que estavam prestes a adentrar um local de cura da alma.

Minha alma está em êxtase. Palavra que gosto muito e que me significa um êxodo, também. A alegria que me preenche faz com que eu saia de mim mesmo em direção ao outro. E, por isso, sou professor. E, por isso, professo a crença na bondade, na beleza e na justiça. Sou semeador de tempos novos. E, se encontro terrenos resistentes, resisto a desistir. E prossigo alimentando minha esperança de atitude.

O relógio explica que é preciso prosseguir pensando, enquanto caminho para a escola que fica perto de onde moro. Na escola, o relógio será novamente visto por crianças que deixaram os tempos das pausas. Nos sons da memória que ressoam em mim, vem a imagem de uma professora Helena que, nas infâncias da minha vida, entrou na sala de aula e confessou sua consciência de saber o seu lugar no mundo: "Finalmente as férias terminaram". Em mim, ecoou como "Eu amo vocês" ou "Não há nada de mais significativo na minha vida do que estar aqui, com vocês, exercendo o meu ofício de ensinar".

Desta vez, as pausas não foram de um ou alguns meses. Não foram férias. Foram períodos de medo, de incertezas, de reinvenções, de convivências complexas em lares que deveriam oferecer amor. E, agora, estamos voltando. Há receios em mim. O que fazer com os tempos desperdiçados? Foram tempos desperdiçados ou tempos vividos? Não gosto de brigar com o tempo, até porque sei que, se me entregar à insistência, sairei derrotado.

Prefiro ter o tempo como um aliado, não como um devorador. O tempo me alivia dores, me faz compreender amores, me ensina a resistir e até me oferece, no rosto, algumas rugas e, na alma, muitas cicatrizes.

Vou entrar na sala de aula sem a ânsia de atropelar o aconchego. Sei que o que tenho de fazer, por primeiro, é oferecer presença, é relembrar afetos, é celebrar o encontro. Se me dessem a oportunidade de mudar de profissão, sorriria agradecendo e, agradecendo, diria que o que experimento vai além dos entraves que me perturbam.

Perturbado fico, quando não posso ensinar, quando desisto de aprender. Isso, não. Já expliquei ao tempo que quero prosseguir semeando. Que quando chegar a hora de experimentar o mistério, quero ainda sentar um pouquinho e ler algum bilhete deixado por um aluno me dizendo da felicidade de viver. Um bilhete, há tempos, descansado em alguns dos tantos livros que enfeitam a minha alma ao lado da cama em que descanso a vida.

A VIDA DO OUTRO

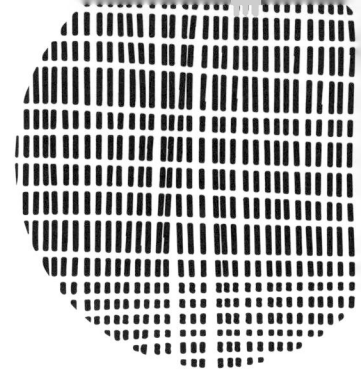

Sou vendedora de coco e sou visitante cuidadosa da vida do outro. Por aqui, passam histórias que surpreendem pelo incomum.

Comumente, desperto na solidão de uma cama, há muito desacompanhada. Disso, falo outro dia. Ronaldo acrescentava nada em mim. Fútil nas ideias e tosco nos afetos. Ter companhia por ter, prefiro o aprendizado de conhecer a mim mesma.

Cedo abro minha barraca e preparo os cocos. Que delicadeza da natureza fazer brotar água para brotar alívio nas pessoas! Na dureza de um coco, a suavidade do seu interior.

Aos poucos, passam por mim pessoas que trazem um pouco do que são. Há os que se aconchegam gentis e demonstram interesse pelo que faço. Há os que falam nada, entorpecidos por aparelhos grudados nos ouvidos a despencar todo tipo de barulho.

Há uma Dona Amélia, que desce, vagarosamente, do seu prédio e vem ver o sol da manhã se alimentando do prazer da água. Conversa leve a dela. Aposentada e com os filhos já crescidos, gasta a vida nos livros e em outros prazeres que exigem mais do intelecto que do físico. Fala ela das peças de teatro, de algum filme, de algum conhecer novo. Em alguns fins de semana, os netos vêm junto. E se sentam com ela para saborear o convívio. Com delicadeza, pede que deixem os olhos nos olhos das pessoas que conversam e não nas telas. E eles aceitam.

Juliana, uma das netas, comentava sobre um fim de relacionamento entre dois artistas. Quis saber a avó se eram pessoas do seu convívio. A neta sorriu, clarificando que não. Felipe, o neto mais velho, falou de uma dieta que aprendeu com uma influencer das redes. A avó perguntou se era médica ou nutricionista. Ele disse não saber. Clara, a outra neta, explicou dos costumes da que dá as dicas, das suas viagens, das lojas onde compra suas roupas, dos restaurantes que frequenta.

A avó não é das que interrompe narrativas. Ouviu até o ponto final. E, depois, falou. Falou sobre o estranho mundo em que é mais comum saber da vida do outro do que da própria vida. Contou uma história bonita nascida nas mitologias. Eu me entretive tanto que esqueci dos outros fregueses. Adormeci as preocupações ouvindo a velha senhora contar a história de Pandora e de sua excessiva curiosidade. Ao abrir a caixa, permitiu que os males fossem ocupando espaços no mundo. João, que é corredor e que descansa sempre dos seus exercícios na minha barraca, também ficou ouvindo. E um sol bonito atravessava uma velha figueira que nos cedia sombra e iluminava os brancos cabelos de Dona Amélia.

Fui atender um jovem com som alto e inquietude nos gestos e perdi um pedaço da história. Entendi que, no final da caixa, havia restado a esperança.

Os netos estavam sentados no chão, ao lado da cadeira da avó. Mariana, a neta mais nova, descansava a cabeça, enquanto tomava sem pressa a água de coco. Um homem caminhava brigando com alguém ao celular. Um outro trombou por ficar olhando na tela. Bateu em uma árvore e riu. E prosseguiu sem notar as flores que já desabrochavam primaveras.

Cecília é outra freguesa que gosta das conversas, mas que não se incomoda em reclamar. Na minha barraca, conheceu Dona Amélia e se aninha por perto toda vez que ela chega.

O pôr do sol de onde fico é incansavelmente lindo. Só depois que ele se vai é que me vou. No ônibus de volta para casa, tenho o costume de olhar para as pessoas e imaginar a vida delas. Das razões para a tristeza ou para a felicidade. Às vezes, rio sozinha das minhas conclusões. Antes, era mais fácil conversar. Hoje, estão todos vivendo mundos que criaram. Não sou contra a tecnologia. Nem poderia ser, entendo pouco. Sou contra os desperdícios.

Enquanto o ônibus cruza a cidade, vejo praças e árvores, vejo gente, vejo vida. E, quando desço, caminho observando o mundo de pedras e de flores que se apresenta a quem está disposto. Vez em quando, tenho disposição para ir ao bar com cantoria do Zé Raimundo, que fica a duas quadras de casa. E na música enxergo a vida que dança quando entendemos.

Sou vendedora de coco e sei que o que alimenta é o que está dentro. O que há fora, eu apenas visito, com cuidado.

Ruminando as quedas

Fui ao chão. Um tropeço e os desequilíbrios. E a queda. E as machucaduras. Olhei para mim e providenciei atitudes práticas. Levantar. Lavar as mãos e as dores. Trocar o rasgado das roupas e prosseguir o dia.

Do chão, pensei nada. Pensei de mim. Por que caí novamente? Onde estava quando não percebi o que estava diante de mim? Era distração, apenas, ou um ruminar de mágoas?

O sol do dia da queda apresentava um tempo bonito. Em mim, o tempo era o da morte de um tempo. Fui demitido. Injustamente demitido. Cuidei dos afazeres e descuidaram de mim. Não. Não quero prosseguir ruminando. Basta ter caído. Basta ter me machucado.

A água com que me lavei, depois de levantado, era de uma torneira da praça pública. Abaixo de um coreto. Em frente à Igreja de São Sebastião. Enquanto me lavava, ouvia cânticos vindos de dentro. E ouvia passados. Não foi a primeira vez que caí e que me machuquei. Não foi a primeira vez que me abati e que me distraí com ruminações desnecessárias.

Do coreto, me lembro da música e me lembro de Beatriz. Os anos vão nos roubando dias felizes. Beatriz se foi sem muitas despedidas. Talvez não sentisse o que eu sentia. Ou talvez não soubesse.

Morri naquele 15 de janeiro. Nas pequenas cidades, as notícias correm grande. E foi minha mãe quem avisou que ela estava indo em definitivo. Lembro-me do sentar na praça do coreto e da torneira de água e da incompreensão da partida.

Tínhamos os dois 15 anos. E tínhamos, apenas, nos atrevido a beijar. Três vezes. A primeira, em uma festa de aniversário. A segunda, no último dia de um carnaval. E a terceira, quando me disse nada poder fazer sobre a partida. Era menino demais para saber a morte. As tantas mortes que morremos antes da morte definitiva.

Falamos pouco depois que ela se foi. Nunca tive coragem para dizer o amor a ela. Nunca. No meu aniversário de 16 anos, ela ligou. No de 17, também. Depois, o silêncio.

Já acreditei e já desacreditei de amor único. Já assumi a existência do destino e já discordei do que havia assumido. Quis mudar de cidade. Quis experimentar uma outra vida. Quis deixar de me amar em tantas e me entregar a apenas uma. De querência em querência, fui ficando e fui me distraindo com a vida. E, então, caí.

Anos depois, soube dos filhos de Beatriz. Um leva o nome do pai, João Henrique, um marido arranjado entre famílias ricas. O outro leva um nome parecido com o meu, Mateus. O meu é Marcos. Talvez tenha ela pensado em me fazer um agrado e achou por bem o disfarce. Só eu saberia. Só eu ligaria o que nos une. Pensei em dizer algum cumprimento. Desisti.

Nas desistências, conheci mulheres que iam emprestando prazer. Emprestando, apenas. Em definitivo, só Beatriz. Longe e minha. Como o que eu oferecia terminava, fazia com a atitude de um artesão. Cuidadoso com as mãos. Cioso de cada movimento. Generoso ao compreender o tempo do término da obra. E, então, me aprontava para sair daquela vida. Fiz nascer sofrimentos. E desapercebi o quanto de bonito há na piedade.

Sou peregrino dos encontros que ainda estão por vir. Não me satisfaço em permanecer. Sento na praça e respiro a cidade que conheço. E, depois, me levanto rumo ao que desconheço. Perder o emprego dói menos do que me perder de mim. Vou arrumar outro. Outro emprego. Outro eu, não. Não há como. Mesmo já tendo desejado. Mesmo já tendo explicado para mim mesmo que de mim desisti. O sangue da queda sangra menos do que o futuro sem colheitas. É isso o que penso. Nada plantei.

Do banco da praça, a música que vem da Igreja se mistura à sombra que uma árvore que me viu desde criança me oferece. Olho para o seu tronco e respiro a sua força. Vejo os ramos que descem e que enfeitam as passagens das pessoas. A silente árvore sabe do que senti e do que sinto. Um cachorro vem brincar comigo. Eu ofereço um pequeno agrado e ele agradece. Esses cotidianos de simplicidade me aliviam, momentaneamente, os pensamentos que depois ressurgem reclamando ausências.

Ainda tenho tempo para organizar outra vida. A vida só acaba quando acaba. Bebo da água da torneira que dizem limpa. E me preparo para conquistar outro tempo. Faço segredos da idade que tenho. Tenho a que quero e pronto. O resto, sobre a idade e sobre inclusive o que não sei, só a velha árvore sabe.

Poça d'água

Estava na calçada da casa verde que fica a duas quadras da casa em que vivo, quando um carro desajeitado me fez molhar o vestido mais bonito. Parei contrariada e perdi a alegria que me fazia caminhar ao casamento de Janice. O azul estava amargurado. Com as mãos, tentei tirar os excessos, mas haveriam de reparar no sujo que trazia.

O que faz uma poça d'água em um lugar errado? O que faz um apressado que não vê a alegria na calçada? Estava perto de casa e poderia voltar e me atrasar. Ou poderia ir e entender que olhariam nada os sujos que tiravam a pureza do vestido que eu mesma fiz.

Sou costureira e, vez ou outra, bordo naturezas nos vestidos que faço. No azul do que visto, vejo o mar. Nem sempre digo o que vejo, quando faço. A arte que brota da minha imaginação é livre e não precisa ser a mesma que encontra a imaginação de quem vê.

Fiz gotículas de chuva em festa de São João para Adélia. Em um tom de fogueira. Um amarelado fogo e umas águas apagando o que poderia queimar. Ela gostou e comentou comigo os ouros que ela enxergou, quando viu o vestido.

Fiz umas respirações de peixes para Anita em um tom que imagino o Rio Amazonas. Um verde de quantidade forte. Ela disse nada, só sorriu satisfeita.

Janice vai se casar e não fui eu que fiz o vestido. Poderia ter sido, mas Francisco pediu que ela usasse o da mãe, falecida há não muito. Francisco é um homem das paciências.

Janice foi casada com Antenor, durante quase 15 anos. Antes, foi namorada de Francisco. Namoro de jeito diferente. Eram crianças crescidas, apenas. Sem conhecimento das partes que conferem prazer no corpo. Um dia se cansaram e caminharam calçadas diferentes. Foi quando Janice viu Antenor e se casou e fez três filhas.

Francisco prosseguiu amigo. Sem desrespeito a não ser nos pensamentos. Como trabalha de enfermeiro, assistiu aos três nascimentos. Cuidou de Janice. Cumprimentou Antenor. E evitou olhares que explicassem o que sentia. Janice nunca deixou de gostar de Francisco. Eu sei, porque, enquanto deslizo os tecidos na máquina de casa, recebo amigas para confidências.

Antenor era tosco, falava desrespeitos, exibia seduções e entretinha de prazer a si mesmo. Morreu Antenor em acidente da vida. Francisco amparou Janice e as filhas. Demoraram a andar novamente pela mesma calçada. Acharam que era preciso algum tempo para o desfazimento da vida anterior.

Há vidas que nascem e vidas que morrem em uma mesma vida. Os vestidos já foram tecidos e podem ser outra coisa depois. Meu vestido sujo da pressa do motorista vai me acompanhar. Não vou dar passos para trás. Quero chegar no início. Não quero imaginar que seja eu a chamar, para mim, as atenções. Há mais gente no casamento. Há mais gente na vida. Já conversei com a timidez que me atrapalhava e já expliquei que não sou o umbigo dos acontecimentos que envergonhava de ir. O tempo traz essas compreensões.

Não estou mais suja do que limpa. E, enquanto caminho, alguns restos da poça d'água se ajeitam e até parecem enfeitar.

O mar que via agora virou azul das nascentes com uns incômodos que surgem, quando tudo vira rio. A água é a mesma, o vestido é o mesmo, eu sou a mesma, em uma vida que é tantas vidas em uma só.

Janice viveu anos arrependida por ter deixado a felicidade na calçada do outro lado da rua. Feliz dia em que atravessou. Feliz dia em que casou o desejo com o pensamento.

Eu aguardo o Felipe, irmão de Francisco. Separado há pouco. Disse ele à Janice que eu era certinha demais, "a costureira parece saída de um convento". Janice riu, enquanto me contou. Às vezes se é certinha por falta de oportunidade, foi o que pensei, desejando. Quem sabe ele veja o sujo do vestido e goste? Quem sabe o apressado do motorista e o desajeitado do construtor que fez a rua e deixou irregularidades que permitiram a poça d'água não me ajudem a andar na mesma calçada que Felipe?

Mais de uma vida em uma só. Será que Felipe vai se importar com o barulho da máquina que faz nascer novos adornos para a festa da vida? Deixa eu deixar de lado esses pensamentos e agradecer a festa de encontro de dois amigos que tanto amo. Viver a alegria do outro é viver a alegria. A da gente, na caminhada a gente encontra.

A COLHEITA NÃO DESMENTE A SEMEADURA

Em mim, perfilam os anos de humilhações quando rezo diante do corpo sem vida de Dona Dulce. Olho para o crucifixo que pende como os desalinhamentos da alma dessa mulher que, agora, parte para o desconhecido.

As unhas bem-feitas encerram os dedos que, inchados, disfarçam a gastura de uma pele que viveu muito. As flores explicam alguma paz. E o som das velas, terminando de queimar, completa a sala sem ninguém do velório. O filho que mora longe não veio. O outro, pouco se sabe dele. Amigos, ela não cultivou. Amealhou dinheiros, mas não distribuiu gentilezas.

Trabalhei mais de 30 anos em sua casa. Recebi os sentimentos mais inferiores, os que nascem das desumanidades. Eu precisava sustentar meus filhos. Eu tinha medo de um recomeço. Cozinhava pratos sofisticados e comia o que ela decidia ser o meu paladar. Chorava sozinha as injustiças ditas. Alguma joia não encontrada. Algum dinheiro que, por descuido, descansava em outra gaveta. Ouvia gritos e sermões. E, então, eu cantava. Cantava para dentro, para não parecer descaso e para não adoecer a alma. Gilberto Gil me emprestou estes versos: "Tem que morrer pra germinar / Plantar n'algum lugar". Sabia nada do significado, mas gostava do resultado que a música tinha em mim.

Enquanto ela crescia em discursos arrogantes, eu cantava e sorria para dentro e limpava em mim as sujeiras que vinham. Minha filha, quando crescida, aconselhou que eu pedisse demissão. Demorei a atender. Tinha medo de ser pior.

Os filhos de Dulce gostavam de mim e me davam respeito. Imaginava que, em outra casa, a voz de Dulce pudesse se multiplicar em mais atacadores de almas simples.

Quando Eduardo, meu filho mais novo, arrumou emprego, eu agradeci e me despedi daquela vida. Ela olhou para mim com desdém. Disse que eu não levasse nada da casa. Que ela sabia de tudo e que deixasse tudo limpo antes de ir embora. Que ela haveria de conferir. Nenhuma palavra de gratidão. Nenhum afeto. Nenhuma demonstração de algum sentimento por minha ausência. De cabeça baixa e de alma erguida, saí cantarolando para dentro.

Limpei aquele tempo e fui viver com a pequena aposentadoria que consegui. Meus filhos estão todos bem e, hoje, me dão, inclusive, o que não necessito.

Sou uma mulher que reza, que acredita que a colheita não desmente a semeadura. "Deus sabe a minha confissão / Não há o que perdoar / Por isso mesmo é que há de haver mais compaixão". Cantei hoje Gil, agora, em voz alta, na calçada que me trouxe ao velório.

Faz 10 anos que eu tranquei esse tempo. Soube, por conhecidos da rua, que nunca mais uma funcionária parou muito na casa. Os tempos são outros. Duas ou três processaram Dona Dulce. E não era pelo dinheiro, era pela dor da humilhação.

Eu vim ao velório sem nenhuma raiva. Vim, porque acho triste a ausência de oração na partida. O filho que mora longe se casou com o filho de uma antiga empregada. E ela jurou deserdar. Não sei se fez. Sei que não se viram mais. O outro, o que pouco se sabe dele, gostou de amar um amigo. A mãe desautorizou e sofreu o ódio da desobediência. Falou que nada receberia do dinheiro dela.

Dinheiro, esse sempre foi o deus de Dulce. Um deus desprovido do sagrado sentimento do amor. Um deus dos trancafiamentos.

Não poucas vezes, vi Dona Dulce chorando a vida em uma elegante poltrona azul-marinho. Mexia nos dedos os únicos brilhantes que brilhavam riqueza em sua pobre vida. Quando tentei ajudar, ouvi desaforos e explicações pontificadas de que gentalha não decide vida de gente sofisticada.

Quando chegava em minha casa, desprovida de qualquer sofisticação, meus filhos corriam e me diziam amor. Os cachorros tantos que tivemos emprestavam algazarras para o despedir dos dias. Eu entendia, então, a felicidade.

Hoje, moro em uma casa elegante. Eles compraram para mim. Tenho uma ajudante que me cuida dos detalhes. Retribuo com amor. Ela come o que eu como. Ela bebe o que eu bebo. Ela respira o mesmo ar que me explica sermos todos filhos de um mesmo Pai.

Pedi aos meus filhos para acompanharem, pelo menos, o sepultamento. Eles devem estar chegando. Dizem não entender. Eu planto bondade, apenas isso. E, quando há pragas na minha plantação, eu canto para dentro canções que me devolvem a paz.

A HERMENÊUTICA DOS INÍCIOS

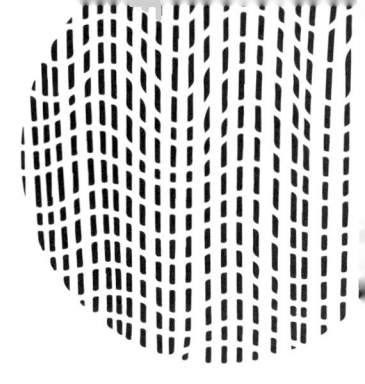

Um sol surpreende os olhos adormecidos e explica mais um início. Há um novo, novamente. Um novo dia. Um novo ano. Um novo amor. Uma nova forma de compreender o novo.

A hermenêutica dos inícios é um convite aos renascimentos. Renascemos com o dia. Renascemos com um encontro, fora ou dentro da gente. Renascemos com a coragem de trocar os incômodos com os quais, infelizmente, nos acostumamos, por esperanças, por aquilo que nem sabemos, mas em que, de alguma maneira, acreditamos.

Um dia novo é assunto para a alma. É alimento para o fortalecer dos passos. Um novo amor é medo e é expansão. É mundo novo que remexe o que vivia na calmaria.

Autorizar uma nova vida a fazer parte da nossa é exercício de muita coragem. Os espaços serão divididos e os sentimentos serão multiplicados. Um novo amor é um realinho de tudo e vem com uma pergunta impertinente: dará certo? As respostas se respondem vivendo.

Um novo cenário é convite para a importância dos olhos. Para o compreender do piscar. Do aliviar. Do acalmar. E, de novo, lutar a luta exigida para os viventes. Quem nunca viu o mar e o mar vê, pela primeira vez, o que sente? Quem nunca esteve no sertão e, no sertão estando, compreende o árido e o forte? Quem adentra na floresta humana precisa agradecer cada início. Cada ver de raízes, de troncos fortes ou caídos, de barulhos estranhos ou cheios de paz.

Os rios grandes visitados, pela primeira vez, emprestam significados aos que descansam os outros pensamentos. As margens. O ir ininterrupto. A fundura que não se vê, mas que existe. Quem vai pela primeira vez trabalhar, exercendo dignamente um ofício, conjuga o verbo agir com o verbo acanhar. Há os salutares medos iniciais. As inseguranças que nos apresentam quem somos, carentes de aprovação, de acolhimento, de amor.

Um novo ano é mais do que um dobrar das esquinas do que passou e entrar na nova alameda a construir. É mais, porque o que passou permanece em nós como muralhas de um passado fortalecedor. Como cicatrizes das quedas, das dores dos anos que já não mais existem. Existem em nós. Não como tormentas, mas como professores.

Um novo ano é mais do que um festejar de uma noite. É todo dia, com suas horas e seus instantes. É uma postura de novo, que se vê, também, depois de um banho, de corpo ou de alma. De alívios do suor ou de alívios do necessário perdão aos que fizeram doer quem somos.

Não se vive a novidade com os rancores ou com as vontades de vingar.

Vinguemos a terra com a bondade necessária para fazer germinar um novo tempo, com os novos plantios, com as novas compreensões. O que se sabe do amanhã é que ele existe. O que sabemos de nós é que, enquanto existirmos, podemos abrir os olhos para o sol que quer viver em nós as iluminuras necessárias para a felicidade.

É mais um início. Prestemos atenção. Que seja um feliz início.

A IMPORTÂNCIA DO AMOR

Ainda antes do amanhecer, olho para o lado e paro o mundo. Embaixo dos lençóis, Neusa esconde uma parte de mim. Eu acaricio com cuidado. Seria desnecessário despertar a mulher que eu amo de um sonho bom. Os que ela vive, acordada, me faço valente para satisfazer.

Fiz, há não muito, 70 anos. Ela é mais jovem. É linda aos 50. Achei que havia estacionado, em definitivo, as andanças da paixão. O tempo é um teimoso corredor ensurdecido a qualquer apelo.

O tempo do quarto em que acaricio Neusa é nosso. Ontem, a surpreendi me ajoelhando a seus pés e oferecendo um anel com a cor dos meus sentimentos por ela. Eu sussurrei em tom a ser escutado, eu olhei com olhos de verdade, eu sorri o sorriso adolescente que ainda mora em mim e, então, novamente a convidei para viver comigo o amor.

Ela riu meneando a cabeça e desacreditando da minha peraltice. Pediu que eu me levantasse. Eu resisti. Ela se jogou, então, em mim. E me beijou o beijo que me alimenta os dias, desde o dia em que a conheci. Nos deitamos no chão e nos esquecemos ali. E fizemos amor como descobridores em ilhas que se revelam nos oceanos.

Não se desperdiça um amor. A cama é fácil de ser ocupada; a alma, não. Neusa ocupa minha alma com sua alegria.

É cuidadora e bagunçadora na mesma intensidade. Gosta de costurar o tempo com o que me faz bem. E eu me perco em aceitar a costura e em vestir a sua roupagem de amor.

As fotografias dos instantes vão emoldurando cenas que quero aproveitar sem medo. O amanhã é distante demais para desocupar o hoje de alegrias. Quanto tempo se vive? Quanto tempo tenho para sentir o que sinto? Sei nada do que não controlo. Sei do colo que acaricio, agora, enquanto minhas mãos provocam um acordar leve. Ela não se importa desse despertar. Espreguiça com uma beleza que me abre o apetite de viver.

Gosto do seu ciúme, sem exagero. Gosto do seu cuidado comigo como se todas as mulheres do mundo me quisessem. O amor nos empresta beleza e importância. O amor nos retira do comum e nos entrega sentimentos extraordinários, mesmo no comum de todos os dias. O amor nos leva ao trabalho com sensações diferentes. Nos chama para casa com pressa, com vontade de voltar. Quando me canso em intermináveis reuniões, o pensamento nela me alivia. Quem imaginava que, a essa altura, eu ainda sentisse frio na barriga?

Ela come pouco e me alimenta muito. Retira do seu prato pedaços do que eu gosto e me oferece. Cena banal. Cena única. Ela ri, enquanto acorda, fingindo não saber que o que eu sei é que quero estar com ela. Novamente. Por isso, me ajoelhei. Por isso, entreguei um novo anel. Um anel que sem o que sinto seria apenas um anel. Ela me aperta junto ao seu corpo e eu fecho as cortinas para qualquer outro pensamento.

Uma música toca em mim o que somos. Apenas uma mulher e um homem. Entre bilhões que ocupam o mesmo tempo que nós ocupamos no espaço da existência. Não. O mundo para em respeito a cada encontro de amor. Por isso, nos desfazemos e refazemos nosso jeito de estar. Me dizem bonito quando me veem. Foi ela que emoldurou esse novo eu que hoje sou.

Aos que desacreditam, lamento o desperdício.

Para minha avó

Sou uma mulher de fé. Frequento o culto e cumpro em mim, com decisão inegociável, o que cultuo.

Cultuo o amor a Deus, fonte de todas as vidas. As que nascem e as que precisam renascer. Cultuo o amor aos irmãos, aspergindo as minhas ações com a palavra respeito. Respeito o meu marido ou o que, um dia, foi o meu marido, o pai dos meus quatro filhos. Respeito, inclusive, as suas implicâncias com a minha felicidade. E, talvez, com a sua própria.

Sofri, desde os inícios, a traição. Com uma, com muitas. Eu chorava olhando nos seus olhos, e ele ria das minhas inseguranças. Nada explicava, apenas aumentava a minha dor ridicularizando o que eu sentia. Das traições à dureza das palavras. Da dureza das palavras aos empurrões e outras agressões no meu corpo. Um dia, veio um tapa tão forte que avermelhou minha face despida de dignidade. Eu já não era eu. Mandava ele que eu fizesse regime. Falava das mudanças de meu corpo. Sou uma mulher de 40, mãe de quatro filhos. Meu corpo não é o mesmo de quando ele me conheceu, naturalmente.

Um dia, em um almoço de encerramento de ano, em que ele iria, conheci Orlando. Separado há muito, sentou onde sentaria meu marido. Não foi ele por ter dormido em outra cama que não a nossa e por ter esticado o prazer por parte do dia. Orlando conversou sobre os filhos, sobre o dia ensolarado, sobre canções de amor, sobre uma luz que emanava dos meus olhos tristes. Falei nada da dor. Disse, também, dos filhos. Disse, também, do cheiro novo daquele fim de ano.

Próximo à mesa, havia um arranjo de rosas que me ensinava alguma coisa. Aquela beleza colhida por alguém. Agradeci a Deus pelos meus sentimentos e logo pedi perdão pelos mesmos sentimentos. Orlando já florescia em mim, depois do primeiro alimentar.

Os dias se passaram e começamos a nos encontrar. E, na Igreja, eu dizia que era um erro encerrar minha encerrada história. Que eu tinha que aguentar meu marido. E dizia sem saber o que dizia em uma confusão de verdades plantadas em mim. Foi quando fui ter com minha avó, religiosa como eu, mulher como eu, experimentadora de sofrimentos como eu.

Minha avó teve 12 filhos. Minha avó teve sonhos. Minha avó sacrificou felicidades e doeu doída um marido incompreendido de gentilezas. Entre choros, falei de Orlando. Sabia que ela diria que eu desistisse. Sabia nada. Ela trouxe as mãos embelezadas pelas rugas dos tempos, enraizadas nas terras em que tanto semeou, e me tocou nas duas faces. Disse o meu nome e a senha da minha liberdade. "Vá viver esse amor, Helena. Eu me fiz escrava para ter netas livres. Eu aceitei o açoite das ausências para que os meus frutos pudessem florescer felicidades".

Eu ainda argumentei sobre a família. Sobre a indissolubilidade do casamento. Sobre a aceitação. Ela, mais religiosa e devota que eu, religou a minha compreensão do Criador e das criaturas. Nenhuma mulher tem que sofrer os abusos das violências em nome de Deus. Em nome de Deus, se ama. Em nome de Deus, se vive a felicidade dos encontros bons. Em nome de Deus, se renasce.

E foi assim que fechei a porta da dor e comecei a caminhar com Orlando. O pai dos meus filhos continuou pai dos meus filhos. No início da notícia, me ameaçou. Depois, aceitou. Mantivemos uma distância correta e prosseguimos.

Orlando é especialista em plantio de elegâncias, temos nossa música, temos símbolos da nossa história, temos desejos, nada preguiçosos, de nos surpreender. Meus filhos o têm como um pai. Os anos foram confirmando a sabedoria de minha avó.

Amanhã, faremos 12 anos de casados. Resolvi escrever este testamento para minha avó. Seus tantos netos puderam estudar. Alguns de seus filhos, também. A família foi ocupando os espaços sonhados por ela. Meu avô se perdeu muitas vezes e, hoje, prossegue doente e silencioso. Ela, não. Ela é escrevedora de palavras fortes, é pronunciadora de uma fé que resgata a razão do nosso existir. Em sua oração, transbordam responsabilidade e amor.

Quantas vezes a surpreendi na plantação conversando com Deus. Uma conversa linda, elevadora de sentimentos, promissora de paz.

Amanhã, direi à minha avó o renascimento arquitetado por ela. Sou uma parte de sua construção, de sua pintura bonita, de sua composição harmoniosa. Sou Helena, neta de Dona Ana. De uma mulher entre tantas que aprenderam com a dor a alforriar a dor dos outros, a limpar a culpa inventada pelos outros, a nos ensinar que os outros só têm o direito de nos enlaçar nos laços do amor.

O tribunal imaginário

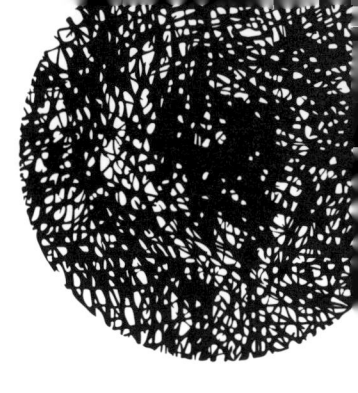

Éramos Estela e eu e a nossa implicância com os que riscavam da alma a palavra felicidade. Jovens, ingênuas, talvez. Jogadoras displicentes de cartas no cassino em que não há perdedor. Era o que críamos.

Vitoriosas fomos até que o texto mudou em sua casa. Estela chorou a vida no velório dos pais. Era a volta de dias lindos de um recomeço para aquele casal com tantos estranhamentos. Os pais de Estela haviam decidido viver vidas diferentes, depois de amargores causados por outros na história deles e por, talvez, algum esgarçado do tempo. Voltaram e foram esculpir futuros em uma cidade serrana de águas termais.

As notícias que chegavam eram de um amor ressignificado. De serenatas, inclusive. Era ele um cantador quando se conheceram. O último telefonema, antes do fim, foi finalizado com risos de alegria. "Somos adolescentes novamente, bobos, apaixonados", foi o que disse o pai de Estela. E um riso assanhado de concordância, da mãe, se ouvia ao fundo. E, então, um caminhão desgovernado desgovernou aquela história. Na casa de tijolinho à vista, a dor era o móvel mais notado. Os dois caixões explicavam a partida dos dois amantes.

Estela tem uma irmã, rigorosa com a própria vida e inapta para os assuntos da alegria. Casou com o recato e com o tribunal imaginário das suas culpas. Culpou a si mesma por não ter ido com os pais ou por não ter impedido a viagem. Culpou a si mesma por ter nascido e por ter sido, talvez, a causa das primeiras desavenças entre os dois. O choro das duas diferiam. Estela é expansiva e compartilha a dor como costuras das emoções que a irmã prefere emudecer. O barulho dos passos carregando os corpos era pesado. Os paralelepípedos, gastos de histórias, recebiam mais essa procissão. E assim foi o dia do sepultamento.

Na volta, tomei Estela pelo braço e falei de assuntos outros que não a dor. Mostrei a avenida, da pequena cidade, que já começava a se vestir com os ipês amarelos, inauguradores dos meses de agosto. Era assim todos os anos.

A irmã, que caminhava sozinha ao lado, nos roubou o instante com acusações nervosas de que estaríamos desrespeitando o dia. Os olhares entre as duas se cruzaram. Tão parecidas. E tão diferentes. Estela nunca espalhou brigas; a irmã, sim. Há também a inveja, separadora de possibilidades. E a avareza. A irmã de Estela já avisou que, por ser mais velha, será a inventariante. E já falou sobre algum dinheiro que o pai havia prometido a ela por algum trabalho e que teria o direito de escolher primeiro os objetos da casa que só ela, cuidadosa, saberia guardar. Estela desconsiderou a rapidez do apetite pelas coisas e se agarrou à saudade.

Chegamos na casa vazia das vidas. Estela chorou quando abraçou o travesseiro do quarto dos dois. A irmã apenas observou. Estela repetiu histórias, tantas vezes ditas sobre os seus dias felizes. E, então, começou a rir de alguma travessura dos instantes que não voltam. A irmã desautorizou o riso e se trancou no ódio de ter que conviver com o desajeito. Estela disse nada e convidou a paciência para se achegar.

Depois, saímos nós duas, a irmã negou o convite, e fomos comer em frente à praça em que os dois se conheceram. Depois do choro, Estela levantou uma taça de vida e fez um brinde à vida que viveram e à vida que prosseguirão vivendo. Eu disse sobre o recomeço e sobre partirem juntos em uma nova lua de mel.

O luar nos olhava na noite que começava. Estela quis saber se ela estava errada de, apesar de triste, estar feliz. "Pensar nos dois me dá felicidade". Eu disse que jamais alguém pode ter vergonha de escolher a felicidade. Ela, então, abriu um sorriso e imaginou os pais também vendo a lua. Um som de algum carro, não muito longe, tocava uma canção de despedida. E, vagarosamente, o som do silêncio nos lembrava a paz.

Não decidimos os acontecimentos da vida, decidimos condenar ou absolver as nossas emoções diante deles.

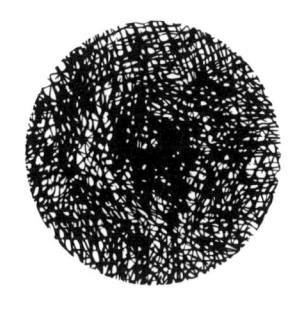

Um desamoroso jantar

Sempre acreditei que não se desperdiça um amor. Foi assim que fui esculpindo as verdades dos meus sentimentos.

Enviei uma mensagem para ele, dizendo que nos encontrássemos, pedindo que deixássemos as armaduras guardadas em algum armário de difícil alcance, que elas, com o tempo e a nossa decisão, se empoeirassem pelo desuso. Foi ele sucinto no aceite.

Quando nos conhecemos, um luar enfeitou a noite com tanta beleza que ousamos desacreditar da existência das sombras.

E, assim, nos amamos pela primeira vez. E, sempre que havia luar, havia poesia de gratidão pelos nossos corpos sendo apenas um.

Os dias também experimentam invernos. Os frios nos levam ao erro. E o belo, então, se desfaz em sabotagens. O amor sempre foi uma certeza entre nós. Mas a tal sabotagem nos levava a imaginar o que não havia, a descuidar da consciência do prazer de estar. Como era bom o dormir juntos e o acordar com os olhos de gratidão. O "eu te amo" nunca foi economizado. Mesmo nos dias de ausência de calor. E, por impaciências, nos despedimos.

Era um domingo entristecido. Eu insisti algum pensamento, mas ele se foi assombrado por algum medo. Fui ter com a solidão a esperança de um recomeço. As distâncias apagam os dias ruins. E a lembrança me oferecia um delicado brinde de amor. Ao meu amor.

E, então, chegamos ao jantar. Uma lua tímida, bem diferente daquela da primeira noite de anos atrás, oferecia alguma esperança. Ao contrário de mim, ele parecia decidido a abraçar apenas as palavras de adeus. Eu fui deslizando, com suavidade, lembranças de um tempo bom. Fui prometendo um outro eu. Assumi erros e disse a canção do desperdício. Não se abandona quem nos quer bem, não se oferece despedida enquanto a mesa ainda está posta.

Ele, em ditos contraditórios, deixou as palavras ofenderem os meus sentimentos. Prossegui. Sei das suas emoções teimosas.

Falou ele de sua mãe e do quanto ela gostaria de nos ver juntos novamente. Falou acenando negativamente como se nada soubesse ela. Disse do bom momento que vivia e das tantas possibilidades de encontros que vinham surgindo em sua vida. Eu vi perversidade em seus relatos. E lamentei a despreocupação que teve ele com o meu sofrimento.

Silenciei a dor e toquei em seu rosto com delicadeza. E foi, então, que ele me disse que parasse de insistir, que eu não fizesse isso comigo, que eu não perdesse a minha dignidade. E disse isso usando a vestimenta da arrogância. Sorri para dentro, em paz, e os meus olhos explicaram que dizer amor a quem se ama jamais significará desperdício. Não. Não é indigno revelar sentimentos, indigno é oferecer desamor.

Ele saiu, orgulhoso do seu não, dos seus dizeres duros empenando as torneiras de alguma esperança. E eu rezei em gratidão por não ter rasurado nenhuma das minhas emoções. A lua me olhou triste, mesmo sabendo que era apenas uma noite passageira. O sol ainda não me explicou que a vida prossegue, mas vai explicar. O tempo é sábio e coloca as coisas no lugar. E, novamente, a disposição para a sinceridade do amor será a afinação do meu dizer.

Não é a primeira vez que me despeço de um amor. E não será a última em que me disporei a proclamar que, sem amor, a vida é apenas uma canção silenciosa aguardando cantar.

A justeza do vestido

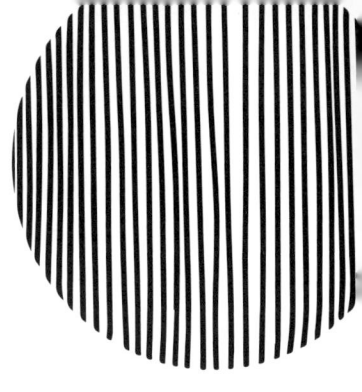

Estava ela na mesa ao lado. Estava eu aguardando. Reparei no vestido. Tão justo. Tão um com o seu corpo. Ela parecia não ter fome. Por mais de uma vez, disse não querer. Também parecia aguardar. A minha fome, há muito, já não me fala. Como pouco e observo.

Veio em mim a memória da minha avó e dos seus vestidos largos. A largueza talvez se justificasse pela necessidade de espaço. A malcriação do meu avô não tinha limites. Minha avó foi engordando de silêncios. Nem uma resposta aos seus dizeres toscos. Às suas palavras mal escolhidas. Às suas investidas, inclusive, nas amigas que iam lá ocupar espaços dos dias longos de antigamente.

Um dia, ouvi uma conversa em forma de oração. Minha avó tinha um inamovível sentimento de inferioridade. Sentia que a felicidade não era como uma brisa que vem e que refresca o calor de toda a gente. A felicidade era para os fortes. A dor tira tudo do lugar. Ela se acostumou tanto ao sofrer que a proximidade da morte era mais sorrisos que apreensão.

Foi muito diferente da Regina, minha tia, atropelada por acontecimento triste. Ali, houve choro doído. A prece da minha avó costurou palavras que ainda me aquecem. Se o amor pudesse salvá-la, ela viveria para sempre. Não é justo uma mãe deixar, na sepultura, uma filha.

Nem sempre o amor pode salvar. Ou pode? Quem decide se é ou não amor o sentimento que gruda na gente? O tempo? Aguardo nada do tempo. Sei que parece um amargor revelar minhas ausências. Mas é a idade que tenho que me diz que o que não houve, até aqui, não haverá de haver.

Gastei a vida pensando em uma mulher que gastou a vida pensando em um outro homem. A cada gesto, nas calçadas do bairro onde morávamos, acendia em mim alguma esperança. Por que construir castelos tão lindos em areias tão medrosas de mar?

Julieta, a mulher das minhas alucinações, esteve doente. E eu adoeci com ela. As noites indormidas formavam frases do que eu haveria de dizer quando ela compreendesse o meu cuidar. Quando ela me pedisse para ir. Passei os dias, os meses, a vida aguardando. Será que é uma sina querer amar alguém doente? Será que a minha necessidade de cuidar é inversamente proporcional aos que descuidaram de mim? Minha mãe soube pouco de mim. Foi viver a vida com um outro homem, quando meu pai se foi. Foi minha avó, com seus dizeres mudos, que me fez o que pôde.

A mulher do vestido justo olha para a minha mesa, ou, talvez, para a mesa que há atrás de mim. Ruborescido, aguardo algum futuro. Será que há um futuro? Um futuro sem o medo dos que agridem ou dos que abandonam ou dos que desistem ou dos que nos tratam com perversidade? Será que há um futuro?

Ela pede um café. Sem nada. Eu peço, também. E peço açúcar. Ela pede perdão pela intromissão e diz que deveria tentar tomar puro. E, pela primeira vez, empresta um sorriso àquele dia. Eu obedeço. E me perco formando frases em mim que poderiam ser ditas e que a convidariam para aguardar comigo o que estamos aguardando.

É difícil desdizer os medos quando os medos emudecem. E a vergonha de ser novamente inculto com a interpretação dos sentimentos. Julieta morreu há algum tempo. E culpa nenhuma teve ela do meu sentir. Certamente, nem soube. No cemitério, chorei a inexistência.

"Está aguardando alguém?", pergunta a mulher do café puro. Olho para trás imaginando alguém mais interessante do que eu como o destinatário. "Venha, venha ficar comigo". Ninguém mais havia. Só as lembranças dos tempos mortos.

Enquanto me preparo para deixar de aguardar, ela sorri mais uma vez como que lendo meus textos vazios, como que disposta a dissipar minhas dúvidas. Na mesma mesa, estamos agora, nós dois.

E um brinde brota em mim, à justeza do dia.

SAUDADE, MÃE!

A vida é sofrimento, sim. Mas é também primavera. É encontro de amor. É encontro de amor que gera vida. Todo tipo de vida e, também, a minha. Nosso cordão, mãe amada, prossegue, até o iluminado reencontro.

Acordei sem você no dia do seu aniversário. O sono foi interrompido por uma luz que atravessou os meus sentidos e que me lembrou de que festa não haveria. O sonho foi bom. Foi você. Foi o seu sorriso aguardador de tantos aniversários.

Na festa dos seus 70 anos, eu escrevi um livro, *Carta aberta para minha mãe*. Ver, na lembrança, você folheando as páginas enfeitadas com sua história e sorrindo a alegria da vida intensa, inteira, me traz, ainda hoje, o sentimento da gratidão.

Nos 80, paramos o dia para comemorar, desde os inícios, o dia lindo em que, na Síria, você nasceu. De mãos dadas comigo, você emprestava um gosto pela vida que abastecia de vida a minha, as nossas vidas.

Nos outros anos, também houve festa. Sempre. Seu abraço generoso desaconselhava qualquer pessimismo. E como você sofreu, mãe! O enterro de dois filhos. Tristes dias. Mãe nenhuma deveria enfrentar essa dor. No seu luto, o alívio vinha da fé. Os meus irmãos, prematuramente partidos, permaneceram em você. Meu pai, também. Seu bom marido José.

Enquanto escrevo, sou capaz de sentir o sentir de vocês. Olho para dentro de mim e encontro vocês. Dizendo dizeres de amor. Agasalhando os meus dias com lembranças dos dias bons que lapidaram a minha alma.

Sou vocês dois e sou tantas outras histórias que fui vivendo com o plantio de vocês em mim.

Nós nos prometemos uma festa linda de 90 anos. Mesmo nos dias em que nos olhávamos no hospital, imaginávamos um futuro mais prolongado. E você foi antes, minha mãe, antes de que eu me acostumasse a compreender a vida sem você.

Não gosto da palavra inveja, mas peço pausas ao meu gosto para o seu uso aqui. Eu tenho, sim, uma confessa inveja de quem tem mãe. Como eu gostaria de ouvir: "Meu filho". Como seria bom o convite: "Deita aqui, no meu colo, filho, descanse em mim os seus dias preocupados". Não tenho mais colo. Não tenho mais a sua voz cheia de histórias de amor.

Foi assim que despertei nesse domingo. Incompreendendo a ausência e agradecendo a presença. Olhei para a nossa foto que me olha todos os dias. E divaguei na saudade. Teria sido uma festa com música, com dança, com comidas bem preparadas, com sorrisos à disposição, desde o amanhecer até o adeus da luminosidade.

Quando você se foi, eu desalinhava os seus cabelos e dizia palavras de amor naquela cama de hospital. Eu dizia e ouvia a sua respiração e sentia uma paz tão linda. Subitamente, sem solavancos, sem alterações, você silenciou a vida e foi viver a eternidade.

Naquele fim de dia, toda a nossa história foi explicando que o fim é uma ilusão. E que, para a crença na permanência, basta um abrir das comportas do nosso interior para o Sagrado que, em todos os exteriores, manifesta sua presença. Deus está nos mares que nadamos juntos tantas vezes. Nas montanhas que cruzamos juntos. Nas flores que nos surpreenderam. Nas delicadas mãos de crianças tateando a vida e equilibrando os desconhecidos dos amanhãs.

Como são os aniversários por aí? Meu pai, o homem que te amou desde a primeira vez em que, em uma calçada em um interior, te viu, deve estar com o sorriso brincalhão que te envolvia em amor. Os seus pais. Os meus irmãos. Os seus tantos que já estão aí.

É mistério demais para explicações racionais. O que importa é sentir. E eu sinto, mãe, que o sorriso continua lindo aí. E que, agora, não há mais pausas na felicidade. Por aqui, eu ainda choro, eu ainda cambaleio nas ausências, eu ainda sofro o existir. A vida é sofrimento. Quem diz o contrário ou o faz por ingenuidade ou o faz por acreditar na palavra como poética dos alívios.

A vida é sofrimento, sim. Mas é também primavera. É encontro de amor. É encontro de amor que gera vida. Todo tipo de vida e, também, a minha. Nosso cordão, mãe amada, prossegue, até o iluminado reencontro.

Foi isso que você me ensinou. E o meu pai.

Saudade de vocês. Feliz aniversário!

O carnaval e o barulho dos desejos

É carnaval. Ficaremos em casa, Renata, minha irmã, e eu.

Nossos filhos se foram em disposição para os encontros. Eu disse dos riscos. Dos necessários cuidados. Da insaciável fome de um alimento que nem se sabe. Que tanto querem eles? Um amor? Um distribuidor de afetos? Um amenizador de carências?

Ouço o barulho dos desejos. Temem a solidão e a rejeição. E rejeitam, assim, a si próprios. São sempre os outros os abastecedores do que falta. Saem em busca de um encontro e voltam desencontrados.

Não é de hoje a poética dos olhares que olham olhos errados e que repetem os erros como se não houvesse aprendizagem para as escolhas. As ilusões nos preenchem de impossibilidades. E, assim, vamos descartando aconchegos. Há os que se pensam mais sábios e se trancam, preferem o silêncio aos sofrimentos do amor.

Vivi uma única história de amor, não sou, talvez, a mais prendada para dizer com a vida sobre o tema. Mas sou observadora de gentes e de livros. Leio os romances mais profundos e me abraço ao que nunca tive. Coleciono personagens em mim e posso dizer frases de encantamento que elas disseram.

Minha irmã Renata não é das leituras, se diz mais prática e mais objetiva do que eu. Ontem mesmo, ela me repreendeu.

Estávamos em conversas de amigas. Gosto de receber na minha casa. Preparei uma pamonha com cheiro de interior e café com sabor de quentura. Foi quando voltei ao tema da morte do meu marido. E, sem perceber, fechei os sorrisos. Faz apenas seis meses que ele se foi. E desfilei elogios e lamentei a ausência.

Renata rasgou minha prece de dor e avisou à minha memória: "Pare de chorar, Elaine, seu marido era um porre, que Deus o tenha". Eu disse nada. Renata é muito reveladora de sentimentos. Diz o que vem. Sem muitos filtros. "Estamos entre amigas, não precisa inventar passados".

Ocupei a boca com a pamonha para pensar em uma discordância. Ela continuou: "E eu falo por mim. Eu melhorei depois que meu marido morreu. Comecei a viajar, a relembrar a alegria, a entender que a vida tem fases, e eu não reclamo da que estou vivendo, bendita viuvez". "Mas a gente acha falta, Renata", foi o que eu consegui dizer. As outras pareciam mais concordar com ela do que comigo.

Arnaldo foi um bom marido. Era chato, sim. Talvez eu também seja. Os dias vão nos levando tempo e nos trazendo manias, implicâncias, cansaços. Há muito não nos amávamos. Nos desacostumamos, talvez. Histórias vieram a mim sobre histórias dele com outras mulheres. Não sei por que, mas não sofri. Me desocupei de explicar amor. Cuidei dos filhos, dos dias, da casa. E vivi nas leituras o que não vivi na vida. Cada um encontra seu jeito, penso eu.

Otávio e Laura, nossos filhos, tinham pouca intimidade com o pai. Preferiam o meu colo, desde sempre, ou minhas invenções na cozinha ou minhas faxinas festivas. Brincávamos de lavar o quintal com esguicho de mangueira. E nos aliviávamos do calor. Eles me revelam sentimentos até hoje. Seguem engatinhando na compreensão dos desejos.

Laura não quer compromissos sérios. Disse que nunca vai querer. Não quer homem decidindo sua vida. Otávio é de um romantismo exagerado. Diz "Eu te amo", sem compreender as consequências. Quando desalinha uma sua história, chora o choro sofrido da dor de amor. O que eu digo é que o tempo ajeita e incentivo a compreensão da dor. A dor passa e lapida. E fortalece o amanhã.

Chorei meu marido, sim. Não foi a história que eu li, mas foi a história que eu tive. O resto é decisão. É vontade de acordar a felicidade todos os dias e viver. E limpar os assoalhos sujos de verdades alheias. Eu tenho a minha verdade. Dura e bela como um alicerce que me alinha para prosseguir.

Vou colocar umas músicas antigas de carnaval. Gosto muito. E dizer à Renata que ela tem toda razão. E atentar aos nossos desejos que também barulham.

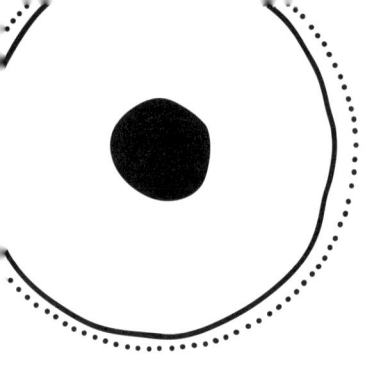

O COLECIONADOR DE LÁGRIMAS

É novamente quaresma. Desde a minha infância, coleciono as lágrimas caídas de tantas histórias narradas em cerimônias religiosas e na cerimoniosa vida dos viventes com os quais convivo.

O que poderia ser simples não é. O que, aos olhos dos que veem, seria o certo, nas decisões dos que fazem, é o errado. Inclusive, em mim. Que tantas vezes me esqueci de que amadurecer é perder o orgulho e que pedir desculpas é reconhecer que o dia fica mais bonito sem as feiuras dos malfeitos.

Adoeci tantas vezes pela incompreensão dos sentimentos. Era adolescente, quando o amor me explicou a dor. Chorei a primeira paixão. E chorei, na quaresma daquele tempo, o tempo da espera. A dor foi tão forte que desacreditei de algum tempo de paz. Eram pensamentos discutindo com pensamentos, era um diálogo imaginário com um amor que não me amava, era uma incapacidade de saber o fim.

O fim veio e vieram outras paixões. E outros sofreres. E outra teimosa necessidade de amar o impossível. Houve um dia em que, depois de dias de dor, vesti um sentimento de reagir e fui viver novamente.

Quando o rio adentra em paisagens bonitas, desacredita das que ficam para trás. Segue o curso. O curso do amor não se aprende em escolas de conteúdos, o seu conteúdo é o encontro. E, também, os desencontros.

É novamente quaresma e o mundo anda desencontrado. Caminhava eu por uma estrada que sei aonde vai, quando ouvi um radialista anunciando o dia da alegria. Não ouvi o que disse antes para afirmar aquela data. Ouvi o depois. Notícias da guerra. A guerra e os seus horrores. A guerra e suas famílias amputadas de alegria. A guerra e a procissão dos enterros.

Na semana santa da minha infância, eu chorava na procissão do enterro. Por que mataram o Amor? Por que os discursos confundiram e insuflaram o ódio? E, injustamente, pregaram na cruz o pregador do amor? Jesus vence a morte. A luz vai além das sepulturas criadas por homens. É uma passagem que nos reúne para compreender.

Não compreendo a perversidade. Na minha casa, convido ao convívio os que cultivam as mãos dadas da irmandade. No iní-cio da quaresma, há a cerimônia das cinzas. A lembrança de onde viemos. A lembrança do para onde vamos. Somos pó. Pó da terra de que são feitos todos os viventes. Pó das despedidas da terra. Sozinhos. Sem acúmulos de matérias efêmeras. A guerra antecipa a volta de muitos. Injustamente. Incorretamente.

Na quaresma da minha juventude, eu ouvia as explicações sobre o jejum e a abstinência. O jejum da maldade seria o mais proveitoso para a melhoria da humanidade. Jejuarmos das palavras nascidas sem amor, jejuarmos dos julgamentos desnecessários, jejuarmos das insensibilidades que nos di-minuem em humanidade.

Já não mais sou jovem. Prossigo, entretanto, crendo. Creio na luz vencedora que há em mim e que há nos peregrinos meus irmãos. Na que nos abastece do necessário conhecimento de vida. E que nos faz colecionar lágrimas, sim, mas como delicadezas que nossos olhos emprestam à nossa alma para nos aliviar do sopro quente dos dias. Eu choro as emoções bonitas como choro a dor implicante. Choro um filho que reencontra o pai, choro um homem simples que conseguiu aprender a ler, choro uma mulher que encontrou a palavra gratidão, quando me viu em algum canto. Talvez tenha razão o radialista. Talvez o dia da alegria seja o alimento que enfrenta a guerra, as guerras.

É novamente quaresma e o cheiro de algumas flores me suaviza a idade e me empresta mais alguma força para prosseguir peregrinando. Quero fazer hoje, e nos dias que se seguem, a oração da bondade. E oferecer essa oração aos esquecidos. Dos meus gestos de amor para o mundo, plantarei em mim uma esperança nova, reconstruidora das partes que se partiram nas partidas.

Tive que ir muitas vezes. Em outras, tive que deixar ir. Mas permaneço, aguardando a festa que vem depois da preparação. Feliz por ter sobrevivido a tantas estações. Sou o rio que desacredita do que não é bonito para seguir o seu rumo. Rumo ao oceano. Rumo ao que é maior do que eu e que me recebe do jeito que eu sou.

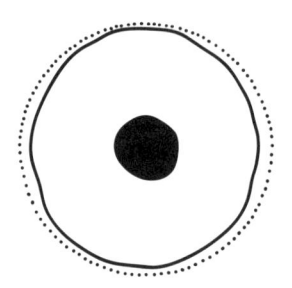

O INDIZÍVEL ENCONTRO

Há mortes que se morrem rapidamente, e há outras que aguardam, do tempo, o tempo de partir.

Sou da oração, mas não sou das que creditam a Deus a obrigação de se submeter às minhas vontades. Confio e pronto. Ele é quem arquitetou a vida e a enfeitou de liberdade. Somos livres para abolir o que nos afasta o amor e o viver, então, a felicidade. Mesmo nos momentos de dor.

Regina não é mais a mesma. O tumor foi consumindo suas esperanças de viver a vida com os netos que, há não muito, vieram. Celebrou, já com o conhecimento do fim. A filha demorou a engravidar. E, então, vieram três.

Vida é assim, um dia de festa e outro de dor. Ou festa e dor no mesmo dia. Não sei ao certo. O que sei é que sou amiga suficientemente amiga para rezar por uma morte bela. A aposentadoria me empresta tempo para cuidar de quem amo.

Amo Regina, há muito. Somos caminhantes do mesmo tempo. Trabalhamos na mesma escola e nos formamos no que há de mais bonito na vida, permanecer de mãos dadas.

No dia da notícia do câncer, estávamos juntas. Ouvimos os dizeres complicados do médico e sua pressa em desdizer alguma esperança. Mudamos de médico. Ouvimos compreensões dos sofrimentos sobre os dias difíceis que viriam. Choramos. Enxugamos o choro e saímos para caminhar a brisa que nos ensinava que ainda havia vida.

Desde o dia da notícia até hoje, viajamos algumas vezes, bebemos brindando o que tínhamos, fizemos festas com cantorias, visitamos doentes mais doentes do que Regina naqueles dias. Ela sempre fez isso, voluntária na arte de entregar um pouco de si aos outros. O amor é doação. Quanto mais se dá, mais se acumulam felicidades.

O tempo foi dizendo, então, que o tempo de estar aqui terminou. Há alguns que não têm esse tempo. Que algum acidente leva ou alguma súbita dor. Não sei o que é melhor. Meu pai se foi sem despedidas. Sentado, fechou os olhos e se abriu ao Sagrado. Minha mãe viveu dias de dor e só depois fechou a vida. Para quem vai, talvez, seja melhor ir. Talvez. Mudo de ideia sempre sobre tudo. Para quem fica, é bom poder ir preparando os dias da ausência.

Dizem que há culturas que celebram a morte sem tanta dor. A morte pode ser bela. O desapego. O indizível encontro. Se soubéssemos o que seria, talvez seria mais fácil. Ou não. Não sei. Nesses assuntos que vão além do que vemos, tudo é mais delicado.

A delicadeza dos olhos de Regina persiste nas limitações do sofrido corpo. Ela me olha com amor e, com amor, eu vou me despedindo. Sou forte o suficiente para tirar a sua fralda, para ajudar a virar o lado em que ela descansa na cama, para auxiliar a filha no banho.

A filha de Regina é uma certeza para mim de que é possível semear e colher. Bela e boa como a mãe, abastece o dia brincando de felicidade. Regina gosta de seu humor divertido e ri espantando outros pensamentos menores. O médico que nos cuida – sim, porque todos adoecemos juntos e amadurecemos juntos na compreensão da morte – visita com delicadeza cada pergunta e não se apressa em apressar a partida.

Sabemos que os dias que nos restam juntas são poucos, sabemos que as horas podem ser muitas se compreendermos a qualidade do tempo e, então, nos divertimos com presença e memória, em um quarto de uma casa que já habitou mais possibilidades. Acordo em paz, sabendo que a morte é um ensinador da vida. É um limpador de sujeiras que nos acumulam tristezas por nos proibir o amar.

O amor sobrevive à morte. Hoje, vou dizer a ela, novamente, a vida que ela viveu. E vou afagar os seus parcos cabelos como se deve a quem reinventa os afetos. E, quando ela despedir a respiração, respirarei a gratidão de ter dito, muitas vezes, o bom e o belo de termos nos encontrado e percorrido, juntas, floridas e áridas partes da nossa existência.

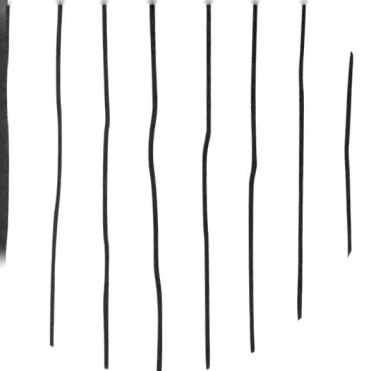

Escudos da alma

Decidi, depois de alguma idade, voltar aos bancos escolares. Não que esteja velho. É que os outros, que ocupam comigo os espaços da aprendizagem, ainda engatinham na fascinante aventura da vida. Aventura onde também vivo eu. Eu que, a duras penas, compreendi o significado das cicatrizes. Eu, tantas vezes, feito sem importância na vida dos outros.

Amei desesperadamente, o que já demonstra um certo desconhecimento do amar. Gastei partes de mim em súplicas de alguma reciprocidade. Cheguei a dizer: "Sei que você não me ama, não faz mal, eu amo por nós dois".

Vi Tereza, a primeira mulher que ofereceu a mim um beijo, beijar um outro. Era cedo demais para desconfiar dos sentimentos.

Vi seu texto de incompreensão comigo. Éramos jovens. Que bobagem decidirmos ter um ao outro. Em mim, já naqueles dias, morava a utopia da eternidade do amor. Envelheceríamos juntos, rindo da vida linda que vivemos. Tereza e eu.

Depois, veio Cristina. Era como uma ocupação em terreno não preparado. O luto, aprendi depois, consome algum tempo. Fiz Cristina sofrer o que eu sofri, sem intenção. Como ela me quis! Como ela se modificou para modificar o que eu não sentia por ela! Então, entendi melhor Tereza. O outro não é uma parte que nos falta. O outro é o outro. O outro não é o responsável pelo amor que não brotou. O amor é meu. E o tempo da compreensão, também.

Foi com Helena que me casei. E, se com ela não houve os solavancos das paixões juvenis, houve paz. Há paz! Estamos juntos há 33 anos. Nossa filha já tem a sua filha. Nossos sentimentos sobreviveram às janelas abertas que são capazes de deixar entrar todo o tipo de tentação. Formamos um escudo, um escudo em nossa alma.

Há promessas de novidades que podem nos desassossegar. Tive eu e, certamente, teve ela. Os sentimentos, quem os decide? O único poder que temos é o que fazemos com os sentimentos que nos vêm. Decidimos permanecer e isso foi bom.

Rosa é professora do curso de psicologia que me trouxe novamente à faculdade. Como gosta essa mulher do que faz. Abre as aulas oferecendo sorriso. Inicia o assunto como se iniciasse um ritual sagrado em que o saber será compartilhado, em que o saber poderá ser entranhado e transformar vidas.

Anoto as lições para viver. Vejo meus jovens colegas absortos na voz de Rosa. O tema de hoje é o amor Eros. O amor das flechadas. O amor dos prazeres e das mendicâncias. Nas concordâncias corporais, eu visito as mentes daqueles alunos. Quantos ali já se identificavam com as incongruências da paixão, com as dores da rejeição. Comparo, não por mal, Rosa a alguns outros professores. A lamentável ausência da paixão na arte de acender novidades nos alunos. O necessário despertar das curiosidades.

Minha mulher brincou ciúmes de Rosa comigo. Eu sorri explicando que ela ainda ensina aos 89 anos e que, talvez, não tenha eu os atributos necessários para despertar nela alguma outra paixão que não a de ensinar.

Os escudos da alma que esculpimos juntos, Helena e eu, nos desautorizam as mentiras. O amor faz com que nos preocupemos um com a segurança do outro, com a serena vida de quem confia. E, assim, a felicidade permanece sem muita cerimônia.

Não me imaginem perfeito. Histórias perfeitas não vivem nem no Olimpo, a tal da morada dos deuses, de Eros e de tantos outros explicadores dos inexplicáveis sentimentos humanos. Na nossa casa moram Helena, eu e os nossos aconchegos, que enfrentam, com escudos de respeito, os frios das janelas abertas ou suas mentirosas promessas de calor.

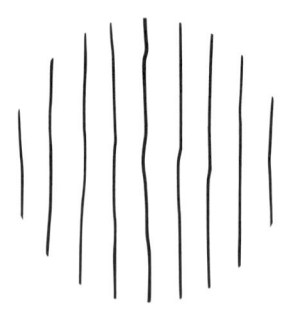

O amor que não tive

Hoje acordei emaranhando palavras carregadoras de sentimentos que o tempo teima em não dispensar.

Já faz tempo que ela morreu, minha mãe, Dona Sílvia de Albuquerque Quental Cavalcante. Gostava ela de exibir nome e sobrenome. Albuquerque era do pai. Quental Cavalcante, acréscimo do marido, meu avô.

Pois bem, meu avô, Antonio de Quental Cavalcante Neto, era a terceira geração de uma importante família em que o filho mais velho recebia o nome do pai. Nenhuma das mulheres, antecessoras de minha mãe, falhou em oferecer um filho homem a uma família tão tradicional.

Meu pai tinha um irmão mais novo. Os dois se casaram em anos próximos. Minha mãe e minha tia ficaram grávidas no mesmo período. A expectativa de um filho homem fez com que minha mãe fizesse promessa aos santos de sua devoção.

Meu avô ostentava a emoção do primeiro neto, homem. Nasceu minha irmã, mulher. Minha mãe, aborrecida, deu o nome de Ana, esposa do meu avô, para amenizar a decepção. Minha tia, Elvira, teve homem. Resolveu a família, entretanto, escolher um outro nome que não o de Antonio para o filho.

Dois anos depois, as duas cunhadas grávidas, novamente. Minha mãe temia uma outra filha mulher. E veio. Enquanto tia Elvira teve um outro homem. Minha irmã, Dulce, veio pequena demais para prosseguir vivendo. O choro durou o tempo certo e novamente a gravidez de minha mãe trouxe esperança àquela família cheia de necessidades de tradições. Disse a mim um dia, minha mãe, que tia Elvira falou que era a sua última chance de ter um filho homem. Que, se nascesse mulher e tivesse ela um menino, colocaria o nome de Antonio de Quental Cavalcante Bisneto. Minha mãe chorou para dentro a ameaça. Minha avó chegou a dizer contrariedades quando da gravidez. E foi assim que eu nasci. E foi assim que um outro homem nasceu do ventre da minha tia.

Minha mãe me disse que sofreu tanto que não me olhou por anos. Que me viu como uma praga por algum pecado que ela havia cometido. Depois de mim, minha mãe teve três filhos homens. E foi assim que ela disse que voltou a amar. Mimou cada um deles. Mimou os mimos que eu nunca tive.

Os tempos são outros. Dona Sílvia fez comigo o que fizeram com ela. Era o repertório humano que ela tinha. Ou era a ausência de humanidade plantada nela por exigências que ultrapassam decisões nossas. Quando me casei, ela contou a história ao meu marido, só que entre risos, com leveza. O tempo foi esvaziando sua decepção e ela me amou como pôde.

Meu marido foi o primeiro filho, o primeiro neto, o premiado de amor de todos os cantos da família. Fomos felizes. Mas, em mim, sempre moraram buracos dos inícios dos meus alicerces. Ouvi mais de uma vez de Josué, meu bom marido, que eu tinha imensa dificuldade em demonstrar amor. Ouvi isso dos nossos filhos. Ouvi isso das nossas netas. Em dias de aniversário, quando celebravam a minha vida, eu sorria disfarçando lembranças. Em ocasiões de elogios, eu desajeitava os agradecimentos.

Estou próxima de completar 80 anos. E ainda me reviro na fala dura da minha mãe. "Fiquei anos sem olhar para você, anos lamentando o seu nascimento, mas agora passou". Passou para quem? – perguntava a mim mesma. Por que essa sinceridade tão desnecessária?

Meu tio, que herdou o nome empolado, deu tristezas para a família. Matou por ciúmes a mulher e morreu em uma fuga desesperada do presídio. Eram vivos ainda os meus avós. Eles viram minhas vitórias. Juíza de direito. A primeira da cidade. Respeitada. Ciosa do dever de fazer o bem.

Quando virei desembargadora, eram vivas apenas minha avó e minha mãe. Choraram na minha posse. Foi uma mulher, rejeitada por eles, que perfumou de felicidades aquela família.

A realização profissional e a consciência do bem-viver amenizam lembranças dolorosas, mas não apagam. Há cicatrizes em mim do amor que não tive. Foi uma empregada que cuidou de cuidar de mim. Que brincou histórias em minha mente em formação. Que jardinou de sentimentos corretos minha alma de mulher. Vitória era o seu nome. Chorei a sua partida com o choro da gratidão por não ter me perdido.

As filhas e filhos que vieram de mim conheceram outros tempos de humanidade. Se alguma demonstração de afeto ficou faltando, não faltaram palavras de devida construção de um mundo sem preconceitos.

Falhei sim, muitas vezes. Mas foi o que consegui. Foi o que dei do que recebi.

Tenho saudade das duas, de Sílvia e de Vitória, nome que dei à minha primeira filha. Mães que permanecerão até eu partir. Em meus julgamentos, não há espaços para mágoas.

Apenas para lembranças, aprendizados, poesia. Na poesia do entardecer da minha vida, ainda quero quebrar algumas pedras que duramente impedem que me vejam como uma mulher disposta a amar. A amar até o fim.

Ainda tenho tempo. Ainda tenho tempo de ensinar ao tempo em que vivo que negar amor é a maior das injustiças que um humano pode provocar em outro humano.

A partida de Lygia

Em um mês de abril, Lygia nasceu. Há tempos. E no abrir do abril, em que ainda estamos, ela partiu.

Era domingo. O silêncio do apartamento preenchido por memórias anunciava o mistério. O corpo, sagrado templo de uma mente ávida por histórias, recostado na cama, parecia apenas explicar a paz.

A menina que viveu tempos diversos diversificou a capacidade de construir personagens e costurar narrativas. Viveu fiel à palavra e ao seu poderio. Com a palavra, disse ditos revolucionários. Com a palavra, costurou os mais diversos sentimentos. Com a palavra, penetrou na mente dos leitores e permaneceu.

Um telefonema e o domingo se vestiu de tristeza. Era Lúcia, a neta. Eu ouvi a conclusão da vida e fui ter com elas. O mesmo apartamento de tantas conversas. Os livros espalhados pelos cantos. Os cantos das fotos. Os papéis com algumas anotações. A conversa era sobre Lygia. Além de Lúcia, Margarida, a outra neta. E, também as moças que lá trabalham, exercendo o belo do cuidar. E o amigo Renato.

Viveu plena. O amor permaneceu até os instantes finais. Ou melhor, os instantes finais do que se sabe. O que vem depois é penumbra de pensamento. É incursão no belo do que não termina.

As lembranças foram se achegando e nos retirando palavras. Sobre os tempos duros da vida. Lygia enterrou o filho, o único filho. Chorou o inverno eterno da inversão da lógica da vida. Lygia enfrentou os divorciados da compreensão dos direitos da mulher. Foi feminista antes do feminismo. Empunhou a liberdade como regadora das vidas geradoras de vidas, das flores merecedoras de desabrochares.

Que flor é Lygia? Delicada e decidida. Forte e adaptável, se necessário. Se não, desbravadora do próprio destino. Romanceou histórias e contou contos que percorrem os subsolos ou as superfícies do existir humano. Decidiu finais doídos para provocar compaixão. Outros, alvissareiros, para não desperdiçar esperanças. Gostava das conversas para preencher de histórias suas personagens.

No silêncio do domingo da despedida, percorri numerosas vezes os espaços do convívio. A cadeira onde a escritora escrevia. Os livros tantas vezes lidos. O chão. As portas tantas vezes abertas. As janelas e as metáforas de mundos que nasceram ali. O café nos esquentava o pensamento. Era hora de fechar a porta e descer rumo à vida.

No velório, os dizeres eram de gratidão. Vivemos nos tempos de Lygia e, com Lygia, nos alimentamos de sentimentos. Decidiu ela ser cremada no mesmo crematório onde chorou o filho. Decidiu ela que as cinzas fossem distribuídas ao mar. Em um dia azul. Talvez "nem na luz da manhã nem na sombra da noite". Segundo ela, a beleza "está no crepúsculo, nesse meio tom, nessa incerteza". Certos estamos de uma coisa, Lygia melhorou o mundo, Lygia prosseguirá melhorando o mundo. Na imortalidade das memórias. Nos livros, aguardando o mágico folhear.

À noite, fui a um restaurante que tantas vezes fui com ela. Era tão menino quando ela abriu as portas da grande cidade para mim, do grande mundo dos que cultuam os escritos. Irmãos de ofício, nunca nos separamos. E nunca nos separaremos. A partida de Lygia é apenas ilusão dos olhos do corpo. A alma também vê.

Enquanto escrevo, vejo Lygia. E penso sorrindo a tristeza do belo.

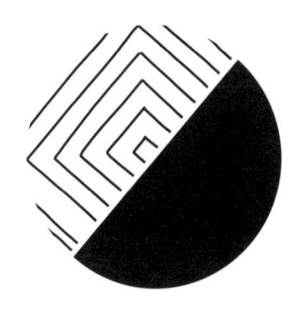

A PROCISSÃO DO AMOR

Foi em uma Páscoa da minha infância. O dia ia se acordando quando a procissão barulhou a nossa casa e fez com que fôssemos até a janela ver a vida. A vida havia vencido a morte. Era isso o que cantavam aquelas mulheres e aqueles homens com a alma lavada pela lembrança do mistério da ressurreição.

Abrimos a porta e fomos com eles. Minha avó, mulher das rezas e das simplicidades, perguntou se a Páscoa não era mais importante que a Sexta-feira Santa. Eu era criança e me sentia grande com a confiança da minha avó. E disse que "sim". Que a Páscoa era a maior festa do cristianismo. Ela prosseguiu querendo saber por que havia mais gente na procissão da morte do que na procissão da vida. Eu respondi que talvez não soubessem. E silenciei a conversa para cantar os cânticos bonitos com aquela gente de fé.

Os tempos foram me cumulando de experiências marcantes com a fé das pessoas. O que se sente é, talvez, mais elevado do que o que se tenta explicar. Fui estudando a razão sem desacreditar dos sentimentos. O que se sente é o que nos eleva para o lugar onde vão os sons das canções bonitas.

O mistério da Páscoa não se explica com a razão. Nem da Páscoa antiga com um povo desamarrando a escravidão e caminhando para uma terra prometida. Nem da nova com o Pregador do Amor, depois de pregado na cruz dos ódios e morto na mente perversa dos vazios, saindo do túmulo e devolvendo a luz aos dias.

A razão desconhece o que vai além dos sentidos. O imaterial só se alcança nos desprendimentos. Na minha infância, as canções sagradas já me explicavam isso. Hoje novamente é Páscoa e a pergunta da minha avó me empresta outros significados.

Por que nos alistamos na procissão dos mortos? Por que desprezamos o acordar das manhãs que nos convida à vida? Morremos antes da morte quando retiramos de nós a procissão do encontro. Só os encontros nos explicam a vida. Os egoísmos são falsas ilusões de que, se formos o centro, atingiremos a vitória.

A vitória de Cristo foi a vitória sobre o egoísmo. Antes dos acontecimentos finais, houve uma última ceia em que o partir do pão ensinou a comunhão, em que a humildade se ajoelhou para lavar os pés dos caminhantes. Há tanto de simbólico a ser aprendido no seio das religiões que é um desperdício desconsiderar a vida para se apegar à morte.

Morremos antes da morte quando julgamos e condenamos nosso irmão. Não foi Jesus quem morreu naqueles dias, foram os seus matadores. Todos eles. Desde os que espalharam as falsas mensagens aos que lavaram as mãos com medo da opinião da maioria. A maioria muda de opinião o tempo todo. Então, o melhor é limpar os ouvidos dos barulhos de ódio para escutar o som do silêncio e só depois cantar a canção correta.

Morremos antes da morte quando o sonho que nasceu, quando a gente nasceu, deixa de sonhar. E, iludidos, repetimos as ausências dos sonhos dos outros. É isso mesmo, quem não sonha quer destruir os sonhos dos outros. É preciso valentia para resistir. E é preciso lembrança, do que fomos um dia, antes de nos alistarmos à procissão dos mortos.

Minha avó já se foi há muito tempo. Morreu acreditando que não se morre. E eu acredito com ela. Quando morrer, não morrerei. A procissão da Sexta-feira Santa não é, então, a procissão dos mortos. É uma lembrança, apenas, da força dos que compreendem a própria missão. Mesmo na dor. Mesmo nas humilhações. Mesmo nas perseguições. Os risos falsos se dissolveram depois da verdade sair do túmulo. E o que se sabe hoje é que as perseguições injustas persistem, inclusive em nome de Deus.

Deus é amor. Simples assim. O diferente disso é desvirtuamento de quem usa incorretamente o nome santo para fortalecer o próprio nome. Erram, certamente. Nossa força vem do encontro.

Da procissão do encontro.

Feliz Páscoa, feliz passagem! Que a liberdade vença toda as formas de escravidão. Que a vida vença todas as mortes antes da morte. E que uma canção bonita acorde o mundo para a beleza da procissão do amor.

O amor na Cidade Luz

Foi na Cidade Luz. Toda cidade é luz quando habita uma história de amor.

Acordei já ciente do que deveria fazer. Nos dias que antecederam nossa viagem, preparei os dizeres. Nas costuras das nossas vidas feitas uma, só uma palavra cabia, amor; só um verbo a ser conjugado, amar.

Amei Juliana desde os inícios. Sua meninice divertida, sua leveza de alma, sua entrega para um caminhar acompanhado de belezas e, também, de estranhamentos, como é a vida de quem vive a dois, como é a vida.

Os anos foram mudando em mim os dias. O meu trabalho exige ausências. As minhas preocupações me tiram momentos preciosos que gostaria de entregar a ela. E, mesmo assim, nada preciso explicar. Seu sorriso me alivia as falas e me devolve a lembrança do que sou, um homem apaixonado.

Temos dois filhos. Uma linda menina de nome Valentina que, ao dizer "papai", explica a felicidade, e um menino, há pouco nascido, engatinhando nos sorrisos de nos entreter no amor. Temos história. O tempo vai disfarçando os dias e, quando acordamos, já se foram anos do primeiro dia.

A Cidade Luz vivia a temperatura da beleza. Eu a convidei para irmos olhar a torre. As alturas sempre nos fascinaram. Aprendemos que viver nas baixezas é um desaprender. Olhamos os nossos erros como quem olha os ventos que levam as nuvens e que devolvem luz aos dias. Ela disse sorrisos e foi. Preocupada em deixar as crianças. Ela é mãe inteira. Ama cada segundo dos afazeres da maternagem. Amamenta de afetos suas crias. Corrige. Celebra. Vive. Prefere estar com os dois a qualquer festa. Estar com os dois é a maior festa da vida. "Pablo, meu amor, não podemos demorar muito. João acorda e quer me ver".

Eu agradeci a escolha certa. E, diante do que ilumina, retirei uma joia nova, escolhida para celebrar. Ajoelhei a vida aos seus pés e a pedi em casamento. "É claro que sim". Foi o que disse. Foi o que disse derramando lágrimas por estarmos ali, permanecendo ali. Eu a beijei como da primeira vez. Com a delicadeza de quem escolhe uma flor, mas não a retira do jardim da felicidade, apenas faz dela a sua flor, a única flor do universo.

Depois do aceite, andamos de mãos dadas. As pessoas pareciam compreender os nossos sentimentos. Era um mundo gigante feito território, apenas nosso, no nosso compromisso de cuidar do jardim até o último dia.

Viver é compreender a morte que um dia chega e é chegar até ela agradecendo pelas escolhas corretas, pelos não desperdícios. Viver é desacreditar das falas desconectadas de amor, dos pessimistas que antecipam a morte, inclusive a morte do amor. Eu sou um crente da eternidade, da felicidade quando se faz o bem.

No jantar que se deu, depois do "sim" de Juliana, meu amigo Salomão, que leva o nome do rei da Sabedoria, abraçou a nossa felicidade e explicou o significado do plantio e da colheita da bondade. Quero prosseguir sendo bom, com todas as rasuras que fazem parte do texto da minha existência. Quero prosseguir sendo bom. Até a leitura final. Do balanço do que contribui para o tempo e o espaço onde nasci, onde nasceu também Juliana. Como é bom encontrar um amor e como é bom não desperdiçar o sagrado encontro.

Hoje é um dia comum. Já voltamos da viagem. Hoje é um dia comum em que posso acordar ao lado dela e saber que viverei um dia intenso no trabalho interminável. E que voltarei para cheirar o seu cheiro, para abraçar cada pedaço da sua história e me fazer novamente inteiro para outros dias. Hoje é um dia comum, de uma cidade que também é luz, porque nós iluminamos os lugares em que estamos, quando estamos.

"Me dá um beijo, papai", é Valentina, correndo até mim. Junto com ela está Juliana com João no colo. A porta da casa já está aberta, mas naquele rico instante eu estaciono todas as minhas ansiedades e respiro a felicidade de ser amado.

A MULHER DO TRAPEZISTA

Ele já se aposentou. O circo já nem mais existe. O trapézio, onde o vi pela primeira vez, sabe lá Deus onde estará descansando. Mas foi assim que fiquei conhecida, "a mulher do trapezista". Lembro-me daquele dia como se fosse o dia escolhido para o mundo me explicar o sentido do amor.

Era um entardecer de sábado. Eu fui com algumas amigas ver o circo. Havia alguma dor que me incomodava. Talvez até uma febre. Pensei em não ir e fui. O mundo do circo sempre me fascinou.

Havia uma mulher que gostava das conversas um pouco reais, um pouco inventadas, que morava na casa ao lado da dos meus pais e que contava uma história de uma mulher de prefeito que fugiu com um domador de circo. Os detalhes eram tão ricos que me fixei no homem com a autoridade para silenciar os leões.

Sempre tive dúvidas se tratavam bem ou não os animais, desde aqueles distantes tempos. Convenci meu pai a não ter passarinhos em casa. Costume triste que tinha toda a sua família. De armar armadilha para impedir os voos futuros de um distraído pássaro. Imaginava a mim mesma, presa em algum lugar que me impedisse de ser quem sou.

Era o último número, o trapézio. Os homens se posicionaram para encantar. As brincadeiras com o corpo, os saltos, a elegância, a qualidade de cada movimento. E a música era um convite para penetrar em um outro mundo. Os aplausos finais foram esfuziantes. E foi, nesse momento, que nos vimos. Eu atormentada com o seu olhar. Ele com o sorriso dos decididos. Minhas amigas perceberam. Saímos com a lentidão de quem espera. Brincaram comigo. E foi assim que ele chegou. E foi assim que ele me convidou para conhecer o amor.

O casamento se deu entre os artistas de circo e as professoras da escola onde eu lecionava. Outro casamento ali surgiu. Parecia que os ventos que ventam surpresas chegaram sem economias em nossa pequena cidade.

Viajei com ele durante algum tempo. Quando podia. Quando vivia as férias. Em outros, ele me surpreendia, conseguindo folgas para me fazer viver noites de encantamento.

Depois do segundo filho, ele se aposentou e viveu de cuidar de um comércio que abrimos juntos. Poucos meses se passaram da decisão precipitada. Alguma coisa me dizia que alguma coisa faltava nele. Não seria eu a gaiola daquele pássaro lindo que voava nos picadeiros, iluminando de emoção a vida das pessoas. E foi assim que eu decidi decidir por ele. "Você nasceu para a arte, voa, meu trapezista".

Foi um dia depois de um aniversário dele que voltou ao circo para lá ficar até o dia em que as pernas explicaram o cansaço e que a vida, na cidade pequena, emprestou um outro tipo de arte. Virou entendedor de jardins e de árvores frutíferas. Esculpiu esculturas lindas. Todas sobre liberdade. Meu homem nunca perdeu a beleza. Seus cabelos embranquecidos combinavam com o corpo mais bronzeado da lida da terra. Suas mãos grandes ganharam calos, mas nunca perderam a delicadeza ao tocar meu corpo. Para além dos ditos de amor, as vicissitudes. Teve que se equilibrar, muitas vezes, nas durezas da vida. Sem jamais perder a elegância.

Vivemos uma vida plena. Temos a memória dos aplausos e o prazer do silêncio. Vez em quando, conto histórias da escola onde me aposentei, depois de uma vida dedicada a retirar os véus dos medos dos meus alunos, para que experimentassem a possibilidade de decidir. A coragem de serem eles mesmos e de, inclusive, viverem os riscos dos tantos trapézios da vida. E, então, ele me presenteava com as histórias de superação. Com alguma queda, em alguma ousadia nova para encantar o público. Os riscos dos voos humanos.

Temos saudade do que fomos, mas felicidade do que somos. Prosseguimos amando na nossa idade, do nosso jeito. Os nossos filhos já voaram para fazer os seus ninhos. Nada de gaiolas por aqui. E nós agradecemos a felicidade dos amanheceres acompanhados de amor nos entardeceres da nossa vida.

O sonho do Dia das Mães

Foi a primeira vez que sonhei com os dois juntos. Meu pai e minha mãe. Já sonhei muito com eles. Já busquei explicação para os sonhos. A saudade. A vontade inominável de saber onde estão eles e como estão. A falta que fazem.

Meu pai se foi há muito. Lembro os dias que se seguiram à partida. Do chão sem chão. Das dúvidas que faziam minha cabeça trabalhar no fatigante ofício de nada responder. Meu pai se foi sem despedidas. Era uma festa de casamento. E, depois, o cansaço repentino. E, depois, as suas mãos nas minhas a caminho do hospital e, depois, o início da eternidade.

Sonhei com ele muitas vezes. Sempre feliz. Eu, por vezes criança, em outras mais crescido, querendo dizer a ele o que devia saber da minha vida. Era sempre assim. Em algum acontecimento lindo, eu sentia a sua falta, a falta do homem que compreendeu as minhas inquietudes, desde sempre, e eu queria dizer a ele que estava dando certo. E, no sonho, ele acenava com a cabeça a compreensão de que estava presente.

Minha mãe se foi logo depois de um Dia das Mães. Há dois anos. Dois longos anos que passaram como uma água passa entre os dedos, deslizando o que se quer segurar para sempre. Os sonhos com ela também foram sempre bonitos.

As dores que ela sentia, nos dias finais, se converteram em sorrisos, em sorrisos ininterruptos. E como ela sorria bonito!

Já sonhei com ela no mar, boiando e descansando a cabeça nas minhas mãos de filho. Já sonhei com ela experimentando vestido novo para um novo dia. Já acordei sorrindo de algum instante bonito que ficou em mim. E já chorei depois. Os sonhos se interrompem quando acordamos. E é preciso acordar para prosseguir sonhando.

Pois bem, pela primeira vez, como disse, sonhei com os dois juntos. O sonho era nítido como nos dias em que as dúvidas nos descansam e permitem ao pensamento pensar em nada, apenas sentir. Eles estavam nus. Sim, meus pais estavam nus em meu sonho. Ainda não pesquisei o que isso significa. Não era uma nudez que chamava a atenção para a nudez. Era uma beleza ver os seus corpos abraçados sem nada que não fosse deles. Não reparei se era possível ou não ver o corpo todo dos dois. Vi o sorriso. Os braços enlaçados. O amor nos olhos fitos em mim. E foi, então, que eu disse a saudade. E foi, então, que eles disseram, com as vozes misturadas, com as vozes sendo uma, que sempre estiveram comigo.

Não lembro de mais dizeres. O sonho me pareceu longo. O sonho passou muito rapidamente. Acordei e tive um impulso de me levantar e ir até a cama dos dois como fazia quando era criança. Eu brincava de entrar no meio deles e de deitar o fim do sono entre os seus braços.

Não sou mais criança e a antiga casa em que morávamos já nem mais existe. Tento me lembrar se, no sonho, eles estavam na velha casa. Não. Não estavam em lugar algum. Estavam em mim. Sem nada que pudesse ligar ao mundo material. Mas os sorrisos eram os sorrisos de dias felizes. Talvez porque a tristeza não tenha autorização de viver onde hoje eles vivem. Nada de material. Nada de posses. Nada além dos sentimentos.

Pensei se disse mais alguma coisa no sonho, além de explicar a saudade. Nada mais era preciso dizer. A felicidade deles era tão impressionante que calou qualquer outra palavra.

Acordei com esse sentimento de amor preenchendo as raízes que deram as pernas para eu caminhar pelo mundo. Esse amor que embalou as minhas fragilidades e que me garantiu a coragem. Esse amor que não me roubou a fé de um dia viver o amor imaterial, pleno, perfeito.

Nas minhas imperfeições, vou viver ainda da saudade e vou sentir o vazio que eles deixaram em mim. Nas minhas imperfeições, vou cair muitas vezes sabendo que o colo deles não está mais por aqui para me abastecer de forças. Nas minhas imperfeições, vou chorar o choro dos espinhos que as roseiras teimam em me ferir, desprevenido que sou.

O sonho invadiu o meu dia e a minha alma como um banho perfumado de vida. De vida que prossegue mesmo quando não compreendemos. Nem tudo compreendemos. O que sei é que minha mãe sabe que hoje é dia de eu dizer: "Feliz Dia das Mães, mamãe, eu te amo muito".

Minha mãe sempre soube que eu reverenciei o sagrado do cordão umbilical. Uma vida alimentando outra vida. Para sempre. Nos nutrientes ou nos afetos. O que me alimenta hoje é a lembrança do amor mais lindo que me amou e que me prossegue amando.

A todas as mães, divido esse sentimento. Feliz dia! Feliz todos os dias!

O LAGO DO AMOR

Depois de muitos anos, voltei à cidade da minha infância.

No carro, eu revisitava as ruas que eram as mesmas de outros tempos. Olhava para os conversadores que ainda ocupavam as janelas das casas baixas, tão próximas do andar nas calçadas. Nenhum rosto me dizia nada. Talvez fossem netos ou bisnetos de antigos conhecidos. Talvez fossem moradores que se mudaram depois da minha partida.

A Igreja era a mesma com uma pintura que me pareceu diferente, não tenho tanta certeza. Passei pela escola onde Dona Ercília me apresentou o mundo encantado das palavras. Outras professoras e professores avisaram aos meus sonhos que eu poderia ir além.

Sou a filha caçula de uma família de mulheres. Meu pai morreu meses antes do meu nascimento. Meu avô também não resistiu ao tempo e nem chegou a ver o casamento da filha. Minha mãe e minha avó nos criaram valentemente.

No cemitério, não fiquei muito. Fui para abraçar os parentes de Ercília, a professora que comigo continuou trocando cartas, mesmo em tempos de comunicação mais rápida. E eu sempre respondi. Nos meus anos de trabalho em outros países, eu enviava postais. E, em todos os seus aniversários e natais, eu ligava. Era ela o elo com um tempo em que todos se foram.

Quando minha mãe morreu, todas nós nos mudamos. A carreira diplomática me levou a paisagens impressionantes de um mundo sempre surpreendente. Mas as minhas raízes estavam ali. Do alto do cemitério, eu avistei a estação de trem. E me lembrei do lago. Do lago que minha avó chamava de "o lago do amor". Foi ali que ela conheceu meu avô e foi ali que minha mãe conheceu o meu pai.

Havia uma lenda que explicava que uma mulher linda de alguma tribo indígena foi separada de seu amor por um maldoso pai que enviou o filho ao exterior para ter casamento melhor. A bela mulher deixou o futuro de lado e sentou as esperanças em uma árvore seca por viver o inverno. E chorou. Chorou dias e noites e nunca mais foi encontrada. Uma velha que sabia do que poucos sabiam explicou o lago, nascido daquela dor.

Não se sabe o que houve com o homem obrigado ao desamor. O lago, explicava a velha, surgiu sem que notassem nem que fizessem. Amanheceu em um dia. Nunca se garantiu nem se desmentiu a história. Sei que minha avó nos contava com emoção os encantos daquele canto da cidade. Dizia ainda que, em outros tempos, os que chegavam vindos de trem ficavam fascinados com "o lago do amor".

O lago, de fato, é belo, mas não mais belo que tantos outros que já conheci. Pelo menos era isso o que eu pensava quando estava distante. Quando olho novamente de perto o lago, tenho vontade de nunca mais partir.

Desisti de mais de um casamento. Já sou eu avó e, como a minha, gosto de contar histórias para os meus netos. O lago parece me mostrar as faces dos amores que se foram. Mais do que um. E do quanto eu sofri. Minhas lágrimas foram confidentes da minha solidão.

Olhando o lago, me vem uma saudade diferente, a de sofrer de amor. Como eu poderia imaginar isso. O que eu mais queria, naqueles tempos, era apagar o tempo em que eu acreditava na eternidade do amor. Hoje, tenho apenas a memória para brincar de viver comigo. Olho para as minhas mãos envelhecidas e, com algum cuidado, resolvo pelo descanso em uma árvore um pouco seca que se faz ver nas águas do lago. Vejo a minha imagem também. A menina que corria, hoje, apenas lembra. Não com tristeza. Foi daqui que saí para viver o mundo.

Um pássaro solta um cantar bonito, enquanto enfeita o lago. Penso em Ercília e em sua última carta, depois de nos falarmos no seu aniversário de 102 anos. Ela dizia que amanheceu o dia da escrita regando as rosas que enfeitavam o seu jardim. Morreu ela, segundo a filha, sentada em uma poltrona com um livro de poemas sobre o colo.

A vida é poesia. Nós é que desconhecemos.

Os entardeceres de maio

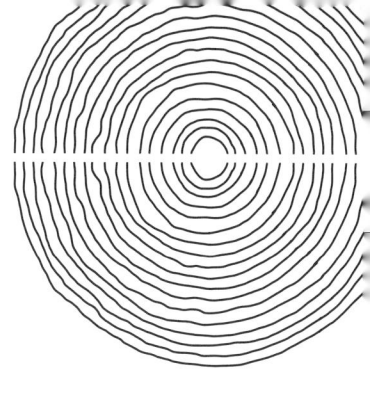

O frio chegou desinteressado da minha opinião. Não me lembro de um maio assim, tão exigidor de agasalhos. Acordo dos meus comodismos e decido ajudar alguns irmãos meus que sofrem nas calçadas dos abandonos. Não sou o resolvedor das misérias humanas, mas sou um humano capaz de algum aquecer.

Vejo os meus irmãos das calçadas e os reconheço. Um homem apressado passa por mim contrariado por eu estar ali combatendo a despessoalização. Não gosta de que os ajude. Imagina que, se os ajudarem, ficarão por ali, e que a cidade seria mais limpa sem eles. Digo nada e prossigo na conversa. Atenção também aquece.

Sento em uma padaria e espero uma amiga, Luciana. Vem ela com os esbaforidos dizeres de um dia bom de trabalho. Uma criança nos olha e nada pede. Eu ofereço um algo que alimenta. Ela sorri aceitando. Luciana percebe o frio e, então, tira sua blusa e entrega à criança. A blusa era grande para um corpo tão pequeno. Mas aquece.

Pergunto da família, ela responde que só tem mãe e que a mãe não está bem. Os olhos lacrimejantes atestam os dizeres. Vive ela com uma tia e, antes da pandemia, ia para escola. Ainda não voltou. Quer voltar. Não tem roupa. Não tem incentivo. Tem medo. Também se chama Luciana.

Resolvemos resolver algumas pedras que impedem o florescer da menina. Sei que é apenas uma menina entre tantas outras que se perdem nos desperdícios do infamiliar. Os que passam não reconhecem os que param nas ruas frias como membros de uma mesma família humana. Os que passam não acreditam nos que param, como se parar fosse uma decisão. E não é fácil reconhecer. Há medos que nos rondam. Há comodismos que nos convencem de que somos apenas um na multidão.

Na conversa com as duas Lucianas, percebi o entardecer iluminador pintando de beleza os céus. A Luciana menina com aquele blusão já falava com alguma segurança. Disse dos remédios que a mãe tomava e de seu nervosismo. Disse da tia, que era uma santa, mas que tinha criança demais para cuidar. Disse de uma boneca que havia ganhado. Disse do que gostava de brincar.

Nos olhos daquela criança, o sol se despedindo iluminava mais bonito a vida. Algumas roupas, alguma ajuda financeira e uma conversa com a tia. E o jardim da humanidade recebeu um pouco do tanto que necessita para florir. Humanidades.

De onde moro, tenho o privilégio de ver o sol se escondendo nas montanhas. A vista é linda. Os prédios, construções humanas, ficam pequenos perto da grandiosidade de um espetáculo que é sempre o mesmo e que nunca se repete. Somos pó perto da incandescente energia que vê o mundo pequeno em que vivemos. Do mundo pequeno que somos. A pequena Luciana ficou maior pela generosidade da Luciana, grande nos gestos bonitos de entender o amor, mesmo por alguém que se viu pela primeira vez. Que se viu!

Descanso o dia pensando. Tenho tanto. Plantaram tanto em mim. Será que retribuo ao mundo na mesma proporção do que recebi? Tenho medo dos medos que me fazem viver de comodismos. Ou das descrenças que me fazem deixar de ver, que me fazem permitir o desaparecimento do outro.

Enquanto penso, remexo no bom que plantaram em mim. E me vem a linda imagem do meu pai, um jardineiro de felicidades. Sorrio de histórias lindas que moram em mim daquele homem bom ajudando uma cidade inteira. Meu pai, aluno da vida dura que teve e que transformou em bondades.

Os entardeceres de maio são lindos. Principalmente, quando o brilho que brilha nos altos brilha dentro da gente.

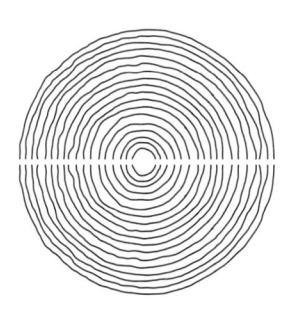

Uma nova gravidez

Dormi apenas uma noite com ele e engravidei uma vida. Mais de uma, talvez. A de Mirela, minha filha. E a minha, na esperança da eternidade do amor.

Ele se foi sem se sentir responsável pelos sentimentos que me dominavam. Ele se foi e deixou uma dor tão doída que os tempos de luto, em minha alma, impediram a entrega total a um amor tão lindo sendo gerado em mim.

Mas isso faz algum tempo. Mirela já tem sete anos e brinca de fazer os meus dias menos áridos. Porque sou árida. Infelizmente. Rasgo o chão, não poucas vezes, para enterrar os nascedouros de alegria que sempre estão por perto. Saboto, talvez. Não sei.

O pai de Mirela eu conheci em uma festa perto de casa. Ele ofereceu tanto olhar, tanto dizer bonito, tanto toque com delicadeza que não consegui dizer não. Era uma noite com céu bonito. Lembro a música quando ele se aproximou. Lembro a timidez que me fez corar. Lembro a descrença de um homem tão lindo querer passar a vida comigo. Isso em mim. Nos sentimentos que brotaram em mim. Ele se foi, depois daquela única noite.

Três anos se passaram até que conheci João. Com João foi diferente, o medo era tão grande que demorei eternidades para dar permissão ao amor. Com João, tentei disfarçar a mentira e construir um alicerce que me impedisse novamente a queda. Falo da mentira porque aprendi, desde cedo, não sei com quem e nem por quê, a mentir.

Era menina ainda, na escola, quando, desprezada por quem eu olhava, menti ser adotada. A professora foi tão dócil, explicou que os filhos podem ser gerados no coração. Parabenizou meus pais por me darem uma família. E me tornou o centro das atenções.

Fui vaidosa para casa. Fui vaidosa até o dia em que a professora encontrou minha mãe e soube que eu havia mentido. Na escola, o desprezo. Em casa, a surra. Meu pai bateu em mim, explicando o horror da mentira. Eu apanhava e pensava o quanto ele mentia. Mentia ao ter outra mulher. Mentia ao inventar poder. Mentia ao enganar as pessoas para ganhar dinheiro. Tudo isso eu via.

Fui mentindo outras vezes. Sobre as boas notas na escola. Sobre os elogios que eu não recebia. Fui mentindo na adolescência, também. Na minha família disfuncional, não era autorizada a dizer as minhas dúvidas nem meus medos.

Minhas amigas já haviam ficado com meninos. Já haviam beijado. Eu, não. Mas dizia que sim. Dizia "sim" até sobre o sexo. Tinha vergonha da minha virgindade. Queria não ser. Por ódio do meu pai. Tão moralista e tão errático na vida.

Os meus irmãos tinham um tratamento; eu, outro. Por ser mulher, não sei. Por ser tão parecida com a minha mãe, a mulher que ele agredia com textos indelicados. E ela se calava. Minha mãe comia o silêncio e rezava para os dias longos terminarem. Eu jurava nunca ser igual a ela. E pedia, não sem algum remorso, a morte do meu pai. Assim ela desabrocharia e poderia viver alguma vida.

Ainda sobre o pai de Mirela e sobre sua partida tão repentina, eu inventava motivos que justificassem. Houve um contratempo. Ele vai voltar. Ele vai voltar e seremos felizes para sempre. Ele me ama. Foi isso o que eu menti para mim, na única noite em que deitamos juntos. Plantei, em mim, os seus dizeres. E demorei anos para arrancar.

João não trouxe tantas promessas. Nos conhecemos em um pedido de informação. Disse a ele onde ficava uma casa e nos casamos meses depois. Briguei com meus pensamentos absurdos no dia do casamento. Enquanto a celebração ia ditando o meu futuro, imaginava o pai de Mirela entrando esbaforido na Igreja e me convidando a viver o amor com ele. Não que eu não amasse João. Talvez o desamor fosse comigo mesmo. Talvez fosse eu desautorizando a felicidade.

A beleza do pai de Mirela eu já nem mais sabia se era verdade. Uma única noite. Eu disse tanto do que ele disse que já não sabia mais o que era dele e o que era meu. O fato é que estou grávida. Mirela vai ter um irmão. João e eu teremos um filho. Sobre meus pais, permanecem juntos. Minha mãe fala pouco e já não sei o que falam eles, quando não estamos.

Meus irmãos também saíram de casa. Minha mãe costura roupas, enquanto descostura agasalhos que a vida poderia oferecer, se ela tivesse coragem. João a trata como mãe, talvez mais do que eu que culpe sua fraqueza. E, sobre isso, eu não estou mentindo. Como eu desejava, nas minhas infâncias sofridas, que ela batesse nele, que ela desse um basta, que ela chamasse a polícia.

O que tento fazer, hoje, é policiar os meus dizeres para viver a verdade que a vida me ofereceu. Quero fazer nascer o que está crescendo em mim. Há uma nova gravidez. Uma vida. Mais de uma, talvez. A do meu filho. E a minha, com o amanhecer da preciosa verdade que demorou tanto para eu compreender.

O perdão que eu neguei

O que ele fez doeu. O que ele não fez doeu mais. Demorou para que minha mãe dissesse quem era o meu pai. Eu era adolescente, quando, voltando da escola, exigi a verdade. Ela, primeiro, desconversou como das outras vezes. Fez alguma chantagem querendo saber se me faltava amor. Dessa vez, eu não dancei a sua música. Parei firme e quis saber. Ela ainda ensaiou uma explicação que não levaria a lugar nenhum. Eu sabia onde queria chegar. E eu sabia o lugar em que estava. E isso faz toda a diferença.

Firme, pedi verdade. E foi, então, que ela disse. O nome. A profissão. O lugar onde morava. Não era longe. Ela insistiu que eu esquecesse. Explicou que tentou, algumas vezes, que ele soubesse. Sabia nada ele da vida. Era o que ela sentia, era o que ela dizia.

O dia já ensaiava despedida, quando conversamos. Tomamos uma sopa, apenas. E dormimos uma noite indormida. Sei disso porque ouvi seu silêncio. Quis voltar à conversa. Deixar a cama sem vida e sentar com ela na cozinha e nos aquecermos do frio que eu havia causado. Preferi a quietude. Pela janela, ouvi a noite e o barulhar dos mistérios. Ouvi os pensamentos de minha mãe. Minha insistência, decerto, acordou dores há muito esquecidas. Não sei. Mas precisava saber.

Tomamos o café com sabor de vazios. Ela perguntou o que eu faria. Eu disse que iria. Ela desaconselhou. "É um homem frio o seu pai". Eu nada disse. "Invente um pai para você, crie uma imagem de um homem bom". Sem dizer atrevimentos, disse que eu tinha o direito de decidir. E ela nada mais disse.

Na saída da escola, pedi ao Elder que fosse comigo. Elder era um amigo que não distanciava os afetos em nenhuma das estações. Olhou explicando que eu poderia sofrer. Eu respondi que era homem feito, já tinha 15 anos, e precisava encontrar. Os encontros nem sempre são bons, foi o que senti dos seus dizeres. Amigos se emprestam mesmo para empreitadas duvidosas, nos resultados, não nas intenções. A minha era a melhor do mundo. Amar um pai.

Fomos. Carlos Alberto era seu nome. Açougueiro, sua profissão. Os passos foram nos levando ao endereço. Ruas pelas quais eu já havia passado me olhavam ansiosas. Viramos uma esquina e mais outra. Havia uma praça que eu não lembrava ter conhecido. Era um outro bairro. Chegamos, então, ao endereço. Um homem estava no caixa. Alguns outros faziam as vezes de cortar as carnes de animais mortos pendurados a olhos vistos. Não como carne. Mas não direi isso ao meu pai.

Elder entrou antes de mim, perguntando algum preço. Eu tomei um gole de coragem e pedi uma conversa. Ele me olhou arrogante. Eu disse que era filho de Maria do Carmo. Ele maneou a cabeça e disse o preço ao Elder. Eu disse, então: "Pai, sou seu filho, vim te conhecer". "Tenho três filhas, nenhum filho homem", disse, levantando da cadeira e indo em direção à porta que deve dar em algum lugar, não no meu coração. Naquele momento, rasguei a vida e me enterrei medroso dentro dela. Elder, então, se fez valente para me defender. "Diga que ele não é seu filho, diga que não conhece a mãe dele, sabe o que significa para esse menino um abraço de pai?". Sem reação, sem negar nem acenar com alguma esperança, ele abriu a porta e entrou vazio adentro.

Voltamos para casa. O silêncio aborrecido daquele dia era quebrado com a amizade de Elder. Como era bom ter um amor para andar. Alguns anos se despediram de nós. Eu já era médico, quando ele entrou no hospital infartado. Fiz o certo. Devolvi a vida a quem negou uma vida a mim. Ele soube que era eu. Suas filhas, também. Elder contou. Outros médicos deram sequência ao tratamento. Eu o salvei em um plantão. Salvar vidas foi o juramento que fiz.

Contei para minha mãe que chorou o acontecido. Ele saiu do hospital e adoeceu de outra doença, tempos depois. Foi, então, que pediu que eu o perdoasse. Sua filha veio me ver. Disse que não se lembrava de ver o pai tão emocionado pedindo minha presença. Eu ouvi e dei a ela carinho de irmão. Disse nada sobre o que faria. E nada fiz.

Minha mãe, cultivadora do amor, sugeriu: "Perdoe, filho, o tempo me ensinou que na vida ninguém dá o que não tem". Agradeci os dizeres. Abracei a força do seu caráter e a bondade de uma vida dedicada a mim. Acenei com a cabeça concordando. A imagem das carnes penduradas no açougue e do amor negado formavam uma dança triste na minha memória de menino. Os sentimentos daquele homem tinham menos vida que os animais ali expostos.

"Sou filho de Maria do Carmo, e isso é o necessário", foi o que disse para dentro naquele dia. Muitos dias se sucederam sem que eu conseguisse entender por que eu quis ir ao seu encontro e por que ele se negou a ser encontrado. Se ele precisasse de um médico, eu não me negaria. Mas, na despedida, inventar um amor, isso não.

Morreu ele alguns dias depois. E alguns dias depois, quando encontrei a filha que veio me pedir presença, arrependi.

Choramos juntos uma convivência roubada. Ela disse coisas sobre a infância de meu pai que eu não imaginava. As cracas são criadas com o tempo, com o tempo das ausências.

A mãe das minhas irmãs deu amor em dobro, por isso elas conhecem a bondade. E meu pai precisou do tempo da despedida para compreender que não viveu. Fomos juntos à missa de um mês e eu pedi perdão pelo perdão que eu neguei. Descanse em paz, meu pai.

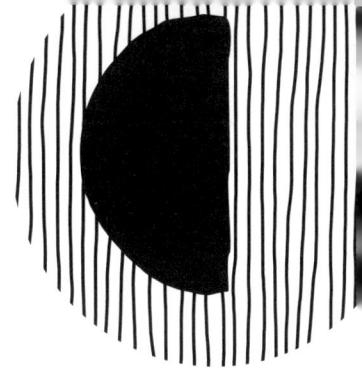

Dia dos Namorados

Estar em amor é compreender o olhar, o luar, o dançar, o poetizar a vida de mãos dadas.

Estar em amor é desdizer os medos que nos trancam em nós mesmos e oferecer o nosso espaço mais sagrado para outro habitar.

Estar em amor é semear delicadezas para que possamos florescer felicidades. Há os que acreditam em destino e desenham, na terra das imaginações, um amor perfeito, vindo de um complementar da alma que vive da busca.

Há os que desacreditam do amor, depois das machucaduras dos ontens. Há os que, livremente, se abrem, como se abre uma flor, agradecida pelo existir pleno na curta duração de enfeitar os jardins.

Em uma multidão, o amor se avista. Perde-se de vista o que não é amar. E os dias comuns deixam de ser dias comuns. E um amanhecer não é mais apenas um amanhecer. E um pôr do sol se torna canção.

Teorias se perdem em tentar explicar o inexplicável. De onde vem o calor que palpita mais forte o mais forte dos sentimentos? E por quê, então, o inverno?

O amor é pulsação e é ação. É sentir e é surpreender. É amar quem se ama mais do que a si mesmo. Se não for assim, é apenas afeição. Que já é belo. Mas que não é amor.

Amor não é negação. É construção. Amor não é texto limpo. É a arte das rasuras e das arrumações. É correção. Desistir de amar é incompreender a vida. Mesmo a noite mais dorida por um amor que se foi, é mais bela, no tempo, do que o vazio de um desamor. O desamor faz brotar mágoas, ressentimentos, perversidades. E, então, o jardim perde o perfume que perfuma a vida.

Os orgulhosos se vestem de discursos sem verdades ao anunciar o fim da necessidade de amar. Os humildes sabem que do húmus, terra onde nasceram, nasceram, também, explicações para guiar os dias de viver, enamorar.

O Dia dos Namorados é dia até de lembrar o lindo que já não mais está. E, simplesmente, agradecer. O Dia dos Namorados é o dia de destrancar as portas e respirar novamente o amar. O Dia dos Namorados é dia de ressignificar romantismos, de acariciar, com leveza e com entrega, quem entrega a sua vida para estar.

Aos que atestam a desnecessidade das datas, apenas ampliem. Que seja todo o dia, então. Que na presença ou na ausência se compreenda o belo de se entregar. Do dividir uma vida, para somar. Do viajar acompanhado, acompanhando com olhos de luar cada paisagem comum. Nada é comum quando se está a amar!

Estar em amor é pedir perdão ao tempo do desperdício. Ao tempo negado. Ao tempo não amado. Um simples compreender e as mãos fechadas voltam a se abrir e a acariciar as mãos tão únicas de acompanhar. Estar em amor, enamorar. Todo o resto é ilógico na lógica do viver.

Aos autoproclamados campeões solitários, com quem se comemora a vitória? Quem se abraça? Com quem se divide o prêmio vencido? Quem empresta o sorrir para sorrir juntos a conquista? E em dias de chorar? Em que colo se cola?

Mas, aos que estão sem namorar, há também caminho, caminhantes. Há o enamorar amigo, há o expandir do conceito de amar. Há o trabalho amoroso na ética do viver. Trabalhar para melhorar o mundo é o amor que vai além dos desejos, das recompensas ou retribuições. É emprestar vida à arte que apresenta bondade e beleza ao espaço e ao tempo do plantar, do aguardar, do colher.

Estar em amor, em qualquer idade, é dar, à idade, eternidade. O amor sobrevive à morte. Às muitas mortes. É por isso que, mesmo nos duros dias, girassóis se voltam para o sol e prosseguem emprestando luz a quem simplesmente destranca a alma e respira a vida de todo dia.

Feliz Dia dos Namorados!

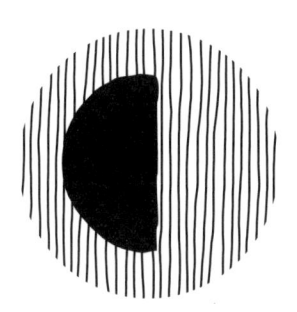

O ESPELHO AZUL

As bordas dos antigos espelhos, geralmente, são douradas ou de uma madeira fosca, com cor de madeira mesmo. A de casa, não sei por quê, tem a borda azul. Desde que me lembro de lembrar, me lembro desse espelho. Grande. Envelhecido já naquele tempo.

As bordas azuis nunca foram retocadas, o que confere ainda mais autoridade ao velho espelho. Criança, me espelhava nele sem saber, decerto, se era eu mesmo ou algum outro. Crescido, fui compreendendo que, na imagem que tenho de mim, busco um outro. Ou a parte que me falta na imagem que vejo.

É difícil saber o que busco. A primeira mulher por quem me apaixonei fez nada dos meus sentimentos. Riu como se ri de um desavisado. Olhei no espelho os meus olhos de dor. Lamentei alguma ausência. Quis ser outro. Mas era apenas o que o espelho me mostrava. Da primeira dor amorosa à primeira história de amor.

Quebrei a rotina dos dias, quando conheci Angélica. Experimentei a dialética do senhor e do escravo. Eu a amei mais do que a mim mesmo. Muito mais. Era devotado a ela. O espelho me viu, muitas vezes, rindo de amenidades. Fomos juntos por seis anos. E, então, ela arrumou uma razão para a despedida. Chorei ouvindo as músicas que ouvíamos juntos. Escrevi e rasguei muitos bilhetes. Ensaiei falas diante do espelho, para quando ela me procurasse. Revezei frases duras com compreensão e perdão. Nunca usei as frases. Ela nunca voltou. Um dia, conheci Eugênia. E sem muito amor, ela nunca soube disso, nos casamos. Convenceu a mim, o espelho, que uma vida a dois não precisa de amor, precisa de respeito, de companheirismo. Ou talvez tenha me explicado o espelho a diferença entre paixão e amor. O tempo, e o espelho é disso testemunha, me fez amar Eugênia. E a amei ainda mais, quando soube da sua doença e quando dela arrumei o velório.

Depois do enterro, o espelho me viu distante. Quarenta anos de casados. Quatro filhos. Seis netos. E a decência necessária de não causar dor à outra imagem que me olhou junto no espelho.

Agora sou eu, quase 70 anos de idade. Ainda com disposição para desfrutar de companhia. Ainda querendo o despertar acompanhado. Arrumei o nó da gravata diante do espelho. Era um encontro com alguns amigos da escola antiga. Alguns eu não via há anos, certamente, não conseguiria saber. Outros prosseguiram dividindo fotografias da vida comigo. Fomos a um restaurante e lá estava Angélica. Meu Deus! Eu não sabia que ela iria. Viúva, também. Amiga de Alceu, um amigo da minha turma.

As belezas dançam danças diferentes durante o tempo. Era uma outra Angélica. Era igualmente bela. Falamos pouco nesse primeiro dia. Voltei e retirei de mim o medo, diante do espelho. Por que ela foi? Se foi, é por que estaria disposta a um recomeço? Por que ela, um dia, me deixou? Explicou nada naquele tempo. Foi o amor mais cortante que senti.

Enquanto penso esses pensamentos, diante do espelho, peço perdão à memória de quem amei tantos anos. Eugênia não teve as dúvidas que teve Angélica. Eugênia nunca ensaiou em me deixar. Em Eugênia, não vivi os revezes de ser senhor e de escravo. Éramos um. Definitivamente, éramos um sem nos deixarmos de ser.

O espelho me vê ansioso. Decido esquecer Angélica. O que sinto é tão imaturo quanto o que sentia antes. Antes de amadurecer. Não é adequado ficar velho sem algum acúmulo de sabedoria. O meu corpo, diante do espelho, me avisa que não estou velho. As inquietudes podem ser vistas no velho espelho. Sento, então, na poltrona e penso. Enquanto penso, durmo. Enquanto durmo, sonho. Ainda sonho. É o que me diz o espelho azul.

Angélica sorriu muitas vezes, enquanto comíamos. Foi para mim? Estou imaginando o que não aconteceu? O riso houve, disso não tenho dúvidas. Ela sabia que eu iria, foi o que disse o Alceu, quando perguntei.

A casa vazia empresta ainda mais pensamentos. Quanto tempo me resta? É melhor abraçar a calmaria e olhar um olhar de paz para o espelho ou é melhor me arrumar para mais uma viagem que a curta viagem da vida me proporciona? Talvez Angélica possa me dizer por que partiu. Talvez o curto tempo da existência tenha nos dado uma pausa para eu viver a linda história com Eugênia. Talvez ela apenas tenha amado outro homem e, por isso, partido. E agora, partida com a sua partida, voltou ao início. Só saberei, se permitir. Se não permitir, posso imaginar a história que eu quiser. Eu e o velho espelho que, de mim, sabe tudo. Será que existe destino? Será que nós é que decidimos? Como? Encontrar, tantos anos depois, esta mulher...

Não tenho idade para demoras na decisão. Tampouco tenho a idade dos arroubos. Vou dormir um sono bom. Acordar. Olhar para o espelho e, então, respirar o que fazer.

O azul do espelho não é por acaso. A liberdade é um horizonte encantado que nos convida ao voo. O céu desse milagre outonal está lindo.

A PROCISSÃO DAS PALAVRAS

Era ainda noite, quando acendi o abajur e vi as palavras. Uma a uma acendendo em mim todo o tipo de sentimento.

A procissão das palavras trazia um relicário de fotografias de tempos idos e de tempos ainda aguardados. A palavra "despedida" vinha ao lado da palavra "saudade". E as imagens iam construindo, em mim, emoções de infâncias, de festas com sorrisos, de pequenos incidentes regados de cuidados.

"Mãe" é uma palavra que silencia as outras, por um tempo, e que apresenta a palavra "amor". Desde os inícios. Saudade de mãe é sentimento explicador de vida. A palavra "mágoa" é esfriadora de futuros. Vem com outras igualmente pouco convidativas à felicidade, como a palavra "vingança" e a palavra "orgulho". Lembro, então, dos desperdícios de tempo e das servidões de paixões inferiores, quando deixei de sorrir amor para trancar a alma em ressentimentos.

A palavra aprendizado vem dançando novidades e apresentando palavras antes desconhecidas e que, agora, a procissão das palavras se satisfaz em satisfazer dias diferentes. Cada novo saber é um novo plantar nas mentes abertas ao florescimento de melhorias no mundo.

A palavra "bondade" oferece alegrias leves e duradouras. Ninguém que compartilha as mãos estendidas se machuca de solidão. E, então, as fotografias de instantes de amor em que o passado foi desenhando desprendimentos e entregas. Entregar ao outro o que sou é vencer a tão terrível palavra "egoísmo".

Volto à palavra "mãe" e imagino o amamentar, o embalar, o oferecer a seiva da vida para fazer crescer vida em mim. A palavra "pai" me silencia barulhos outros e me pacifica por prolongados momentos. Os olhos de meu pai. Nos seus olhos, a palavra "simplicidade" me lembra Deus. O Deus que meu pai me explicava vivendo o amor. O amor sentimento e o amor ação. Nas ações de meu pai, o mundo da pequena cidade em que morávamos ficava mais bonito. Nas ações de meu pai, a cidade da terra antecipava o que eu entendia do que seria a cidade eterna.

A palavra "amizade" foi abrindo o relicário dos dias frios e aquecendo, em lembranças, quem não partiu. Foram poucos os que permaneceram sem serem solicitados, que permaneceram, por terem compreendido. Que choraram juntos o silêncio da dor. Que sorriram, igualmente, nos amanheceres aliviadores dos medos. Que ouviram como prova de amor.

A palavra "semente" poetizou a esperança com fotografias de tempos que ainda ouso sonhar. O que planto hoje é para fazer vida amanhã. Mesmo no amanhã em que eu não esteja. Mesmo na casa Terra que receba outras vidas diferentes das vidas que hoje conheço.

A palavra "mistério" não me oferece medo, porque nunca desconsiderei a palavra "fé". Para onde caminha a procissão das palavras não me é dado conhecer. Para onde caminho eu, carregador de palavras, também não. Mesmo leitor de palavras e frequentador de perguntas, não sei responder de onde vim e nem para onde vou. Sei apenas pouco do que estou fazendo aqui.

Nesse acender de abajur, nesse pensar de palavras, nesse contemplar de fotografias e da poesia dos dias que ainda hei de viver, aperto em mim um sorriso bom e embalo, nos meus pensamentos madrugadores de um novo dia, a palavra "gratidão". Com ela, sei separar o que deve ser guardado do que deve ser perdoado. "Perdão", outra palavra que me limpa a alma.

Desligo, então, o abajur e aceito a luz do dia me convidando para mais um dia viver.

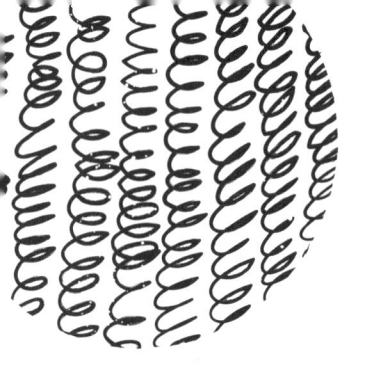

Os guardados da carta rasgada

Resolvi a limpeza. Acordei decidida a tirar o bolor da preguiça e a jogar fora o que não é de dentro. Abri uns guardados e vi as lembranças. Algumas me trouxeram riso. Pedaços de cartas rasgadas no fundo da memória.

Lembrei-me do colégio de freiras, onde menina frequentava a diretoria por ser mais rebelde que o permitido. Lembrei-me da irmã Ângela, tão quieta e tão guardadora de mistérios. Ela ajudava o médico que, semanalmente, nos vigiava a saúde. Fugiram juntos.

Acompanhei, por algum tempo, os medos que irmã Ângela carregava. Medo de ter chateado Deus. Eu, na minha rebeldia, expliquei que Deus não se chateia com amor. Que fosse ela feliz. Que fossem eles felizes. Soube dos filhos que nasceram. Soube da vida boa que construíram.

Eu demorei a me entregar a um amor. Desconfiada, desconfiei dos que chegavam oferecendo perfeições. Demorei a perceber o quanto as rejeições de infância impediam relações maduras. Quis um homem para cuidar das feridas que não conhecia. Meu pai preferia os filhos homens a mim. Não era o que dizia. Era o que eu ouvia.

Ainda tenho fotos da primeira história antes da separação. Foi ele que decidiu partir. E fui eu que decidi insistir. Resultaram em nada os meus esforços. Eu o vi com uma outra em lugar comum. O incomum era tentar adivinhar os sentimentos dele. Era criar uma história, dentro de mim mesma, de que ele só estava com ela para chamar a minha atenção. Era esperar o abrir da porta e o seu pedido de desculpas.

A porta permaneceu fechada, por algum tempo, até que chegou Orlando. E foi com ele que me casei. E foi com ele que dividi a parte mais significativa da minha vida. Venci, aos poucos, os egoísmos. Abandonei as ganâncias para exercitar a generosidade e o amor. Tivemos dois filhos. Crescidos, já. Orlando é trabalhador dedicado, na profissão e no amor. Trabalha em mim as inseguranças que persistem.

Venho envelhecendo, o que não deveria me causar estranheza. Súbito, olho no espelho uma mulher que desconheço. Queria ser mais menina, queria ter mais tempo, queria não usar tanta maquiagem. Não, não sou velha. Sou uma mulher com alguns anos a mais do que 60. Minha avó era velha aos 40. Os tempos são outros. Gosto quando pensam que sou irmã de minha filha. Eu rio e desminto imediatamente. E guardo a alegria daquele instante por algum tempo.

Ontem, achei uma carta de meu primeiro amor. Ou pedaços dela. Senti falta do que sentia, quando ele não vinha. Senti o ridículo do sentimento. Arranjei uma coragem para jogar fora, inclusive, algumas fotografias. Não sei se olhava para ele ou para mim naquela época.

Deu saudade daquele tempo. Do tempo em que tudo era futuro. Lembrei-me de quando estava grávida. Meus filhos já precisam pouco de mim. E, hoje, eu precisaria tanto de minha mãe! Morreu jovem a minha mãe. Encontro um riso, quando me lembro de ter dito sobre a irmã Ângela para ela.

Do seu assustado trazer as mãos ao peito e suspirar. Minha mãe só via santidade nos religiosos. Já eu, só vejo a santidade no amor.

Meu filho se chama Francisco, o santo do amor. E minha filha se chama Teresinha, a menina das pétalas de rosas. Quando arrumo o jardim de casa, geralmente agradeço. Sou terra, também. Com raízes e com inclinação para crescer para o alto.

Orlando prossegue me surpreendendo com bilhetes de amor. Esses, eu guardo todos e os revisito sempre. Aprendi a não rasgar o que me faz inteira.

A VENDEDORA DE FLORES

Era uma vez, uma vendedora de flores, vizinha minha. Era uma vez, uma cidade pequena em que o vaivém das ruas organizava o vaivém das conversas. Sabíamos os nomes, as presenças e as ausências uns dos outros. Pertencíamos tanto à cidade que era impossível imaginar qualquer partida.

Na cidade, tínhamos que conviver com palavras infelizes, que afastavam alguma bondade, e com bondades iluminadoras, que afugentavam as infelicidades e que faziam os dias. Na pequena cidade, almas grandes traziam um mundo de mistérios e imaginações ao mundo em que existíamos. Ao mundo em que éramos.

Olhando, hoje, para uma casa de flores, lembrei-me de Aparecida, a florista. Eu, menino, gostava de ver a florista entregando histórias de amor. Era uma portinhola, apenas. E, por ali, passavam os que queriam não passar na vida de alguém. Aparecida ajudava na escolha das flores e, com as mãos enfeitadas de muita elegância, escrevia os textos de amor que deveriam ser entregues com o ramalhete. Ela ouvia o dito e o ditava de outra maneira, romântica que era. E ninguém desconsiderava. E era ela mesma quem fazia as entregas.

Eu, sempre esperador de sua saída, observava o sorriso decente, os cabelos cuidadosamente arrumados, a maquiagem, o cheiro de quem entende de sedução. O salto alto, inseparável de seus dias, e as echarpes que pareciam combinar com as cores dos sentimentos que iam com ela, em ruas de calçadas velhas, ladeando paralelepípedos rachados de história.

Ouvia eu, sentado na calçada e comendo algum tempo, sua explicação para alguma que negou pedido. "Calma, Altemar, vamos apenas adiar a alegria, Shirley tem suas razões para a desconfiança". Altemar partia partido, porém agradecido. Shirley era a cabeleireira, sofrida de um desmanche. Queria nada do amor. Aparecida sabia que era uma questão de tempo, inda mais que Altemar era um homem de bem. Com João, foi mais simples. Demitiu sem avisos o susto de um abandono e se esmerou para ter Ana Lúcia, uma linda professora, contadora de histórias voluntária no hospital em que ele, João, medicava. Aparecida anotava em uns papéis os desfechos, com letras cursivas, prometendo, um dia, se tornar escritora.

Morava sozinha a Aparecida, depois da morte da mãe. Eu imaginava algum amor escondido, algum amante aparecedor da madrugada, cuja partida antecedia o acender do dia. Não sei por que imaginava isso, talvez tivesse conhecimento nenhum dos sentimentos e conhecesse apenas um jeito de amar, um jeito que eu ainda não havia amado. A minha alegria teve que ser adiada, também, em muito, mas essa é uma outra história. Hoje, a história é a de Aparecida, a florista conhecida de toda a cidade, que inveja nenhuma tinha das histórias de amor que ajudava a desenhar.

Quando, enfim, saí e fui morar no grande mundo, deixei de viver aqueles pacatos dias de um interior tão poético. Comprei umas flores e falei o texto que queria para minha mãe. Ela sugeriu acréscimos. Eu acatei. E, quando os seus dedos iam desenhando a narrativa, um perfume grande acariciava a pequena distância que nos separava. Ela sorria com seus olhos e escrevia o ponto-final orgulhosa de escrever amor.

Perguntou do meu paradeiro e eu respondi. Disse que sentiria saudades. Eu retribuí. E prometi que voltaria, quando desse, quando os estudos permitissem. Ela maneou a cabeça, mexeu nos cabelos encaracolados, cuidadosamente, para embelezar e disse palavras doces de futuro para mim. Na sua vitrola, uma música francesa no volume certo nos acompanhava. Foi a última vez que nos vimos.

Soube que, alguns meses depois, ela se mudou para viver um grande amor no exterior. Foi esse o texto da minha mãe. Eu quis saber mais. E mais ela não me disse. Minha mãe sempre foi muito cuidadosa em respeitar segredos.

É do que me lembro, então. E é uma lembrança feliz, de quem é feliz com a felicidade dos outros. Eu imaginei, na época, tantas histórias bonitas para essa mulher. Não sei qual a verdadeira. Só sei que quem planta, colhe e entrega amor não vive de infelicidades em nenhum lugar do mundo.

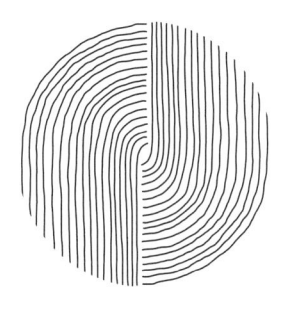

As roupas no varal

Uma a uma, vou prendendo e vou pensando. Gosto dessas rotinas do limpar, do cuidar, do aguardar. O sol queima, mesmo nos invernos duros. E o vento brinca de dançar os lençóis nesse amanhecer do meu interior.

Olho por entre as tramas e busco alguma sujeira que pudesse ter sido mais forte do que a minha capacidade. Mesmo com a ajuda do sol, não vejo. Ouço sons da natureza e sons de mim martelando passados. Ouço que a morte, vez em quando, volta.

Faz um ano que ela me deixou e eu persisto olhando para a porta. Já me culpei, já me desculpei. Já me desinteressei de mim mesmo. Já coloquei na prosa, da mesa sem ninguém, a minha humanidade. E bebi um café quente para esquentar minha solidão.

Ela me deixou por outro. Mais jovem do que eu. Mais alegre do que eu. Mais leve, talvez. Sei nada desse outro. Só sei o que imagino. Quando ela revelou os sentimentos, usei todos os cuidados para não dizer. Ouvi o fim do tempo da presença. Ouvi o barulho do seu arrumar de roupas. Ouvi os passos me explicando a decisão. Sempre soube que o amor é rocha e é pó, que alicerça dias lindos e que os dispersa sem grandes avisos. Vivemos dez anos juntos. O que é pouco para quem acredita em eternidades.

Eu a vi com um vestido branco e os cabelos molhados de pressa. E entreguei a ela minha intenção de enlaçar nossas vidas. E assim foi feito. O casamento me garantiu dias felizes. Sei disso e, então, não reclamo. Sabia nada dos riscos do fim, quando o fim chegou. Naquele dia, o ar se fingiu respirável, o chão se fingiu amigo, isso porque sou plantador, e um plantador compreende a espera. Ela chorou, quando disse o fim; então, eu entendi que não era o fim. Algumas peças suas ficaram. E eu deixei. Mesmo percebendo que essas sobrevivências me agrediam.

Nos vimos mais de uma vez. Eu, quieto, e ela apressada. Vi o seu novo companheiro um pouco atrás. Nos olhamos. Não nos vimos. Seguimos. Sentei sozinho na entrada da casa e chorei como deve chorar um homem. Chorar de amor é emprestar delicadeza à vida, é cultuar o mais sagrado dos sentimentos.

Alguns dizem que há mulheres de mais no mundo, que eu deveria comemorar a liberdade. Ouço e desisto de explicar que sentimentos se sentem. Que o amor, enquanto ama, esculpe na arte os sons da unicidade. Ouço ainda sua voz me dizendo amor, ouço seu jeito menina de brincar de viver. De me acordar bem-humorada antes do dia preguiçoso. Sim. Fomos felizes.

Aos que atestam que ela não me ama, eu não reajo. Talvez não me ame mais. Culpa nenhuma tem ela do amor que eu ainda sinto.

O sol está bonito, logo vai secar os lençóis, as toalhas, as roupas. Vejo uma camisa que ela gostava, quando eu usava. E vejo sua imagem.

Faz um ano hoje. A vida que escorria do nosso amor era cachoeira limpa, alimentando esperanças de um futuro juntos. Não sou teimoso em creditar a ela minha felicidade ou sua ausência. E sei, também, porque sou um homem de ouvir, que o que sinto vai um dia ser apenas lembrança. Não tenho pressa para um outro amor, mas sinto que virá. Sinto isso como sinto as rosas rompendo os silêncios e desabrochando.

A casa vazia será primavera outra vez. As palavras tristes haverão de ser emudecidas. Enquanto isso, limpo as peças e penduro no varal. E desalojo qualquer raiva de sua partida. Raiva não é companhia boa em nenhum interior. Esperança, sim.

Tenho sido apresentado a algumas mulheres. E tenho até alimentado algum gostar. Mas nada que ocupe minha alma. Minha caprichosa alma onde ela ainda mora. Se ela quisesse voltar, eu aceitaria e nada diria sobre o tempo da dor. Ainda não consegui fechar a porta. Ainda não consegui abrir a porta.

Uma velha amiga, no entardecer dos seus dias, me confidenciou que sentia saudade dos dias em que sofria de amor. Então, vou cultivar sem pressa esses dias até florescer o que tiver que florescer.

Daqui a pouco, vou retirar as peças do varal. Elas têm o tempo certo de permanecer.

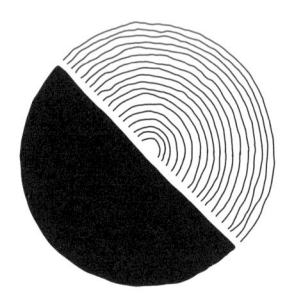

A HOSPEDEIRA DO AMOR

Eles chegam de lugares diferentes, dizem diferentes línguas e, diferentemente de mim, vêm e vão. Eu fico. Trabalho há tempos nessa pousada. Sei hospedar. Aprendi com os cursos da vida. Gosto das primeiras conversas. Da curiosidade que o novo desperta. É como sair dos cômodos e preencher de estrangeiros a própria alma. A minha alma tão de lugar nenhum, tão desdobrável, tão sedenta de encontros. É assim o exercício do amor. É o outro, tão perto e tão distante, tão meu e tão de ninguém que vem e que me desperta um bagunçar interno.

Cubro a minha nudez com cuidados e, depois, sem grandes autorizações, descubro. E ofereço sorrisos. Explico como funciona a pousada. Onde se deve ficar, o que se pode fazer. Falo do que alimenta e do que é proibido. Abro as janelas para que a vista comova. E entrego o melhor que posso da melhor parte de mim para um primeiro aconchego.

Conheço muitas línguas, mas desconheço os não-ditos. Tento observar onde olham os olhos que me olham e, por vezes, acerto. Erro, também. E muito. Mesmo na interpretação dos ditos. Até porque os que dizem dizem, por vezes, o que não sentem. Ou sentem que dizer organiza a hospedagem. Sabem nada de sentimentos. Sabemos nada de sentimentos.

Em cada quarto da pousada onde administro chegadas, permanências e partidas, há histórias. Para compreendermos, é preciso saber ler e contar histórias. Leio nos gestos que conheço e nos que desconheço as histórias que carregam os meus visitantes. Ninguém vem do nada. É das outras hospedagens que nos formamos, que nos deformamos, que nos reformamos.

Reformei, muitas vezes, os meus cômodos e as minhas disposições de amar. Vi e vivi desperdícios. Os medos desautorizam histórias lindas. Janelas fechadas garantem que não se veja o tempo ruim que esconde o dia. Janelas fechadas desconsideram que os dias mudam e que as mudas de esperança florescem novidades todos os dias.

Sei dar minha intimidade aos que desabotoam as inseguranças. Há espaços verdejantes em que se deve caminhar descalço. A terra garante algum alimento. E também o vento, companheiro do tempo, que espalha o que não era espelho do que sou.

Quando não fui eu para ser de alguém, errei. Os pés descalços caminham lado a lado. Próximos, mas lado a lado. Mãos se entrelaçam segurando um amor que é bom, que é fruto da intimidade, que é dissolvedor de soberbas. Os pés descalços se livram de sandálias gastas para gastar os dias com a novidade. Como é difícil deixar o que nos deixou. Como é necessário deixar o que nos deixou.

Na pousada, fazemos limpar. Não há nada mais incorreto que instalações sujas de ontens. Sabemos retirar tudo o que ficou de algum outro hóspede distraído. Sabemos perfumar o ar para que se respire os futuros que moram em um presente, que é estar vivo.

Sou fruto das utopias. Desde que cheguei aqui. Não quero me desacostumar com o sorriso diante de uma nova chegada por ter agasalhado lágrimas de algumas partidas. É o que faço. É o meu ofício. Oferecer o que há de melhor de mim para visitantes que tiveram a coragem de vir. É assim que vejo quem chega. Um desbravador.

Quando anoitece na pousada, costumo olhar para o céu e descansar com ele. E adormecer com a lua dentro de mim explicando as fases. Quando amanhece, decido ser sempre nova. Porque preciso crescer. Porque posso ser inteira. Porque reaprendo com o que já minguei.

Sou hospedeira de profissão. Sei que amar é deixar os estrangeiros prosseguirem falando nas suas línguas. Mas é escolher algum canto comum para cantarmos o que nos enlaça.

Que graça é prosseguir vivendo nessa pousada de tantos cantos de brincar. Sou hospedeira, também, da criança que nunca se foi de mim e que, quando necessário, me desperta para me lembrar de quem eu nunca deixei de ser.

O tocador de sinos

Era a hora de eu estar lá. Hora do badalar alegre dos sinos chamando para a missa.

Os meus amanheceres eram assim. Acordar e acordar a cidade para o sagrado. Mudaram tudo. Veio um homem que arrumou um jeito de desarrumar o que eu fazia. Basta apertar um botão e os sinos obedecem. Eu me dependurava nas cordas para explicar a alegria. E sabia ser outro nos sinos tristes. Nos que anunciavam luto, morte.

A Neurene também perdeu o fazer. Trabalhava no banco. Mandaram tanta gente embora. O João passou a vida cobrando dos motoristas o valor do pedágio. São meus vizinhos na moradia e na dor da desocupação. Sei que as modernidades vieram para ficar. E nós, ficamos como?

O padre, homem de bom coração, disse que eu prosseguisse ajudando na Igreja. Eu aceitei agradecido. Na minha idade, fica difícil outro fazer.

A Neurene, além da dispensa, foi deixada pelo marido. Arrumou outra o Otávio. E arrumou no próprio celular. Um lugar que se vê e não se vê. Que se marca de encontrar sem saber. E que, quando dá certo, sabe-se que a vida será outra. A filha deles que me explicou e explicou que quase sempre dá errado.

Neurene vive dos pensamentos. Das tristezas do que mudou. Eu explico que é mais fácil errar pelo pensar do que pelo amar. Ela desdiz dizendo que amou tanto que o marido se foi. Que fica conversando com ele nos pensamentos para o dia em que puder dizer tudo. Eu silencio desconversando e falando de Deus.

Tudo o que os nossos sentidos podem sentir de beleza e de bondade é uma delicadeza que Deus nos deixou para nos lembrar da felicidade. Falo da montanha que mora na nossa cidade e que todo mundo pode ver. Falo de crianças que florescem quando recebem sorrisos. Falo do rio que se ajeita nas margens e que prossegue rumo ao encontro, ao encontro com o mar. Ela acalma por um instante, por um rico instante em que a amizade nos faz ser um no curso do amor.

Os sinos tristes de morte me ensinaram que, na morte, é todo mundo igual. E que, se na morte é assim, assim deveria ser na vida.

Nunca gostei do marido da Neurene, do Otávio. Sempre achei que ele precisava de uma reforma por dentro para tratar melhor as pessoas. Ele vivia dizendo ser mais jovem do que era, o que já era um viver de mentira. E mais rico também, como se riqueza garantisse que o sino do luto, um dia, deixaria de tocar. Homem que destrata mulher é bolorento por dentro. Talvez tenha sido melhor ele ter ido.

Eu nunca me casei. De quem eu gostei, de mim, não gostou. Fiz silêncio do meu sentir. Fui até o casamento. Comprei presente, simples, o que meu dinheiro de tocador de sinos me permitia. No dia da felicidade deles, chorei. O tempo é ensinador. E, aos poucos, fui voltando a ver na vida as delicadezas de Deus.

O João disse que eu tenho fé demais. Não sei. Sei que me faz bem acordar e agradecer. Me faz bem aprender que eu não decido tudo. Eu não teria mudado o jeito de tocar o sino. Era mais bonito. Cada dia era diferente. Minha avó me falava dos homens que iluminavam a cidade com as lamparinas. Devia de ser lindo. Ela era uma distribuidora de boas notícias e me explicou que dava para continuar acendendo lamparinas de um outro jeito. Que o mundo precisava de luz, que nenhuma máquina é capaz de oferecer. E dizia isso me iluminando com sua bondade.

Queria muito ver a Neurene se interessando pelo João. Ela disse que não, que sofreu demais com o Otávio para pensar em outro homem. Eu digo ao João que o que se diz, hoje, pode se dizer diferente amanhã. Minha avó tinha o nome de Maria da Paciência. Foi ela quem me criou. Um dia conto melhor a minha história. Hoje estou preocupado em tocar os sinos que posso para levar alegria às pessoas. Afinal, mudaram tudo, menos a necessidade insubstituível de amar.

O FOGÃO DE PALAVRAS

Uma palavra precisa de cozimento para alimentar o mundo. Algumas se aprontam com pouco preparo, são expressões cotidianas de encontro. São dizeres bonitos de dar boniteza a outras vidas. "Bom dia", "Que bom que você está aqui", "Obrigado, pela gentileza", "Conte sempre comigo". Os afetos saem dos compartimentos mais bonitos de nossa alma. E perfumam. O fogo bruxuleante, entretanto, chamega palavras que precisam de mais exigir.

Dizer "eu te amo" é desnudar o íntimo e alimentar de amanhãs o hoje que nasceu encantado. Não há hoje sem ontem. Não há amor sem conhecimento. Conhecer as imperfeições e encontrar nelas alguma beleza também é uma forma de amar.

O cozinheiro sabe separar o que não alimenta do que, depois de preparado, traz sabor à vida. Na mesa da casa da minha infância, as impurezas eram retiradas antes, inclusive, de levar ao fogo. As mãos cuidadosas punham de lado o que vem com o arroz e não é arroz, o que vem com o feijão e não é feijão.

O amor é puro. É imodesto na compreensão das transformações que é capaz de causar depois do dizer o compromisso. No compromisso, a felicidade. Mesmo na dor. Mesmo nos entreatos de uma história bonita. Mesmo no desconfiar do que foi dito. É assim o saborear. Aos poucos.

Desconfio dos apressados. Se enfastiam rapidamente e se despedem. Há os que se lambuzam por misturar o efêmero com a permanência. Prometem o que não são capazes de cumprir. E comem a palavra solidão mesmo acompanhados.

Há palavras de diminuição. Os gritos pipocam confusões e não alimentam. Não azeitam a vida de sabores ensinadores. Só fazem desarranjar possibilidades. É por isso que o ódio é palavra de cozimento impossível. Então, é melhor não desperdiçar. O ódio é ausência. Presença é amar.

O amor vai além dos encontros do corpo. O amor é o enlace de almas. É o preenchimento de partituras de melodias de viver. Demoradas. Que mudam a velocidade e o tom, e que permanecem.

O fogão à lenha, de antigamente, exigia alguma paciência. Enquanto a conversa elevava o dia, a fumaça do que alimentava preenchia o ambiente.

É na companhia dos outros que me conheço melhor. É nos olhos dos outros que espelho o que me afasta e o que me aproxima de mim mesmo. E, depois, mesmo sozinho, eu vivo de tantos alimentos alimentadores de mim. Oferecidos por outras vidas. Desde sempre.

Eu, criança, cirandei a alegria dos embalos de minha mãe, com meu pouco pensar, com meu muito sentir. No seio generoso, o alimento vinha do fogão interno de um amor inapagável. E eu ria dos cuidados e dormia sonhando a ausência das desconfianças.

Os dias transcorridos de um viver sem pausas me ofereceram outras sombras para descansar e outros jardins para sorrir felicidades. A primeira professora, os primeiros amigos a compreender generosidade, o primeiro trabalho e os medos do erro. E o acerto de encontrar líderes sensíveis aos inícios.

Hoje enxergo os que trabalham comigo como vidas que se cruzam com a minha e que compartilham espaços de felicidade. Não sou dos que desconversam quando o assunto é do outro, nem dos que exageram quando o assunto sou eu. O egoísmo também não amolece, então é palavra que deve ser retirada do necessário fogão.

Palavras doeram em mim. É assim o conviver. Nem todos se preocupam com o cozimento certo. Palavras sujaram em mim as pressas dos outros. Mas sou persistente. E prossigo acreditando que o bom é encontrar.

Na antiga casa dos meus alicerces, nos alegrávamos com o simples. Um pranto quente nos dias frios. E o aconchego das palavras certas em todos os dias.

Estou na idade de prosseguir cozinhando. E alimentando quem um dia conseguiu dizer "eu te amo". Foi em uma noite de luar. De um luar tão iluminador que as sombras se envergonharam e partiram. Partimos o bolo das promessas e um doce sentimento nos tomou. Ainda não era noite de dizer "eu te amo". E não dissemos. Embora nos tivéssemos amado.

O fogo foi nos fazendo conhecer. Muitas palavras nasceram das palavras que dizíamos e que despediam o tempo para ficarmos juntos. Nos estranhamos não poucas vezes. Precisamos abaixar e aumentar o fogo. Um pouco de água para a fervedura acalmar.

Nos alimentamos em outras casas e nos lembramos do bom de estarmos juntos. E, então, voltamos, discretamente. A palavra perdão e a palavra saudade nos alimentaram de humildade, e a palavra alegria nos contagiou novamente.

E, agora, estamos juntos. Com algum aprendizado. Juntos, somos mais capazes de juntar amor no mundo. Quando nos veem, comem no nosso sorriso a alegria do sentir amado.

Acendo o fogão todos os dias, e é esse o meu ofício enquanto estiver vivo. Vivo da crença de que quem passa por mim merece algum alimento. É de palavras que alimento o mundo. As que digo e as que escrevo. E as que faço nascer apenas por ouvir. Ouvir também é amar. Ouvir é uma receita para o preparo de outros dizeres para o alimentar.

Ouço os que já se foram da minha vida. A voz de meu pai dizendo "Paciência, filho" é ainda canção em mim. Paciência, o fogo do amor aos poucos vai amolecendo as maldades que desafinam o mundo.

Quando me lembro do coral da minha infância e da alegria que era entoar juntos a melodia de alguma composição e dos olhos de amor da minha mãe agradecida de estar ali. Quando me lembro de alguma compreensão em dúvidas que vieram no meu viver. Quando preparo a palavra amizade.

Sim, viver é definitivamente belo. Belo é dizer palavras e semear bondades. E acreditar que, mesmo nos dias frios, há calor.

Benditas sejam as palavras cozidas no fogão do amor.

A DOR QUE FICOU

Foi uma história tão bonita que duvidei quando ouvi o fim. Eu era menina ainda quando ele sussurrou em mim promessas de amor. Demorei a abrir as portas. Tive medo. Sabia, de ouvir, os riscos da sedução, do encantamento, dos pés que deixam de pisar para dançar, conduzido por quem, até ontem, nem sequer existia.

Olhava uma tia que se divertia costurando roupas rasgadas para distrair o tempo e não pensar nas próprias rasgaduras. Teve dignidade, tia Eulália. Viu o marido fazendo a troca e disse silêncios. E prosseguiu educando os filhos e regando a vida com bondades. Nenhum amargor. Não tenho essa força.

Mauro explicou aos meus pais a intenção. Corei. Ele estava com os cabelos ainda molhados, com uma calça social e uma camisa devidamente correta. Um perfume leve por desconhecer o gosto dos dois. Só depois nos beijamos. Foi meu primeiro beijo. Achei diferente, apenas.

Casei sem entender. Ele foi paciente, preciso dizer. E, aos poucos, o prazer foi despedindo meus medos. E, durante 40 anos, vivemos.

Era quase o meu aniversário de 60 anos quando ele disse que não poderia viver da mentira. Eu sentei para evitar desmaios. Mais de uma vez, olhei para o lado para não ver o que me diziam. Mauro já não se contentava com o que tínhamos. E, nos últimos tempos, ele pouco me procurava. Sou de me acostumar. E estendi a ele outras formas de amar.

Não bastou. Foi com Elvira que ele explicou que começaria outra vida aos quase 70 anos. Olhei nos seus olhos e uma dor imensa percorreu o meu pescoço e estacionou também em minhas costas. Ele foi solícito explicando que nada me faltaria. Eu ensaiei dizer que faltaria, sim. Que eu queria o nosso passado de volta. Que eu lembrava as músicas que cantamos juntos nas serenatas do meu pai. Comi as palavras para não desperdiçar. A decisão estava tomada.

Nossa filha, dias depois, depois de espantar alguma raiva, profetizou que ele iria voltar. Nosso filho culpou o pai. O pai que eu desculpei. A herança já estava em mim, a dor que ficou. Fiz compressas de água quente, tomei remédios, rezei. E a dor ocupava o lugar da alegria.

O seu lado da cama conversava comigo. E com minha solidão. Não mexi nos retratos. Fazem parte de uma vida inteira. Nas minhas orações, eu me lembrava de tia Eulália, que, uma vez, me disse que ninguém tinha culpa de deixar de amar. A questão em mim não era a culpa, era a dor. No pescoço, nas costas e na alma.

Não sei costurar. Nunca soube. Então, prossegui rasgada. Não sei se era amor ou costume. Não sei se a sensação de ser trocada desenhou sentimentos novos em mim. O choro noturno é melhor. Sem testemunhas. Não quero desdizer o que vivi. Um dia, conseguirei agradecer e seguir em frente, com ou sem dor.

Há algo em mim que ensaia alguma esperança. Há amores que nascem na maturidade. E eu sou cuidadosa com a vida. Vou viver muito. Ah, quero voltar a dançar acompanhada, por que não? E também fazer amor. Mesmo que para isso eu precise aprender a costurar. Enquanto a primavera não vem, vou cuidar de cuidar da terra. Os florescimentos têm seu tempo.

É quase dia. Gosto dessa luz que empurra a noite. E do cheiro do café que ainda vou fazer. E do prazer de não desistir. Os vazios se preenchem com o tempo, com a inegociável decisão de prosseguir. Hoje, já não sou a menina medrosa. Sou a mulher, desenhada de vida, que compreende a beleza do amar.

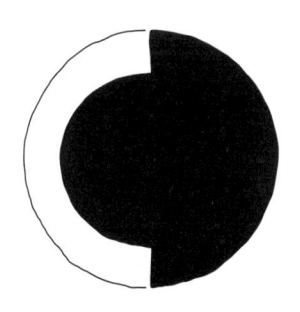

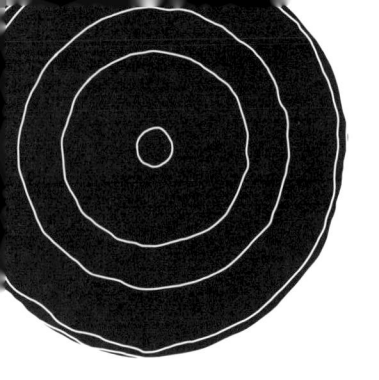

A FUNDURA DO POÇO

Caí. Quem diria? Justo eu, tão cuidadoso. Caí andando. Se tivesse ficado parado. Mas de que me serviriam os pés, se não para o andar? De que me serviriam os desejos se não para deixar que o caminho me faça caminhante?

Caminhei pelo desconhecido. É assim a paixão. É o inad-ministrável. É o vento que dobra as montanhas e que chega quando nem se imagina. Montanhas dos meus pensamentos se rarefizeram em pó. Deixei de pensar quando vi. Deixei de fazer contas quando subtraí de mim qualquer dia sem ela.

A imagem da perfeição me fez desconfiar. Só no início. O molecar desde o amanhecer me fez querer cuidar. Tão menina. Tão graciosa correndo por mim com os pés sem proteção. Descalços também nos despreocupamos das machucaduras.

Amei Júlia como quem ama uma concepção de que sempre desacreditei, nascemos um para o outro. Sou homem de desconfianças. Aprendi isso com minha mãe e com professores de vida que me ensinaram a ver várias vezes para finalmente ver.

Enquanto nos amávamos, invariavelmente fechava os olhos e permitia que os nossos corpos dissessem o que sentiam um para o outro. Tão frágil me parecia Júlia. Tão entregue. Tão eternamente minha. Alguns dias, nos silenciávamos olhando a noite chegando. Onde moro há barulhos leves de natureza.

Entendo o amor como uma renúncia de parte de mim e como preenchimento poético de outra parte que em mim faz felicidade. Então, desliguei outras conversas. Aborrecimentos, tranquei longe. Era só o estar com ela que me dizia a vida.

Por que foi que ela se foi? Porque é assim que é. Ninguém manda no que vem depois do hoje. Não a preencho de maldades. Não. Um dia, decidiu outro viver. O que me cabe é olhar os pássaros que rasgam os céus e ler a liberdade. Se sei disso, por que caí nesse poço de fundura discutível? Por que não me levanto e me despeço da servidão voluntária? Voluntária? Decidi nada sobre o apaixonar, decidi nada sobre o partir. Parte de mim diz que passa, que basta um levantar e os caminhos estarão mais uma vez abertos.

Caminhante que sou recolho palavras para sobreviver. Palavras enfeitam cenários. Cenários alimentam os meus olhos que hoje só veem o poço. Se me serve alguma explicação, que seja o poço um tempo de agasalhamento da dor e que, depois, seja um habitante da memória.

Caí no cadafalso da reciprocidade do amor. Não ouso julgar o que ela sente ou o que ela sentiu. Não cabe a mim os esconderijos da alma do outro. Na minha, já habitam mistérios à exaustão. O que me cabe é saber que ela decidiu ir. E que eu permaneço. Mesmo que em um poço menos fundo do que hoje sinto.

Sinto que não paro por aqui. O pensar já me perfuma de esperança o dia que virá. Prosseguirei caminheiro. Caminhadas cicatrizam feridas e ventilam novidades. E Júlia será apenas uma lembrança bonita dos dias de brincar. Brincarei em outros campos onde florescerão atenção, respeito, permanência.

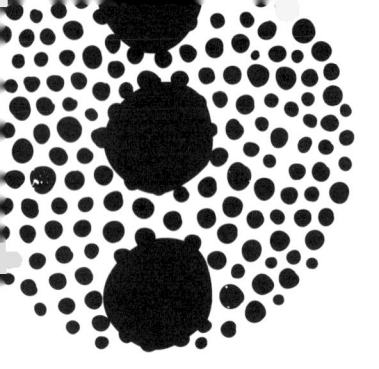

O DESPERTAR ROMÂNTICO

Acordo cedo desde há muito. Gosto de olhar o amanhecer e saber que há mais uma etapa da estrada do viver a ser cumprida. Sou forte o suficiente para não desperdiçar um dia, nem com as lamúrias dos que não têm o que querem, nem com o sono prolongado dos que já não acreditam nos próprios passos.

Sou casado e cumpro o rigor do cuidar. Cuidar é o verbo acessório que explica o verbo principal: amar. É acessório, porque veste uma relação de delicadezas sem requerimentos nem exigências. O amar é o substrato da existência. É o alimentar da alma. É de difícil explicação para o pensamento. A paixão é um sentir mais fácil, é um doer mais perceptível, é uma parte que grita, quando a outra se vai. É um apagar de outras letras que não aquelas que compõem o nome da pessoa amada. Amada com o significado de amor-paixão. Dizem que não dura muito. Sou um homem das leis, não das explicações das imaterialidades humanas. Então, não sei. Sei que há, nas relações, algo que ultrapassa o tempo fugidio das loucuras da paixão. É um atravessar as pontes, os buracos, os pedregulhos e até os chafarizes que compõem a estrada, que compõem a partitura de uma vida ou de duas vidas. E, aí, vem uma música boa de ouvir e de cantar juntos.

Santina é a mulher que caminha comigo. O peso dos dias nos traz algumas intercorrências. Nem sempre estamos bem. Nem sempre o corpo amanhece com o vigor que gostaríamos.

Fomos viajar. Ela e eu. E uns amigos que dividiram comigo algum trabalho. Encontrei alguns deles na saída do simpático cômodo em que cada um servia o seu café da manhã. Eu estava com uma bandeja preparada com o que vi de melhor para levar à minha mulher. Sempre achei romântico café da manhã na cama. Com cheiro de cuidado, com ingredientes de delicadeza, com a levada intenção de surpreender.

Os amigos quiseram saber. Eu disse. Minha mulher acordou com alguma indisposição nas costas. Eles silenciaram. Depois valorizaram o cuidado. Disse nada. Pensei no quanto ela me cuidou. Nos dias em que foi o meu corpo avisando do cansaço ou de alguma dor. Nos dias em que minha mente se perdia do caminho. O amor-paixão é mais exigente que o amor-amor. No amor-amor, também mora a paixão. Mais calma, entretanto. Mais confiante nas continuidades. Menos apressada. Menos medrosa de interrupções. No amor-amor, a intimidade vai escrevendo familiaridades, e as familiaridades vão se lendo nos textos ditos e vividos um do outro.

Preparar o café da manhã para mulher que eu amo, há tantos anos, é só o cabeçalho da página de um dia em uma enciclopédica história que construímos juntos.

Aos meus amigos, sugiro: façam o mesmo. É um desperdício não perfumar de delicadezas uma relação de amor. É tão difícil encontrar alguém que aceite e seja aceito como caminhante principal na estrada em que cruzamos com tantos, que o melhor é valorizar.

Valorizar significa compreender o valor. O material é fácil medir. Quanto custam o pão ou a manteiga, ou as frutas, ou o leite ou o café, ou a jarra de flores que está sobre a bandeja. O que não se pode medir, porque a métrica do amor ultrapassa os pesos e as medidas frutos da criação humana, se pode sentir.

O sorriso de minha mulher vale mais do que o esforço, tão pouco, de preencher uma bandeja com o melhor que pude. O melhor que posso é acordar ao lado dela e dizer ao amanhecer: "Que bom, que bom que permanecemos juntos, que bom que permaneceremos juntos".

O presente é um bom limpador de passados, para que o futuro venha sem medo nem preguiça. Um despertar romântico é o pequeno segredo para que o dia nasça mais bonito. E para que as horas que se sucedam, depois do início, sejam mais leves e mais perfumadas da presença que escolhemos nos presentear para viver a vida.

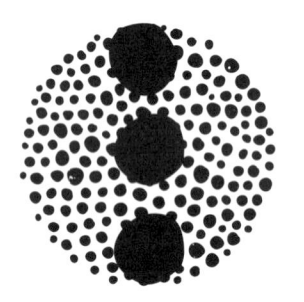

O TÚMULO DE AMÉLIA

Fui à missa do dia de São Francisco, dia 4. O padre, jovem de tempo e maduro de pensamento, disse belezas sobre a vida do santo. O jovem de Assis que conquistou o mundo com o seu ingrediente humano de fazer experimentar o sagrado no alimento do amor. Cuidou ele dos que ninguém se dispunha a cuidar. Andarilhou pelas ruelas escuras da cidade e acendeu na história uma luz que dissipa as trevas – a luz da bondade.

Bondade teve comigo Dona Amélia. Meu Deus, foi há tanto tempo. Eu era menino ainda. E mais menino era meu irmão, Renato. Era um dia de missa, de quermesse, em uma Igreja que não ficava tão perto. Eu, já religioso, convenci meu irmão e fomos em direção ao alto da cidade. Entramos no ônibus. Tínhamos passe. O cobrador, sem muito cuidado, exigiu dinheiro. Nos fins de semana, o passe não valia. Eu não sabia ou não havia registrado na lembrança. Mostrei os bolsos vazios. Só havia um terço, presente de minha avó.

Meu irmão, com seus três anos, começou a chorar. A voz brava do cobrador, que exigia alguma providência, trouxe medo. Eu disse que desceríamos, então. Ele prosseguiu vociferando que, mesmo para descer, tínhamos que pagar. Então, o choro foi meu. Foi quando uma senhora deixou os olhos do livro que lia e prestou atenção. Pagou ela o nosso bilhete. Pouco dinheiro, muita generosidade. Viu o nosso nervosismo e nos convidou a sentar. Colocou meu irmão no colo e acalmou nosso medo. Ficou feliz, quando soube que estávamos indo à festa de São Francisco. Eu disse que tinha 9 anos e que gostava muito de reza. Ela sorriu o sorriso dos que enxergam esperança. Mudou o seu dia e nos acompanhou até a missa. Eu nunca me esqueci de seu gesto.

Contei para minha mãe, quando cheguei em casa. Ela primeiro ralhou dizendo que era só ter pedido o dinheiro e, depois, falou de Dona Amélia. Uma professora aposentada que perdeu, em um acidente, seu único filho e o marido. Que passou anos enlutada e que alivia a saudade contando histórias para crianças no hospital do câncer. O tempo vai se esticando e nos distraindo as vontades.

Quis ir até ela para agradecer. Levar um presente. Falar dos alívios, quando somos capazes de amar. Nunca fui. E já era jovem feito, quando soube do seu falecimento. Um pouco antes de minha mãe.

Invariavelmente, eu visito o seu túmulo no cemitério. Contrato o funcionário que deixa limpo e florido o túmulo da minha mãe para que faça o mesmo com o túmulo de Amélia. Sei nada dos segredos da morte. Ou da vida que prossegue onde não sei. Só sei que prossegue. Quando ando por entre tantas vidas que se foram, penso nos desperdícios. Já não tenho a idade de muito futuro. E, quando olho o passado, a saudade é sempre de bondades. Coisas servem para servir furtivos momentos. Sentimentos são os que permanecem.

Em mim, moram os dias bonitos em que fui cuidado e em que cuidei. De minha mãe, do meu pai, dos meus filhos, dos amigos que foram emprestando alegria aos dias. Coisas eu tive e deixei de ter. Brigas tolas também ocuparam algum pensamento. Passaram. No túmulo de Amélia, mora a lembrança de um dia de bondade. A missa em honra ao Santo que sempre devotei e o gesto de atenção que dissipou um gesto ruim. O nome do cobrador não ficou. O nome dela, sim.

O dia de São Francisco estava lindo. O silêncio do cemitério me explicava mais uma vez a vida. Tudo passa. As quenturas e até as friezas passam. Gosto de respirar a paz. De acreditar que não se termina por aqui o milagre do existir. Nos túmulos, os restos dos corpos que deram vida à essência humana. Olho para o céu e aceno, acreditando no que não posso compreender. Há tantos infinitos em mim que, quando sinto, todo o resto se esvai. O canto melodioso dos pássaros me serviu de alguma explicação da natureza. Francisco de Assis viu beleza em tudo o que é obra do divino. E permaneceu.

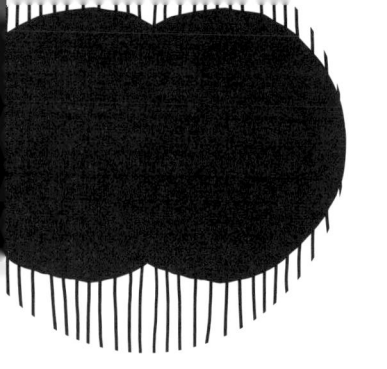

O EMBELEZADOR DE COTIDIANOS

João era o nome do meu tio. O mesmo do João, primo de Jesus, que anunciava no deserto.

Desde cedo, sempre imitei meu tio. Achava bonito o como ele embelezava suas falas, seus cotidianos. E sem exageros. Ele compreendia que o belo dizer tinha que ser natural como um canto bonito de um pássaro ou como um sussurrar delicado das águas lambendo as areias da praia.

Tocava violino o meu tio e talvez isso desse a ele uma sensibilidade maior. Na minha infância, eu ficava sentado embaixo de uma árvore vendo os seus olhos fechados e as suas mãos certeiras fazendo música na varanda grande da casa da minha avó. Era como se ele, como os pássaros, também voasse.

Tive um outro tio que era o oposto do irmão. Reclamador ininterrupto do viver. Agressivo. Causador de fraturas na alma da própria mãe. Nunca me esqueço de um dia em que ele voltou exultante de uma caça mostrando o animal defunto entre as mãos. Eu fechei os olhos, e ele gritou comigo temendo que minha compaixão pelo morto se transformasse em ausência de masculinidade. Saí da sala e fui brincar com Princesa, uma cadelinha de rua, adotada pela casa. Tio João sorriu para mim e contou histórias bonitas de homens valentes que amavam a natureza.

Os dois irmãos praticamente não se falavam. Tio João virou um homem importante. Enricou sem perder a humildade. Ajudava a cidade inteira. Era advogado e dividia a sua clientela entre os que podiam e os que não podiam pagar. Seus júris eram memoráveis. Leve nos ditos e certeiro na defesa incondicional da verdade. Explicou muitas vezes os riscos da mentira, da desonestidade. Minha avó, sorria com a alma pelas conquistas do filho. Do outro, ela rezava. Um dia haveria de vir um milagre e ele se consertar. O milagre nunca veio. E eu, depois de crescido, nunca quis conviver com esse tio. Viveu de mulher em mulher os discursos toscos dos machistas. Era racista também. E inventava histórias para justificar a injustificável superioridade de raças. Brigou nas profissões que abraçou e só não morreu na indigência porque o irmão, a quem tanto criticou, cuidou dele no fim.

Ontem, tive um dissabor. Nada muito diferente dos dissabores que enfrentam os irmãos meus de humanidade que vivem no deserto dos pensamentos dos outros. Fui atacado por discordar de quem concorda com os discursos de ódio, fui atacado por não acatar os que desferem preconceitos. Confesso que a surpresa me deixou esvaziado de vontades. Pensei um pouco. Lembrei-me do meu tio. Imitei sua gentileza sem desdizer as minhas crenças. Sou dos que creem que as valentias forçadas nos forçam a demitir a razão. Sou um homem de afetos. Gosto dos encontros e aprendo com os diferentes.

Sou também músico. Ouço no piano, no som que construo, no dedilhar da minha alma, as almas da humanidade inteira. Os compositores que se foram moram em mim e moram nas canções. Os livros que leio, também. E, também, as lembranças. Não autorizo ninguém a sujar de arrogâncias meu dia. Polidez jamais será sinônimo de fraqueza.

Depois de encerrada a contenda, voltei para casa. O sol desse início de primavera era convidador de contemplações. Era quase o fim do dia. O vermelho que pintava o céu explicava que o amanhecer não demoraria muito para convidar uma outra esperança a viver comigo. No fórum onde atuo como juiz, aceito a responsabilidade de diminuir as injustiças do mundo. Não quero jamais esquecer a razão que me fez, um dia, escolher a magistratura. Cada caso que decido sofro o sofrimento necessário para não permitir que o erro destrua a vida de alguém. Já ouvi desistências de amigos meus, descrentes de alguma mudança. "A mudança sou eu", respondo em cada caso que devolvo, à casa da felicidade, o que morava na rua da injustiça.

Chegando em casa, sentei ao piano e toquei uma música que meu tio gostava. Enquanto isso, recebi o beijo da mulher que eu amo e dos meus dois filhos, gêmeos, um se chama João e o outro José, o nome do meu pai. Meus filhos explicam para mim, desde os inícios, que o amor não tem fim. Feiuras no cotidiano? Não, definitivamente não permanecem.

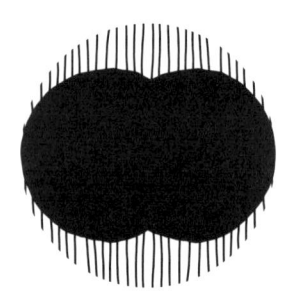

Terra à vista

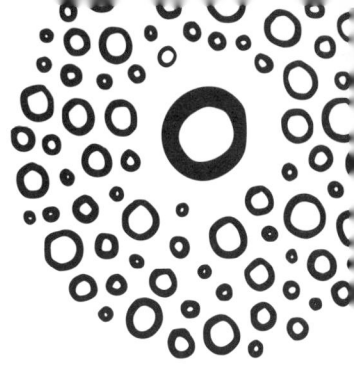

Não sei por que foi esta parte que ficou em mim, no fim do dia da aula de história.

Ana Maria é minha professora. Diz de um jeito que ajeita na gente a vontade de estudar mais. Tem ela alguns anos menos que eu. Voltei tarde para terminar o que antes desperdicei. Sim, a culpa foi minha. Fiquei curvado de medo de saberem que eu não sabia. E desisti.

Naquele tempo, a vida doía mais do que eu entendia poder suportar. Pobre e assustado, achava que não tinha direito a ter direitos. Minha mãe trabalhava em casa de família. Meu pai se descuidou da vida e anoiteceu antes do tempo. Foram dias de dizer palavras de dor. O ar de minha mãe parecia respirável, não era. Estava na casa do Ademir, seu patrão, quando a notícia da morte atravessou sua vida. Então, eu fui também trabalhar. E fui aceitar humilhações.

Eu sempre fui pequeno, e ficava ainda mais quando me diziam que a inteligência faltava em mim. Ademir era ríspido com a mulher, com os filhos, por que haveria de ser gentil com os empregados? Não poucas vezes, vi minha mãe aguentando a dor para não partir. Silenciosa, dizia nada dos gritos de correção. Um dia, chorou quando fui eu o agredido. Eu havia apenas sentado para tomar um pouco de café e me desliguei no tempo. Sempre fui de viajar nas ideias. E, então, adormeci na cadeira da cozinha. Ele gritou minha ausência de inteligência e de modos e minha arrogância de me imaginar gente.

Pela primeira vez, vi poesia nos ditos de minha mãe. Poesia dura. Sua voz sempre escondida ganhou força e avisou que a escravidão viveu em outro tempo. Disse sobre respeito e sobre amor. E pediu as contas. Ele deu de ombros e se foi sem muito incômodo.

No ônibus, ela beijou o que tinha de mim. E olhou para a janela imaginando alguma esperança. E, então, nos ajeitamos com outro emprego. E foi nesse tempo que, humilhado também na escola, desisti. Demorei a dizer a ela. Quando disse, ela chorou. Queria que eu voltasse, eu expliquei não ter inteligência. Ela chorou mais. Culpou a si mesma por não ter me ensinado a ver dentro. A casa, naquela noite, ficou vazia.

O tempo é consertador até de teimosias. Demorou para que eu soubesse que podia saber. E estou, agora, estudando. E gostando.

Meus filhos já são formados. Minha mulher me devolveu a autoestima que muitos roubaram. E abriu sorriso, quando eu disse da escola. Ela tem uma pequena confecção de bordados e escolhe palavras bonitas para enfeitar os aventais que vende. Nos conhecemos em uma calçada; eu perdido, ela pedindo informações. Pouco tempo depois, já éramos um. Minha mãe sempre gostou da nora, bordadeira de bondade no cuidado com as pessoas.

"Terra à vista" foi a frase que algum dos descobridores teria dito. Descobridores de uma terra há muito descoberta. Do exemplo histórico, fiquei pensando na vida. Terra à vista e o barco parado. Terra à vista e a vista presa a palavras que, erradas, grudam nos navegadores.

Vou me formar logo. O barco voltou a cumprir seu destino. Sou destinado a banhar de esperança os cascos da minha embarcação. Se um dia desisti, no outro reaprendi. A luz acordou esclarecendo o dia. "É o dia de abandonar as palavras mal proferidas". "É o dia de deixar no passado o passado que não mais me cabe e que nem nunca coube".

Foi nesse dia que cuidei de cuidar de quem sempre cuidou de mim. E que abri os outros dias que vieram. Duros, cheios de imprecisões, mas meus. Se sou pequeno na estatura, se fraturei a alma muitas vezes, nada disso foi impedimento para me aproximar da terra. O impedimento era eu mesmo, quando me via pequeno, quando autorizava a desautorizarem meu jeito de existir. A terra que avisto é a que eu planto amor. Não acumulei as agressões, apenas demiti os agressores da minha vida para poder, de fato, viver.

Vou ser o orador da minha turma. Minha mãe se chama Maria; minha mulher, também. Na minha alma, agora grande, avisto as Marias de minha vida e agradeço.

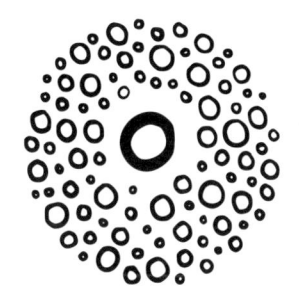

Machucaduras

Voltei ao trabalho. Depois dos cortes, voltei ao trabalho.

Não houve sangue, houve machucaduras. Ela vestia um vestido que desclassificava qualquer outra. Nunca houve outra. Não sei o que ela soube. Não sei quais foram os ruídos que trouxeram silêncio aos meus dias. Um vestido estampado de cores alegres demitiu da minha alma a alegria.

"Fique com ela" foram suas palavras. Demorei a elaborar e, então, a rua estava vazia. Por que ela não permitiu uma conversa? Todas as vozes merecem ser ouvidas, mesmo as que parecem desagradáveis. Podem significar alguma afinação nos descompassos de barulhos causados por mentirosas vozes.

Desumanizado, voltei à padaria. Mesmo com todos os barulhos, não estava ela. Nas conversas que diziam nada ou nas correções do mundo em uma mesa de café e algumas fatias de pão. Ouvia e não ouvia. Ouvia e não via.

Dizem que o tempo embaralha novamente o jogo e outros dias nascem. Mas, como autorizar o dia, se a noite ainda não se explicou?

Foi nessa padaria que nos vimos pela primeira vez. Ela pediu que tirassem o miolo do pão. Depois, disse da manteiga. E pediu um café fraco. E sorriu como permissão para o alimento. Foram sete anos. Nos amamos em ritmos diferentes, ouvindo músicas que nos acarinhavam. Ela parecia satisfeita. E eu? Eu despertava os dias dizendo o amor. O que houve, então? Ruídos dizem que ela usou a acusação para aliviar a culpa. Foi ela que se apaixonou por outro.

Uma senhora me diz o pedido, quer frios para levar para casa. Atendo. Resolvo. Revolvo os instantes da despedida, voltando os dias para alguma observação que não nasceu. Se um outro amor chegou, se o amor tão prometido eterno adormeceu, por que a acusação que era eu o experimentador de outros toques de ternura?

Um homem pede algumas garrafas. Sem alegria, pego e entrego. Agradece. Gesticulo, apenas, emprestando alguma gentileza. Os que fazem pão parecem compadecidos. Os que limpam, também. Olho um oratório que, desde o meu pai, vigia toda a padaria e suplico um alívio. Tenho impulso de voltar para casa e fechar as janelas. Resisto.

Dona Toninha, que há anos trabalha comigo, sussurra "Vai passar". Perdeu ela o marido para outra. Enfrentou um câncer em um dos seios. Mora longe. E faz o percurso todos os dias oferecendo alegrias. Concordo. Ela prossegue "O senhor está vivo, sofrer de amor é isso, se saber vivo".

O sol enfeita o lado de fora da padaria, onde mesas recebem histórias, onde histórias prosseguem sendo contadas. Não vou desligar o amanhã, mesmo que o hoje pareça insuportável. Vou comer essas palavras de esperança e prosseguir. Pedaços de retalhos também fazem cobertas que agasalham a alma.

Do forno que assa os pães, um cheiro bom me faz sentir. No rádio, uma música fala de amor. Sou parte da grande parte da humanidade que aguarda as cicatrizes na alma das feridas de amor. Enquanto não vem, preciso viver. Sei fazer pão. Sei do tempo da fermentação. Sei da primavera que interrompe o inverno. Sei de saber que, um dia, abrirei o dia, e ela não mais estará em mim. Sei de saber, ainda não sei de sentir.

Consigo sorrir de uma criança lambuzando de chocolate a mãe. Guimarães, que meu pai tanto citava, dizia que a felicidade vem é nesses momentos de distrações.

As devastadas paisagens

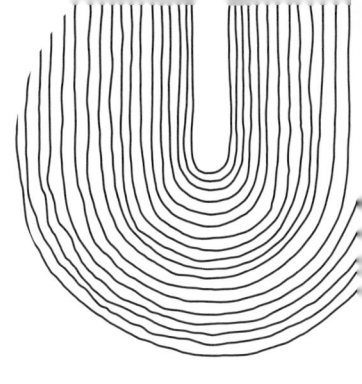

Sou mais jovem do que ela, e ele é ainda mais jovem do que eu. Em um abrir de portas, reconheci o que, um dia, fui.

Ele abriu com a jovialidade de quem vive os inícios. E foi assim que li o fim. Ela veio logo depois. Os cabelos levemente molhados e a expressão de ponto-final. Pediu licença a ele e, sem me convidar para entrar, autorizou a minha dor. Falei que uma história de amor não termina assim. Falou nada ela. Ofereci um choro, e ela não reagiu. Apenas disse que era preciso agradecer o tempo acompanhado. E pediu licença para entrar.

Entrou sem mim na casa em que entramos tantas vezes rindo e nos oferecendo para o prazer. Fiquei parado um tempo. Olhei as montanhas que assistiam impávidas aos entreveros humanos. O embate, agora, era comigo. Com as confusões que meus sentimentos fariam.

Entrei no carro. Nossas cidades não eram as mesmas, mas eram próximas. Dirigi olhando as devastadas paisagens, dentro e fora de mim. Fui percebendo os desmatamentos, clarões imensos provocados por descuidadosos homens que agrediam, sem comiseração, a natureza. A degradação, em mim, era fruto da entrega sem limites.

Ela foi o meu primeiro amor. Eu tinha acabado de completar 18 anos. Tudo o que havia experimentado, antes, era rio. Ela era mar. Nos vimos depois de um jogo de futebol. Eu havia feito três gols, e ela assistia à partida com uma amiga, apenas. Veio me dar os parabéns. Perfumada, perfumou aquele instante. Nos amamos sem qualquer introdução. Diziam dela que ela era beleza sem compromisso. Que não se entregava a não ser ao prazer. Desacreditei. Seria a mulher da minha vida. Cuidaríamos de não desperdiçar o que sentíamos.

Desconfiei, algumas vezes, de traição. Desliguei as vozes que me traziam a notícia. E, a cada encontro, encontrava a quentura de seu corpo. Não havia desejo algum não atendido. Não havia nada além do entregar. Os sons que fazíamos era a prova do que sentíamos. No silêncio, nos observávamos. Nos movimentos sempre novos, nos surpreendíamos. Vez ou outra, ela dizia da diferença de idade. Que um dia pesaria mais. Eu jurava nunca deixar aquela cena. E ela chorava emoção.

O que aconteceu, então?

Seis anos depois, ela encontrou um outro, seis anos mais novo do que eu. Descobri tudo sobre ele. Sobre o seu não fazer. Descobri como se conheceram. Descobri alguns pecados que quis contar.

Seis dias depois, voltei à sua casa. E foi ele quem, novamente, abriu a porta. Perguntei por ela, e ele, seguro, não se intimidou. Foi logo chamando. Ela veio. Uma camiseta, presente meu, e um shorts que – brincávamos – a deixava mais linda. Ele se retirou, dizendo que a esperaria no quarto. No quarto que ainda ontem havia sido meu. Comecei a chorar; ela, não. Eu disse dos erros dele, ela maneou a cabeça com a impaciência de quem desacredita. Seus suspiros eram de cansaço com a minha insistência. Levantou a suspeita, em mim, de que, em dia nenhum, fui eu amado.

Levantei para sair e ainda olhei para trás sonhando alguma mudança. Foi, então, que prossegui na mesma estrada com ainda mais choro. Lembrei um tio dizendo, desde sempre, que homem não chora. Chorei, inclusive, os ditos errados que me disseram vida afora. Era de dentro de mim que jorravam dor e incompreensão. Como se descarta alguém que jura amor?

Minha mãe estava em casa, quando cheguei aturdido. Sentiu o acontecimento. Xingou a mulher que nunca gostou. Meu pai fazia horta no quintal. Fiquei com ele. Silenciosamente, agradando a terra na esperança da colheita.

Os dias se passaram até que, um dia, as paisagens foram mudando. Quando muda dentro, muda fora. E as mudas plantadas, no silêncio que sofri, começaram a germinar.

Um dia, conheci Regina, e um diferente sol expulsou meus invernos. Ou parte deles. Já estávamos juntos, quando esbarrei na outra que me ofereceu sorrisos. Parei atencioso. Disse arrependimentos. Estava disposta a um recomeço. Perguntei do outro, seis anos mais jovem do que eu. Ela disse do fim. Meus sentimentos quiseram voltar o tempo e esquecer a pausa. Meus pensamentos não autorizaram. Fui gentil, apenas. E parti. Ela insistiu um jantar. Eu agradeci.

Fiquei desorientado por alguns dias. Não se arranca com os pensamentos o que se sente. Pedi ao tempo algum acelerar. Regina percebeu alguma confusão. Jurei não retroceder. Algumas noites, eu vivi os dois mundos. Beijava Regina e pensava a outra. A outra mulher. A outra história. A outra época, sei lá.

Um dia, passou. Sem que eu decidisse. Apenas, passou. Agradeci a valentia de prosseguir a vida nova, sem medo de novidades. A porta da rejeição ficou no passado. E o passado é cemitério de cadáveres.

Isso tudo foi há tanto tempo. E o tempo provou que estava certo. Não jogo mais futebol. Sou agrônomo. Cuido da natureza. Cuido de cuidar para que paisagens não sejam devastadas. Nem fora, nem dentro das gentes.

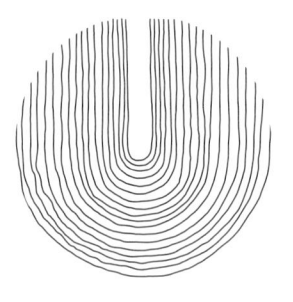

Sou um homem com interior

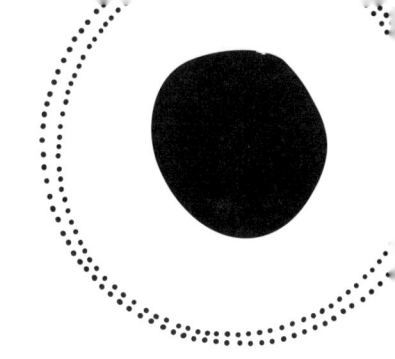

Sou um homem do interior. E do meu interior jorra gratidão pelo tempo e pelas aprendizagens.

Completei, na semana que se despediu, 90 anos. A longevidade é uma bênção que oferece possibilidades de mais escritas, de mais canções, de mais afetos. Quisera eu ser poeta para esclarecer, com beleza, o que foi brotando de mim.

Observo os irmãos meus, tão míseros na procura do poder. O poder mora dentro. Mora nas lutas temporárias que travamos para impedir as sombras de nos impedirem a luz. Temporárias, porque não se esgotam. É nos percursos que a água vai desenhando o curso do seu existir. As sombras existem, em todos nós. É preciso saber, é preciso enfrentar o que nos envergonha do que já se foi. O passado é ensinador. Os que aprendem, aprendem, também, a esquecer. Benditos sejam os lapsos da memória, os dias descartados por não dizerem a felicidade.

Tive algozes de que não me lembro. Vivi dores que se foram com as águas que limpam a vida de vidas que se cruzam com as nossas e que, por algum descuido, não oferecem amor. Aos noventa anos, poderia acumular mágoas e colecionar dissabores. O sabor que alimenta é outro.

Com o tempo, fui criando familiaridade com meu corpo e fui aceitando cada parte de mim. Com o tempo, fui compreendendo que só sou quando sou com os outros, amizade. Com o tempo, fui sentindo o Sagrado nas experiências mais simples dos meus dias e, no Sagrado, encontrando a luz.

Já disse sobre as sombras. Não sei quem as inventou. Talvez a nossa tal liberdade. Prisões foram me amargurando por anos e anos até o dia em que encontrei, no meio da multidão, a mim mesmo.

Observo os comentários dos viventes como eu, nesse mundo tão rico de cenários. Todos fogem de algo. Todos buscam algo. Todos gritam o mesmo desnecessário grito. Insanidades.

Dizia do meu corpo. Já houve um tempo em que eu não gostava. Vontade de ser um outro, mais alto, talvez. Com o céu como cor dos meus olhos, com cabelos um pouco mais avolumados. Com mais destreza nos movimentos.

Dizia dos convívios. Venci as ansiedades aprendendo a ouvir e, assim, cultivando afetos. Quanta sabedoria há no saber viver o momento, no momento que jamais se repete. Um café fumegando sabor e prosa, um ouvir com paciência o dia do outro, um encantamento pelos desprendimentos.

Dizia do Sagrado, eis a parte da eternidade que mora em mim e em todo mundo, e que faz ponte com a natureza, e que faz ponte com o que se sente de mais profundo. É o Sagrado que oferece a paz que hoje ofereço aos irmãos meus. Nada além do Sagrado merece a luta. Os falsos poderes, as falsas riquezas, a falsa glória. A glória verdadeira está nas elegantes vestimentas de uma rosa que atraem beija-flores cantadores de esperança. É o que vejo no jardim do interior onde moro. É o que conto, contando histórias, aos meus filhos, netos e à minha bisneta que, há pouco, desabrochou nesse mundo.

O que mais espero eu dessa vida? Viver! Viver como vivem os desocupados de exigências, os que aprenderam a não cobrar, a não esperar a não ser a espera linda dos dias que sucedem, intercalando sol e chuva, frio e calor, plantar e colher. Se bendigo os lapsos de memória por deixar longe o que me doeu, agradeço cada lembrança do aprendizado do existir que me faz compreender a liberdade de nunca deixar de caminhar amando.

Alguns conhecidos meus dizem que sou ingênuo por acreditar na bondade. Que seja! Ouço suas vozes e prossigo. Prossigo limpando de mim os seus punhos cerrados de algum ódio. É de mãos abertas que celebro meus 90 anos. Sempre haverá alguém precisando levantar. Ou um caminhar acompanhado. Ou um outro orante, peregrino do amor, fazendo ciranda na dança bonita da vida.

Sou um homem com interior.

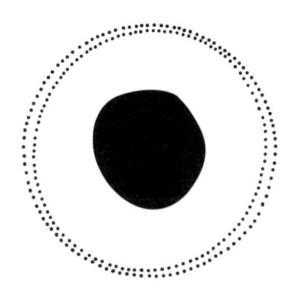

O sorriso de Jonas

Jonas é padre. Jonas é Monsenhor. Jonas é santo.

Jonas é o menino que nasceu em Elias Fausto, interior de São Paulo, e encontrou, desde cedo, a consciência do existir. Nasceu Jonas para sorrir às multidões; para aliviar, sorrindo, o peso da cruz.

Um dia, entre os tantos dias que, desde minha meninice, estive com ele, ele explicou o sorriso. Eu, diante das folhas, escrevendo sua vida, ouvi o seu dizer: "Eu pedi a Deus um sorriso como o do padre Guedes". Eu quis entender. "Sempre fui tímido, um pouco fechado, talvez, e queria me abrir, queria que o meu sorriso fosse uma explicação da bondade de Deus". Padre Guedes era um bom salesiano, amigo de Jonas. Deus atendeu ao seu pedido.

O seu sorriso me aliviou muitas dores. Diante da despedida de irmãos meus que os céus, prematuramente, arrebataram, ele estava. Diante do adeus ao meu pai, ao meu bom José, santo também, ele estava. Nos dias finais do lindo sorriso da minha mãe, ele também estava, abraçando a minha dor e sorrindo eternidade.

Monsenhor Jonas era um cantador que compunha o amor em canções que alimentavam a alma, "Quero transformar numa canção as juras de amor por ti, meu Deus, entraste em minha vida sedutor, já não sei viver sem seu amor". Compreendia Maria, a mãe de Deus, a escolhida para gerar o Amor, "Virgem, silenciosa, Tu me ensinas, silenciar também". Seu silêncio se rompia para pregar o evangelho, com a sabedoria dos profetas. Meu Deus, moram em mim tantas de suas homilias, tantas metáforas explicadoras do lindo do ensinamento de Jesus.

Um dia, ele perguntou a alguns jovens quais deles aceitariam fazer uma experiência de dedicar um ano de suas vidas a viver uma comunidade de amor, a se entregarem integralmente a Jesus Cristo. Nascia, assim, a Canção Nova, um jeito novo de ler, meditar, viver o Evangelho.

"A vida é caminhar, sou peregrino do amor, vou semear a esperança deste mundo que há de vir, eu não me canso de cantar". Em seu canto, enxergava ele um mundo novo, uma nova gente, disposta a abraçar a verdade e a construir: "Mundo novo vem aí, gente de coragem vai lutar, a verdade vencerá, quem é da verdade saberá". A verdade é que Monsenhor Jonas não morreu. A verdade é que a morte é o fim das coisas, não das pessoas. A verdade é que a bondade é a ponte que nos devolve ao Criador. E a marca da sua santidade é a bondade.

Era o fim do dia 12 de dezembro, quando o mistério da eternidade soprou o canto do amor, o mesmo canto que sopra a vida, em Jonas Abib. Então, ele sorriu um sorriso que não conseguimos ver, nem compreender. Mas sorriu. Uma luz profunda que nem as profundezas mais plenas da razão descrevem. É a essência da criatura que abraça a essência do Criador. Um bebê, no ventre materno, não conhece do mundo que está para vir, antes do parto. Partimos desse mundo também sem saber. O que nos resta é o sentir. É a fé que sopra delicadezas em nós, que nos alivia as despedidas. É como a primavera desmentindo o inverno. As árvores não morreram na fria estação. As árvores se preencheram de uma nova roupagem de flores feitas para lembrar ao mundo que o belo existe.

O belo do sorriso de Jonas prossegue existindo.

O livro que escrevi sobre sua vida tem o título de "Eu acredito em milagres". Os milagres em que acredito moram nos cotidianos que vejo. Nas vidas que nascem e que preenchem a existência de novidades. Uma criança nascendo é o milagre do jardim humano florescendo possibilidades. Do choro aos sorrisos, a criança vai conhecendo o existir. E vai aprendendo a peregrinar até o entardecer. O lindo entardecer que explica, mas que não compreendemos, que não termina.

Fecho os olhos e vejo Jonas sorrindo, ainda mais bonito, a canção eterna, que um dia todos nós cantaremos...

E um Natal de amor

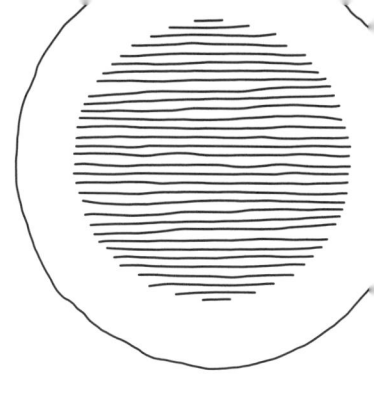

E uma criança nasceu. E mudou o mundo. Em uma manjedoura, uma criança nasceu. No céu, a luz simplesmente iluminou. Os sorrisos. Os pensamentos. As ações. Uma criança nasceu. E os cuidados aqueceram seus primeiros dias.

Era Maria e era José. Era uma humanidade inteira esperando uma humanidade melhor. E uma estrela comunicava o caminho que devia ser seguido para compreender a chegada da criança. E, no Natal e em todo natal, há músicas, há enfeites, há crianças.

Uma criança olha por entre os olhos de um adulto que passa apressado e pede um olhar. Uma criança chora a dor da fome. Uma criança coloca as mãozinhas miúdas nos ouvidos tristes que ouvem os gritos de violência dentro de casa. Uma criança acompanha o martírio da mãe doente. Uma criança sonha com algum brinquedo. Uma criança, cheia de brinquedos, sonha com algum amor. Uma criança, sem ter o tempo necessário, experimenta o sofrimento.

Infâncias desperdiçadas não combinam com a infância nascida para continuar a vida. Uma vela se acende na escuridão. Uma e mais uma e mais outra e mais outra e novamente mais uma vão se acendendo, e a escuridão vai sendo despedida na noite de Natal e nas outras noites inspiradas na noite de Natal. Se a primeira vela achasse tudo escuro e se aquietasse, a luz não nasceria.

De vela em vela, a criança que olha por entre os olhos de um adulto, a que chora de fome, a que coloca as mãozinhas para deixar de ouvir a violência, a que acompanha o martírio da mãe, a que sonha com algum brinquedo e a que carece do essencial amor. De vela em vela, o mundo das crianças explicaria ao mundo dos adultos que um Natal de amor é o que o mundo inteiro precisa.

Crianças crescem o plantio. Os verdumes enfeitam as paisagens, depois que chuvas de esperança aliviam os tempos desertos. Não temos o poder de impedir os desertos, mas temos o poder de sentir as chuvas que caem e que acariciam as sementes que enfeitarão a terra. Não cuidar das sementes é não entender a vida. Não cuidar das crianças é desautorizar o futuro a ser amor.

O Natal é festa que se repete, porque os dias se repetem e também os símbolos que nos repetem ensinamentos. As iluminadoras velas acesas de tantos passados prosseguem hoje e prosseguirão amanhã significando o poder individual no todo, o poder do todo no individual. Cada um é portador de uma luz cantadora de bondades. E tem, cada um, a liberdade do silêncio incorreto quando se trata de proteger as vidas brotantes do milagre que não se encerra.

Um Natal de amor é um Natal de, ao menos, um gesto de cuidado, de atenção, de vela que ilumine uma vida que seja, que a retire da multidão de vidas desatendidas e que a exalte no altar do mais belo ensinamento religioso, abraçar para elevar.

E uma criança nasceu. E um olhar nasceu ao olhar a criança.E um gesto de bondade nasceu ao olhar a criança que nasceu.

Na bondade de Belém, os sinos tocaram vida. E, na humildade daqueles três, a humanidade nunca mais foi a mesma.

Que o Natal seja feliz, para mais gente, para toda a gente. Ninguém deveria ser esquecido de receber amor.

E uma criança nasceu dentro de quem já está nascido, mas que precisa relembrar o sentido do nascer.

Feliz Natal!

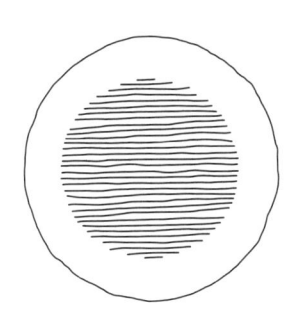

A VOCAÇÃO E O ANO NOVO

Sonhei, ontem, com Lygia e com suas mãos dançando palavras, como cirandas, cirandas de pedra, cirandas de carne.

Lygia gostava de espreitar as espumas, mas jamais se lançava nelas. Sabia que as superficialidades atrapalhavam o chamado, a vocação.

Sua vocação foi a escrita. Na escrita, encontrou o seu lugar no mundo e, no mundo das palavras, construiu outros para mover, para comover, para dizer o que precisava ser dito. "Vocação vem do latim *vocare*", dizia ela. E prosseguia com os seus entusiasmos.

No sonho, ela apenas sorria e explicava, ao lado da minha mãe, que as palavras penetram muito, mas, mesmo elas, não são capazes de penetrar o mistério.

Acordei e abri o dia pensando. No fim do ano, os pensamentos desistem do descanso. É um pensar no que passou e que poderia ter sido outro. É um pensar na essência da gratidão. É um pensar no que virá. É um pensar até se fomos ou não desertores da nossa vocação. Quando acontece, a infelicidade nos avisa.

Desde meus anos de adolescência, tenho o costume de escrever propósitos no Ano Novo. O sonho de Lygia fez migrar, em mim mesmo, as tantas viagens que faço. Sou inquieto desde sempre. É o que sou. E o fazer é, naturalmente, um companheiro de dia inteiro.

O que faço? Por que faço? A quem faço? O fazer preenche as horas e preenche a vida. Mas o fazer não pode ser um desfazer. Faço e desfaço como Penélope aguardando Ulisses. Não. Não há a quem aguardar. Há muitos a agradar ou a cuidar ou a compreender o belo do mundo grande em que vivo.

A vocação se realiza nesse mundo grande, externo. E, também, no mundo imenso, interno. Há camadas dentro de mim que me perturbam na mais fundamental das viagens, a de dentro. Com essa viagem, cumpro o meu destino essencial, ser eu mesmo. Ser um conhecedor da carícia profunda e sagrada que vive em mim e que se alimenta do mundo e que alimenta o mundo. Mas o mundo é diferente do meu mundo. Que é único. Irrepetível. Não há como ser senhor de mim mesmo descasado do mundo em que vivo. Mas não é o mundo em que vivo o ditador do meu senhorio.

Um ano novo é um novo capítulo para rever onde houve escravidão e onde houve voo. A escravidão me faz conviver com um mau humor insistente. Sou escravo de pessoas ou de escolhas incorretas. Sou escravo do desânimo do não fazer ou da euforia desajeitada de fazer o desnecessário. Já o voo é a vocação. É o chamado. É o infinito significando que encontrei um lugar para escrever a escrita autêntica, brotada das dores e das sensações de amor. Do amor sublime ao amor erótico. Do amor amigo ao amor por uma causa mudadora de vidas.

É um desperdício viver sem encontrar a vocação. Vale vasculhar. Vale gastar tempo com o tempo do pensar. Vale escrever para entender melhor. Para ler com vagar o que fizemos com o mundo e o que mundo nos devolveu. Somos umbilicalmente ligados e misteriosamente separados. O ano novo é apenas um símbolo entre tantos outros que nos emprestam significado.

O significado que sugiro para esse que vem nascendo é a vocação. A vocação e o ano novo. Que ninguém se distraia em tantos barulhos que não nos pertencem. Que ninguém autorize o outro a dizer a sua vida. Vida é presente individual. Que se brinca no coletivo, na roda dos afetos, mas que é escrita cada uma a seu jeito.

Quero prosseguir sonhando com habitantes de minha memória. E agradecendo os tropeços e as relvas poéticas que me trouxeram até aqui. Daqui em diante, prosseguirei com os alicerces do passado e as surpresas do futuro. Uma rosa, uma onda do mar, uma nuvem, a lua, um passarinho cantador já sabem o que serão no ano novo. Nós, não. O poder da escolha foi dado aos humanos.

Humanizemo-nos!

Nélida Piñon, uma mulher, uma obra, um tempo

O tempo pairava sobre as montanhas que abraçam o Vale do Paraíba. De um lado, a Serra do Mar; do outro, a da Mantiqueira. O espaço era uma fazenda de tradição literária, Fazenda Boa Vista, em Roseira Velha. Os saraus reuniam grandes artistas, intelectuais, proseadores do humano e do que transcende.

Eram os fins dos anos 1980. Foi a primeira vez que vi Nélida. Eu já havia lido seu primeiro romance, *Guia-mapa de Gabriel Arcanjo*, e havia terminado de ler *A república dos sonhos*. Uma música orquestrava leveza àquela tarde. Tomávamos chá e observávamos o lusco-fusco do dia. Era mais um dia se despedindo no implacável poder do tempo.

Nélida me fez grande ao depositar tanta atenção em minhas curiosidades juvenis. Eu já havia publicado alguns livros e terminado minha primeira faculdade, Filosofia. Naquele dia, ela me disse futuros, explicou de suas escolhas, de sua dedicação absoluta à literatura. Sugeriu que eu lesse *A casa da paixão*. E que, depois, conversasse com ela. Foi o que fiz. Com a rapidez de quem quer motivos para prosseguir a prosa.

Fiquei tomado pelo livro. Seu desnudamento, sua autenticidade. Sua entrega ao dizer com tanta força a paixão, o Eros indolente em suas flechas provocadoras de feridas aparentemente impossíveis de cicatrizar. Morremos um pouco, quando nos apaixonamos. Uma parte de nós se torna do outro. Ou o que somos deixamos de ser. Quem sabe?! "Aprendo a amar. Uma arte difícil, nenhuma norma me orienta". Que escritora, meu Deus!

Esses foram nossos inícios. O tempo nos proporcionou momentos únicos. Fomos uma vez ao cinema ver *Marley & eu*. Ela passou a vida relembrando que eu tive uma estratégia corajosa de fazer com que ela derramasse lágrimas sem controle algum. "Você é perigoso, meu caro". E ria, ria o amor que tinha pela vida e pelos afetos. Era plena no receber e no depositar seu tempo na necessidade do outro.

Em *Vozes do deserto*, Nélida abraça a angústia de Sherazade, a mulher que, durante mil e uma noites, teve que tecer histórias para acalmar o coração doente do Sultão.

Choramos juntos a despedida de alguns amigos. Pasin, o da Fazenda que nos recebeu, foi embora e falamos sobre a morte. Lygia, tão menina, tão centenária, tão imortal, se foi no início do ano que também levou Nélida.

Celebramos juntos as chegadas de novidades em nossas vidas. Quando li seu último romance, *Um dia chegarei a Sagres*, desacreditei de tamanha originalidade em uma mulher com já tantos robustos textos. Cada cena do livro é cinema. Cada página é dor e é esperança. A saga da vida nos leva a buscar Sagres, a vencer o tempo, a resistir às intempéries.

Nélida definitivamente não era dos reclamos. Enxergava pouco, o tempo e algumas doenças limitaram seus olhos, mas não sua alma, tampouco sua alegria de viver.

Guardo textos e vozes que ela, tantas vezes, me enviou. Guardo seus ditos, seus conselhos amorosos, sua fidelidade à verdade e aos cotidianos, singelos, porém acompanhados dos pensamentos da solidão necessária ou dos afetos vividos em uma mesa de alimentos.

Poderia dizer dos seus prêmios, dos seus títulos acadêmicos, das tantas traduções de seus textos, da trajetória da primeira mulher a presidir a Casa de Machado de Assis. Poderia fazer resenha dos seus livros. Li todos. Grifei. Anotei. Imaginei. Sofri. Sorri. Poderia dizer das conferências que fizemos juntos. Preferi narrar a fazenda, a música, a prosa e o inesquecível dia em que, depois de conhecer a obra, conheci a mulher. E que, depois de conhecer a mulher, conheci ainda mais a obra. Em que a mulher se fez obra em mim, colaboradora frequente no cimentar da minha literatura.

No sepultamento de Nélida, ao lado de sua mãe, no Mausoléu dos grandes da Academia Brasileira de Letras, no Cemitério São João Batista, era possível ver o Cristo, braços abertos. Em alguns momentos, Ele parecia não estar. Sofremos as despedidas. Os ventos empurravam, então, as nuvens das desconfianças, e Ele nos abraçava nos misteriosos segredos que sussurram, em palavras quase inaudíveis, que o tempo não se encerra com a pedra que se deposita sobre o corpo que fez, com a alma, o tempo ser mais bonito.

Uma chuva choveu naquele dia. Era um ano se despedindo. A palavra silenciou em respeito à grande escritora. Pouco depois, a palavra prosseguiu. Nélida é uma mulher, cuja obra o tempo não descansará.

O latido do cachorro

De novo. Parece uma confissão de algum ódio, de alguma arrogância sumária contra quem mal nenhum é capaz de fazer.

Basta que eu me aproxime do portão, e ele começa a latir. Um latido que diz que minha presença é desagradável, que minha presença é incomodativa. Já mudei de calçada, e, mesmo assim, ele me avisa que não tem apreço por mim. Que seria melhor que eu não aparecesse. Já disfarcei colocando óculos e boné. Já mudei a cor da roupa, sonhando que a implicância não era comigo.

Era. Sei disso, porque fiquei ao longe observando outros passantes. E nada de latidos. Mesmo na calçada onde ele avisa que não gosta de mim. Troquei o perfume. Definitivamente, era o perfume. Errei. O latido sem comedimento persistia.

O latido do cachorro foi dizendo carências em mim. Não é o primeiro desprezo. Sofri tantas vezes por sentir que não me queriam. Na escola, certa vez, errei uma resposta. Estava com os pensamentos em outros cenários. Que mal há? Criança ainda. E errei. E riram, riram até as risadas cansarem.

Disse nada em casa. Pedi para mudar de escola. Perguntaram o motivo. Chorei, apenas. Não queria dizer fragilidades. Disse. Minha mãe aceitou e, prontamente, resolveu o assunto. Na outra escola, também ouvi comentários.

Em uma roda, disseram que eu comia de boca aberta. Eu não sei se eu comia de boca aberta. Sofri. Sofri sem dizer. Achei que era preciso prestar atenção.

Em frente à minha casa, moravam uma mulher muito elegante e seu filho único. Um dia, fui de chinelo estudar com ele. Ela olhou para os meus pés tantas vezes que tive vontade de abraçar aquela criança sofrida que era eu e dizer que eu não me sentisse como estava me sentindo. Desviei a atenção dos livros para a desatenção daquela senhora. Ofereceu alguma comida, recusei de pronto, fiquei com medo de comer de boca aberta sem perceber. Seria um segundo erro, além do chinelo.

No meu primeiro trabalho, de auxiliar em consultório de dentista, cometi um erro de português, um erro grave, não vou repetir aqui, porque tenho vergonha. E um cliente me corrigiu alto. E pediu que eu repetisse do jeito correto. O dentista ouviu e não disse nada. Era um erro, mas não precisava me expor assim. Quis ir embora, dizer a mim mesmo que as pessoas erram, que o erro seria esquecido. Nunca esqueci.

Outra vez, foi um relógio que comprei com muita dificuldade. Gostei tanto que não tirava do pulso, até que o filho do meu segundo patrão olhou com desdém e comentou que o relógio era estranho demais. Consegui um sorriso para disfarçar o incômodo, e nunca mais usei.

Outra vez... Não. Não vou falar de outra vez, senão terei de ir costurando os rasgos que as pessoas foram fazendo em mim. Ou que eu mesmo fiz. Os humanos são capazes de causar dor horrível nos humanos.

O cachorro que late, quando eu passo, não é humano, não preciso que ninguém me corrija o raciocínio. Quando me arrumo para sair, já fico pensando: "Por que ele não gosta de mim?"

Ele, o cachorro. É disso que se trata. É como se o desamor de tantas vezes estivesse representado naquele latido. É como se ele desaprovasse algo em mim.

Decidi. Vou conversar com ele. Parece estranho, mas vou. Vou dizer, calmamente, que não adianta o latido agressivo, arrogante, que vou continuar passando. Que é ele quem vai desenvolver alguma rouquidão ou cansaço. Que não tem ele o direito de diminuir minha vontade de caminhar. E, talvez, até explique o que as pessoas já fizeram comigo. Sim. É mais fácil que ele compreenda e pare de agir como os outros. Os outros que doeram em mim.

É isso, também errei ao não me aproximar do jeito certo. Vou dar algum carinho. Um carinho devolve o que o medo nos leva. Um carinho escreve futuros em nós, futuros bonitos, esperança. Vou perguntar o nome do cachorro, sabendo o nome fica mais fácil. E vou dizer o meu. E permitir que me conheça. Só assim não nos estranharemos.

A casa verde da rua de trás

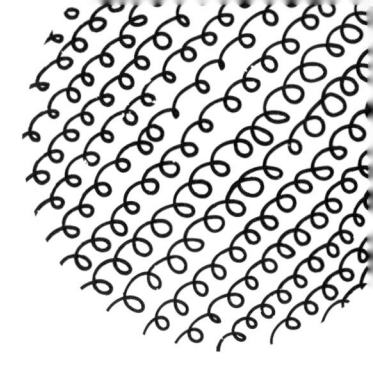

O silêncio do domingo cortava em mim qualquer alegria. Sou mulher de falas. Não gosto da quietude. O pensamento sempre foi inimigo meu. Causa dor. Causa lembranças incomodativas e medos do que virá. Então, não penso!

Como não penso, falo. Falo o que me vem. Sem limpezas. Sem cuidados. Dou a mim mesma o título de mulher autêntica. E, ao meu marido, o título de nada. Foi um casamento arranjado nos tempos em que a solteirice avisava falatórios. Eu sou a mais velha de outras três irmãs precipitadas no casar. Então, foi o que fiz. Caminhei Igreja adentro cumprindo as exigências. Foi festa rápida, sem muita alegria. E, inexplicavelmente, ele parece satisfeito.

Fiz o café antes dele. Café preto. Sem outros prazeres. Um café acordador. Acordada estava antes da hora. Detesto acordar cedo, mas cedo acordo. E fui ter com a rua. A cidade dormindo não me agrada.

Fechei o portão baixo que avisa que não se deve entrar e virei à esquerda. O úmido das árvores não me dizia nada. Nem os cantos de alguns pássaros adoecidos de insônia. Nem sei se há.

Virei, novamente, à esquerda e fui andar na rua de trás. Foi quando vi Arlete. Naturalmente, já nos conhecíamos. A cidade é pequena demais para esconderijos. Ela sorriu, convidando. Eu agradeci, dizendo pressa. Ela insistiu e algo na insistência me fez entrar.

A casa verde de Arlete era cheia de livros e de história. Foi o que consegui sentir. Eu comecei falando. Dizendo reclamações, minhas inseparáveis companheiras. Ela, ouvinte. Fiquei constrangida, em algum momento, com a atenção. E silenciei. Vi um livro entreaberto perto da poltrona em que ela descansava. Ela viu o meu ver. E comentou sobre o enredo.

Fiquei inquieta, depois acalmei. Arlete falava dançando. As mãos acompanhavam a voz. E as palavras eram ditas diferentes de mim. E a pausa. E o silêncio preparador do que vem depois. Vi uns papéis sem movimento, e ela disse que escrevia. Eu quis saber. Falou de histórias que ela observa. Do pensar. Eu reagi, "eu não penso". Ela sorriu entendendo ser descontração. Suspirou fundo e prosseguiu. Pegou um dos papéis e leu um poema sobre o descansar. "Eu não descanso", foi o que eu disse.

Tomamos um pouco mais de prosa e eu saí para casa. Não sei o que aconteceu. Não sei onde moram essas palavras que nos remexem. Mas, no caminhar, fui vendo o que não via, mesmo vendo sempre as mesmas ruas que via.

Meu marido passava a manteiga no pão e olhava com amor minha chegada. Sentei com ele. Beijei seu carinho. E agradeci. Comentei sobre um canto de passarinho e sobre as árvores tão bonitas quando amanhecem. Ele disse de um passeio. Eu assenti. Falei de um entardecer juntos. De um piquenique. Ouvi do texto de Arlete e aproveitei a palavra. Ele pareceu surpreso e concordou. Descansei de mim olhando meu marido e pensando que posso pensar. Que, de dores, nascem vidas. Que alegrias também podem ser companheiras.

Na casa verde da rua de trás, moram alguns mistérios que só quem aceita entrar conhece. Entendi que a redenção estava na palavra. Eu que sempre fui do limpar, do preparar, do cozer, do fazer e do temer. Temi viver a vida sem conhecer.

Arlete mora na rua atrás da minha, mora na rua dentro de mim, adormecida. Justo eu que acordo tão cedo e que demoro a acordar.

Decidi pegar alguns papéis para ler e escrever o silêncio e os barulhos em mim. Culpa nenhuma tem o tempo que passou nem os que passaram. É em mim que a casa verde anuncia esperanças.

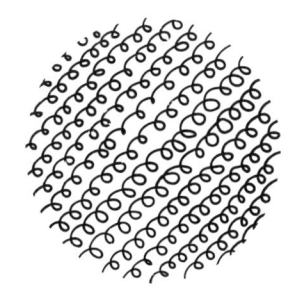

João e Esmeralda

O sol descansava as névoas e iluminava. O entardecer não tardaria a chegar. O entardecer havia chegado. Foi o que ouvi de João.

Sentado em um banco de madeira velho, remexia os pensamentos e acenava, com educação, aos passantes que caminhavam na praia quase vazia.

Parei um pouco e sentei ao seu lado. O sorriso havia feito o convite.

"O senhor não é daqui", foi o que me disse.

"Estou de passagem", foi o que respondi.

"Todos nós estamos", foi o que ensinou.

João tem a idade de alguns cansaços. A pele queimada de sol. Os pés descalços dos frequentadores de areia. As mãos estendidas sobre o tempo explicam tempos de mais ação. O tempo que ainda não havia escorregado por entre os espaços de seus dedos, também queimados de sol e de histórias.

"Esmeralda", disse ele.

"Como"? indaguei.

"Querem comprar Esmeralda, estão comprando tudo".

Não demorei a entender que Esmeralda era o barco. Do banco de madeira velho, víamos o velho barco de João.

"Esmeralda me deu tudo".

E foi dizendo dos filhos já formados com o dinheiro dos turistas que conheciam o mar em Esmeralda. Da vida com Esmeralda. Dos passeios românticos com Lucília, a esposa, em Esmeralda.

"Faz tanto tempo". Disse e silenciou. Silenciei também. Foi como se visse sozinho, dentro de si mesmo, um filme bonito.

Aproveitei para ver melhor o mar e os barcos balançando em obediência ao ir e vir das ondas. A visão era de imagens capazes de alimentar afetos e perpetuar memórias.

Voltou João a dizer de Esmeralda. Então, eu percebi que deixei de ver os outros barcos e fiquei enamorado de Esmeralda. O nome estava pintado em lugar visível. O balançar disfarçava a idade. Fiquei, também, construindo o meu filme interno. Imaginando o dia em que João encontrou Esmeralda e, com ela, o seu lugar no mundo. Fiquei perguntando se já havia encontrado a minha Esmeralda, a minha embarcação, a minha joia explicadora das existências. O balançar é para todos.

A frase de João voltou a dizer em mim, "todos nós estamos" de passagem. Passageiros do tempo nos espaços que conhecemos. Passageiros do tempo nas embarcações que nos transportam. E que, em dias de lua atrevida, nos oferecem romantismos. Fiquei imaginando Lucília. Como se conheceram? Na praia? Na casa de algum conhecido? Na saída de alguma Igreja? Perguntei nada. Preferi construir.

Esmeralda foi construída por artesãos que já não mais existem. Ou artesãos que existem em Esmeralda. Lucília mora com João, já sem os filhos, em uma casa que não fica longe.

Sai pouco. Algumas doenças demitiram o caminhar apaixonado nas areias daquele mar.

Há uma empresa que chegou, há pouco, e que está comprando as embarcações. Poderia ser um bom dinheiro para João e Lucília, para os remédios, para o conforto. Desconfortado está ele em dizer adeus. E se mudarem o nome? E se pintarem de alguma outra cor? E se não mais reconhecer Esmeralda?

Sou de outro canto do mundo. No meu canto, conto a vida em outro tempo. O meu tempo ainda não é do entardecer, embora saiba que há de chegar e que há de balançar verdades provisórias que hoje tenho. Não sei medir o quê, para João, é o despedir de Esmeralda. Penso que coisas possam ser despedidas, nascemos sem elas, mas não posso julgar. Não sei o que nasceu em João com Esmeralda e o que representa o seu atravessar de ondas, de dias, de uma vida inteira.

Sei que fiquei feliz antes do entardecer. E que agradeci a conversa.

"Volte amanhã", disse ele. "Esmeralda e eu estaremos aqui".

"E Lucília?", perguntei.

"Ah, se quiser tomar um café em minha casa, será bem-vindo, ela sai pouco, mas ficará feliz".

E assim resolvemos. O meu amanhecer amanhã será com os dois, na casa simples não muito longe da praia, na simplicidade de um amor que resistiu ao tempo, ao tempo embalado em tantas travessias em Esmeralda.

Um pouco da minha Esmeralda estava ali, no encantamento de encontrar pessoas e no escolher as palavras para oferecer amor.

Gavetas da alma

Guardo nas gavetas da alma sentimentos tantos que, por vezes, deixo de lado o tempo de fora para viver o de dentro. Desde criança, fui acumulando. Nem sabia o que ficava, quando, o que não ficava, partia.

Guardo sorrisos de dias simples que explicaram o nascer e o morrer. Nascem as manhãs e, com elas, os perfumes de esperança de viver sem medo.

O medo da morte deixo em uma gaveta que, também, guarda a consciência da transitoriedade de tudo. O rio prossegue. O que rio, também. Sou dos que abraçam o riso como expressão de disposição para não atender os desânimos que nascem dos tantos poluidores da alegria.

A alegria, na minha alma, mora em mais de uma gaveta. A alegria dispersa os pensamentos desnecessários, as inconclusas incursões quanto ao que foi o ontem. Embora com os meus guardados todos, sou do desapego. Não se prende o que já se foi. Não é possível, nem é bom. O rio segue o curso. O curso da vida é ensinador da plenitude dos instantes. Morrem os dias, morrem as idades, morrem as paisagens tantas vezes ocupadas com amor e dor.

Nos compartimentos da alegria, mora, também, a esperança. Nascem os amanhãs, manhãs que aguardarão ações corretas. Nascem os jardins plantados em dias que já morreram. Nascem embelezando a história de histórias ainda grávidas, querendo nascer.

Os dissabores ocupam espaço em gavetas inferiores. É difícil pedir que partam, eles que chegaram depois de partes partidas de mim mesmo. De feridas, se fizeram cicatrizes. Permito que permaneçam. É bom que estejam alimentando de memórias os dias de dor. Já não temo a dor nem o sofrimento. Aprendi a guardar com eles canções de silêncio e canções de amor. Canto o amor como um desbravador dos campos da existência. Não desisto dos encontros, mesmo desencontrando, tantas vezes, a verdade.

Há cartas não entregues guardadas em mim e há outras tantas que recebi. Pintei de ilusões alguns dias e chorei, sem economias, a ausência. Há os que amei e não me amaram e há os que descobri depois que apenas armazenaram o que sentiram por mim. Por medo viveram a distância. Desperdícios? Quem sabe?!

Há os que fingiram sentimentos. E há os que eu fingi acreditar. Era jovem ainda para o uso correto do "não" e do "sim". Moram os dois nas gavetas da alma. E, se estou atento, convivem bem. Saem apenas quando autorizados. Se estou atento.

A atenção com o outro, tão ensinador de vidas, fui ganhando aos poucos. Fui lutando contra o que bagunça qualquer gaveta, o egoísmo, e cedendo espaços para outras histórias contemplarem comigo a vida linda que não se cansa de nascer.

Se não tenho o poder das demissões dos sentimentos que me diminuem, tenho o poder de aumentar o som dos sentimentos que me elevam. O som que sopra, nos meus ouvidos, entusiasmos. Não nasci para viver caído. Nem para me alimentar de baixezas. Nasci para o voo. E, nas gavetas da alma, moram as asas que preciso para voar voos inteiros em dias inteiros de amor.

O amor é o mais belo guardado que mora em mim. E mora desde sempre. Ou nem morada eu teria. Ou nem eu existiria. A minha alma se alimenta e se lava de amor. Se fortalece e se perfuma de amor. A minha alma se faz poeta no amor que sopro para dar vida a novos sonhos, a novos encontros, a novas formas de formar felicidades.

Só há um jeito de amar? Não. Há mais de uma gaveta em minha alma.

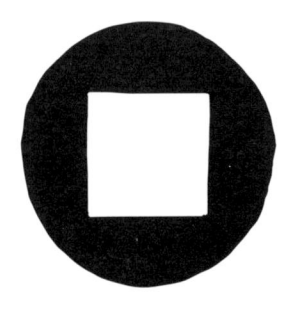

A VELA ACESA

Consegui o dizer correto e a presença. Vera, minha sobrinha, decidiu por vir. Decidiu rasgada em dor que, talvez, nem o tempo, costurador, será capaz de dar conta.

Minha irmã despencou, por decisão própria, de uma altura incapaz de outro decidir a não ser terminar a vida. Sobre isso, ainda não sou capaz de dizer. Não tenho distanciamento nem lucidez para adentrar o mundo de sombras que demitiu qualquer luz, qualquer futuro, qualquer rescisão do contrato de dor que vigeu nos tempos finais.

Minha sobrinha havia assistido à partida do pai. Conversas explicaram que nada mudaria. Mudou. Mudou ele de cidade, de presença, de atenção, segundo minha irmã. Eu insisti que não alimentasse na menina as ausências do pai. Ela ouviu nada e, por mais de uma vez, repetiu: "Ele desistiu de você, ele desistiu da nossa família".

Minha irmã perdeu, há muito, o prazer dos instantes. De falante passou aos silêncios. Não os necessários para a construção da força interior, mas as vacuidades de alegria e de sonho. A alegria empresta ao mundo sorrisos, e o sonho, os plantios das florestas de amor que permitirão que se aconcheguem em nós, outros sonhadores, oferecedores de outros sorrisos, também.

E assim se vive. É como uma vela acesa que ilumina e que aquece. É como mais de uma vela acesa. Uma ao lado da outra, sem queimar, a não ser o tempo bonito do existir, iluminando. As velas vão andando nos terrenos inabitados e fazendo ver o quanto de possibilidade ainda há. Minha irmã deixou de ver. E hoje seus olhos cerrados são velados nesse espaço da despedida final. A vela acesa é apenas de respeito. E de oração.

Minha sobrinha Vera chorou o choro mais doído do mundo e avisou que não viria. "Tia, minha mãe desistiu de mim". Vela que também sou, retruquei: "Sua mãe desistiu de uma dor, não de você".

Com os bracinhos tímidos, aos 10 anos, ela empurrou o choro e pensou no que eu disse. E voltou: "Desistiu de uma dor?". Eu prossegui: "Sim, meu amor, a dor faz parte, é preciso dar conta, é preciso conversar com ela, é preciso saber que com ela há outros sentires", e fui filosofando sem ser filósofa.

Sou eu a única irmã. Sem filhos. Sem casamento. Apenas com as interrogações de não ter percebido o buraco que consumia os seus dias. Tenho ainda que acender alguma luz que devolva a voz de minha mãe. Que nada ainda disse, desde o salto da filha.

Brigo comigo querendo voltar o tempo. Poder nenhum tenho. Ontem pela manhã, era apenas amanhecer. Cada um de nós respirava os passados e as promessas de futuro. Foi no entardecer que ela entardeceu mais do que se deve, que ela apagou o que nos dias que viriam poderia ser diferente.

Os ventos, que sopram, sopram belezas e sopram ausências. É preciso paciência. Um pouco de compreensão da tristeza já é prenúncio de alegrias. Longe de mim os julgamentos. O mundo de dentro é desconhecido demais para conclusões apressadas. O que dei conta foi de dizer à minha sobrinha que não era ela a razão, jamais seria. Que fosse comigo ao velório da mãe. Que chorasse o choro necessário.

Agora, estamos juntas. Sentadas em cadeiras duras. Mãos enlaçadas. Cabeça recostada no ombro, olhando a vela acesa de uma vida que, antes do tempo, se apagou. Sou uma mulher de fé e rezo para que, em outra morada, ela prossiga acesa sem as dores que incompreendeu na passagem por aqui.

Amor de carnaval

Dizem que os dias da festa se encerram com o encerramento da festa. Dizem que os foliões foliam e, depois, se recompõem para voltar à lucidez.

Dizem que o que se diz não se diz quando o carnaval termina. Não. Não foi o que aconteceu comigo e com Marília. Eu ainda vivia o tempo em que o tempo não era percebido. Poucos ontens e muitos amanhãs.

Era um daqueles bailes de carnaval. O terceiro dia. E vi Marília. E vi o sorriso convidador de Marília. Parei a noite, desliguei outro olhar e fiquei ouvindo suas histórias e dizendo as minhas. A música já explicava que a folia havia terminado. Andamos juntos pelas ruas amanhecendo. E apenas um beijo. E depois o sono interrompido por sonhos que faziam acordar. Acordei pensando nela.

Trabalhava Marília em um banco. E eu, em outro. Morávamos não muito longe. Ela havia dito do namorado que havia partido. Contou as histórias que doeram. Eu disse que era preciso desviver o que viveu. Que também eu vinha de adeuses. Disse que havia esvaziado os meus sentimentos e prometido que seria um carnaval de esquecimentos e de folias. Ela sorriu. Disse que jurava cantar para esquecer a fome de amor.

E ela repetiu o meu dito, gostou da fome de amor. Gostou do cantar para esquecer. Gostamos de tudo quando nos enamoramos. E foi assim que os dias se repetiram e que nunca nos esquecemos do primeiro dia. Viramos foliões da alegria de viver. Demitimos as dores do passado. Se tivemos medo, foi só nos inícios. Mas um medo aliviado pela esperança de uma história bonita.

No início, ainda pensava em Sandra, a que me desprezou. A que fez me humilhar suplicando algum amor. Sandra roubou noites, noites indormidas, noites sem data para terminar. Terminou. E iniciou a escritura da história de amor da minha vida.

São quase 50 anos daquele primeiro carnaval. Ainda nos vestimos de folia. Esquecemos a idade que temos e vamos para a avenida. Ver as escolas desfilando a vida. Seus temas. Seus enredos. Suas harmonias. Uma vida de harmonia foi o que ousamos construir. Se nos esquentamos, esfriamos. Se esfriamos, esquentamos. E, assim, vamos iludindo o fim e permanecendo.

Marília teve um tempo de adoecer. Adoeci junto, na medida certa para não descuidar do cuidar. Um tumor veio, um tumor foi. O diagnóstico da cura se deu na véspera de um carnaval. Festejamos o recomeço. E quando não há o que recomeçar, recomeçamos mesmo assim.

Aos que imaginam que os desejos se vestem de preguiça com o tempo, falo com conhecimento, desejamos um ao outro sem pausas. Nas várias formas de formar amor. No beijo, no corpo entregue ao encontro, no abrir as janelas de um novo dia, no decidir o passeio dos dias de descanso, no experimentar uma receita nova em um jantar a dois regado por um luar explicador de romantismos.

Não sei se o destino existe ou se existem as coincidências. Não sei se tudo está escrito ou se escrevemos nós quando vamos vivendo. Só sei que agradeço o dia em que, pela primeira vez, nos vimos, nos falamos, nos decidimos aprender o idioma dos sentimentos para nunca mais esquecer.

Hoje à noite, vamos desfilar. Nossa escola é a do samba que canta o amor e que dança a alegria de viver. Nossos filhos brincam de nos pedir emprestado tanta energia. O segredo está na limpeza da avenida e nos enfeites simples do desfilar. Para ser mais leve. Para levar embora o que não precisa ficar, o que não faz parte.

Dizem que os dias de folia se encerram quando a folia se encerra. Foliões que somos da alegria, só encerraremos quando encerrarmos. Viver é o desfile que importa. Viver amando é a vitória que garante a permanência no grupo principal.

Uma dor chamada fome

Entro na Igreja em uma quarta-feira, em uma quarta-feira de cinzas. Sento em um banco com ainda pouca gente. Fecho os olhos e rezo. Rezo por algumas dores que incomodam os meus dias. Rezo por filhos meus que ainda não aprumaram na vida. Rezo por meus pais que se foram sem que eu decidisse, sem que eu quisesse, sem que eu compreendesse.

A morte nunca deixou de ser uma contrariedade. Por que precisamos nos despedir? Por que enterramos os que nos germinaram a vida? Não. Não concordo. Sou um homem simples e pouco afeito aos entendimentos das coisas difíceis. Então, não concluo. Pergunto, apenas. E sei que Deus não se importa das minhas perguntas. Não é por mal. É por dor.

Perguntei quando Fátima foi embora. A minha mulher encontrou outro e desencontrou os meus sentimentos. O que eu jurava ser eterno escorreu pelos descontroles da vida. Ainda não me recuperei. Dias perdidos os que passei pelo passeio da casa onde ela vive com outro, onde ela diz ao outro o amor que deixou de dizer a mim. Se ela desistisse, se ela se arrependesse, poderia voltar. Nem pediria as devidas desculpas. Peço a Deus que eu a esqueça, peço a Deus que um outro amor me convide para viver.

Enquanto peço com os olhos fechados a minha dor, uma criança encosta em mim e me pede algum pão. A missa começa. As cinzas têm um importante sentido. Somos pó. Somos nada. Somos passageiros de um tempo curto da embarcação do existir. É preciso demitir as arrogâncias. É preciso reencontrar a liberdade nu, a liberdade sem tantos apetrechos desnecessários. Oh, vida pesada!

Ouço o padre dizendo que a Campanha da Fraternidade desse ano é sobre a fome. Tenho fome de amor. De comida, não tenho. Esqueço a fome de amor que tenho e presto atenção. Penso na menina faminta ao meu lado. Decido ajudar. Decido ir com ela, depois da missa, deixar que ela escolha o que comer. Há uma padaria bem em frente à Igreja. Se não tenho o amor que teimei, tenho a possibilidade de muito amar.

O padre fala dos milhões que passam fome. Fala das crianças. Explica o que Jesus faria.

Presto atenção. Sempre que presto atenção, melhoro. Sempre que compreendo os problemas dos outros, alivio os meus. "Fraternidade e fome" é um sopro de consciência no que não fazemos.

A menina ao meu lado, na saída da Igreja, pergunta se pode chamar os irmãos que vendem pano de prato e que também passam fome. Eu digo que sim. Há uma senhora com as pernas enormes de um inchaço do abandono. Parece ter mais de uma dor. Os que estavam na Igreja passam sem olhar, estão apressados. Ouviram e não ouviram o que disse o padre. "Dai-lhes vós mesmos de comer". O ensinamento está escrito no evangelho de São Mateus. E é o lema da Campanha. Eu prestei atenção.

Não tenho muito. Mas, talvez, a tristeza da partida de minha mulher tenha feito eu remexer em alguns comodismos. Peço à menina que espere e me sento ao lado da senhora. Deyse é o seu nome. A doença chegou há tempos, nem incomoda tanto, o que incomoda é a fome. Resolvo ajudar. Digo que gostaria de ir com ela à Santa Casa. Que não é longe. Ela aceita. Convido para comermos na padaria. Vamos todos. Ela, andando com muita dificuldade, a menina que estava ao meu lado e os seus dois irmãos. O atendente pergunta se eles vão entrar. Eu digo que sim. Ele acha estranho. Estranho é excluir!

Conversamos sobre a escola dos três. Sobre a mãe que morreu. Sobre o pai que bebe muito e bate neles. Deyse, a senhora das pernas doridas, fala de um filho que morreu e de um marido que foi embora. E chora. Conto da minha mulher que também foi embora. E ela chora, também. Tem compaixão pela dor do outro. As crianças parecem desentender da dor que provoca nos adultos o abandono de um amor. Conhecem outros abandonos. Agradeço às crianças pela companhia e acompanho Deyse.

No hospital, os cuidados. Um médico, profundamente humano, humaniza o jeito de tratar daquela mulher tão destratada pela vida. Volto para casa. Canto em silêncio uma canção religiosa. Uma alegria imensa vai ocupando lugares vazios que viviam em mim.

Foi tão simples. Foi tão lindo. As cinzas do dia das cinzas inspiraram o mais bonito do fazer religioso, fazer sagrado cada instante de cada dia da existência. As cinzas desenharam um coração dentro do meu. A dor da fome deles era maior que a minha. Prestando atenção, aprendi.

Não tenho mais Fátima. Talvez não tenha tido nunca. Talvez ninguém tenha ninguém. É a tal liberdade nu. Nascemos desacompanhados e assim nos despediremos da vida. Não tenho meus pais. Tenho em mim, apenas. Nas memórias dos dias que se foram. Meus filhos já são filhos das histórias que construíram. Tenho a solidão ou a ação amorosa.

Hoje, foi um dia definitivamente bom. O cuidar cuidou de mim. Cuidado, prosseguirei cuidando. É o único que tenho. É o que posso oferecer. É o que alivia uma dor chamada fome.

O convite de Gisele

Era uma praia com poucos frequentadores. Era um dia sem promessas outras, além dos instantes que seguem outros instantes e que garantem a certeza da mudança.

Era um feriado e uma tentativa de descanso. Fui esquentar no sol os cansaços todos dos dias comuns. Dos dias que exigem afazeres nem sempre prazerosos. Deitado, sonhei felicidade. Foi quando chegou um casal. Gisele, amiga da amiga que me levou ao mar, e seu namorado. Acordei como necessidade de ser gentil e participar da conversa.

Os assuntos desfilavam efemérides. A razão do feriado. O dia do aniversário de um e de outro. O tempo ensolarado que poderia mudar. O riso por um dizer engraçado de Gisele. Foi quando começou a surpresa. Um homem vendia queijo aquecido na brasa. Gisele imediatamente apresentou entusiasmo. O namorado interrompeu deseducado: "Você acabou de tomar café, por isso não emagrece, olha o tamanho da sua barriga". Gisele riu desconcertada. Tentei consertar dizendo que queria o queijo, que era leve, que ganharíamos um sorriso do vendedor. Comemos todos.

Enquanto Gisele contava histórias, o namorado fitava o vazio desinteressado de demonstrar qualquer simpatia. Quis Gisele um sorvete algum tempo depois. Acompanhei. O namorado, não. E, sem ser perguntado, tascou: "Você não deveria usar biquini, ninguém é obrigado a ficar vendo tanta gordura exposta". Gisele, para dissipar as nuvens, riu dizendo que o moço era afeito a brincar o tempo todo. Só ela riu.

O namorado era magro, apaixonado por ele mesmo. "Olha aqui, esses gominhos não se fabricam comendo de tudo". Foi o que ele disse, novamente, sem que o assunto versasse sobre modelos físicos de beleza. Voltei ao tema de Gisele, ela dizia sobre um projeto social que coordenava em uma das pontas de miséria de uma grande cidade. Lágrimas nos olhos, nos explicava das crianças famintas de atenção e dos recomeços que proporcionavam. Aos meus olhos, a beleza de Gisele estava nas palavras que explicavam sua bondade. Minha amiga concordou. É também voluntária do mesmo projeto. Eu disse que gostaria de conhecer. O namorado, sempre ausente das conversas, soltou um: "Que bobagem".

Silenciamos alguns instantes. Eu vi que os olhos marejados de Gisele não explicavam apenas a emoção do bonito projeto que melhorava vidas. Era a vida dela que precisava de algum medicamento. Não falo do corpo sem as formas esculturais exigidas pelo namorado. Falo da autorização para que o namorado autorize sua infelicidade.

Em meus pensamentos, pensei: "Por que eles estão juntos? Por que aceita ela tantas indelicadezas? Por que ela está ao lado de alguém que só enxerga as imperfeições?".

O sol já nos havia esquentado mais do que o suficiente. O namorado avisou que iria nadar. E que, depois, iria treinar em uma academia feita na praia. Ela respondeu delicadezas. Ele prosseguiu: "Você não quer ir, né?". Ela nada disse. Ele prosseguiu: "Sua única ginástica é comer".

Quando ele saiu, ela chorou. Eu quis perguntar, mas aceitei o convite. "Vamos comigo, durante a semana, conhecer o projeto, depois, se você puder, almoçamos". Convidou e sorriu um sorriso lindo que espantou as lágrimas e em mim, talvez, as ausências de um amor.

Amei Gisele ali. Comprei sua dor. Jurei parcelar os pagamentos em carinhos e em surpresas de bem-querer. Amei sua voz, seu jeito de contar histórias, seu corpo sem as perfeições determinadas por quem não de direito, seu cruzar de pernas, até seu silêncio silenciador de brigas públicas. Aceitei o convite de Gisele e decidi que iria além.

Namoros devem ser encerrados, quando não há respeito, quando não há admiração. Não há carência que justifique a aceitação de gestos de desamor. Perguntei se ela queria caminhar um pouco para refrescar com a água gostosa do mar. Ela aceitou. Minha amiga disse que iria preparar o almoço. Algumas nuvens aliviaram o calor. Tive vontade de caminhar de mãos dadas. Achei que ainda não era o momento. As águas descansavam, frias, os nossos pés. E as conversas nos apresentavam futuros.

Era uma praia com poucos frequentadores. Era um dia sem promessas... e me apaixonei.

O DESTINO DA CARTA

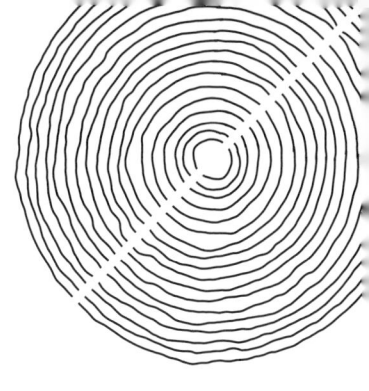

Abri o envelope. Desacreditei. Heleno enviou uma carta. Temi ler. Feridas cicatrizadas podem, ainda, dizer textos de dor.

Sentei calmamente. Olhei outros envelopes. Contas corriqueiras. Propaganda de uma loja. Convite de inauguração. Nem sei descrever muito bem. Foi como se um caixa de dores antigas fosse, novamente, aberta.

O dia era cinza. Folhagens descontroladas ao sabor de um vento que veio antes do outono. Faz dois anos que tudo se deu por encerrado. E, agora, a carta.

Heleno foi o homem que me jurou um amor sem pausas. Que me recolheu das ingenuidades. Que me ofertou, pela primeira vez, um beijo que, na primeira vez, não me disse nada. Achei estranho o encontro das línguas, acho que, por erro meu, nossos dentes se encontraram. Não gostei. Gostei depois. E, depois, amei com todo o meu corpo o homem que me fez poemas de amor nos gestos e nos dizeres.

Casamos e vivemos anos lindos de entrega. Tenho fotografias de dias que sucediam dias com cenas banais, difíceis de esquecer. O horário do café da manhã. Sua chegada em casa, antes do anoitecer. O sexo. Fui gostando da geografia do seu corpo, e ele foi entendendo os mistérios do meu. Tínhamos a nossa música. O costume de deixar uma vela acesa na mesinha ao lado da cama, enquanto nos encontrávamos. O jeito de dormirmos abraçados.

Tudo isso terminou em um início de semana, em um início de uma explicação de que era de liberdade que ele precisava. De que o casamento era uma gaiola. Que não era para ele. Chorei e implorei algum pensamento. Fiz a lista de tantos dias em que nos juramos amor. Usei a nossa música para acender não a vela do quarto, mas a vela do compartimento dos nossos sentimentos. Ele ouviu e disse que iria embora.

Amigas me disseram que era a crise dos 15 anos de casamento. Pesquisei e não entendi. Que crise? Brigas se resolvem com conversas. Desistência é palavra forte demais para o tema do amor.

Eu o procurei algumas vezes. Ele respondeu solícito e frio. E, friamente, disse que não queria me fazer sofrer. Que sabia que eu o amava. E, quando eu perguntava se ele não mais me amava ou se o amor havia acabado, ele apenas se levantava para sair. Nos vimos em um casamento de amigos. Ele foi frio no abraço. Um estranho. Chorei no caminho de casa. Chorei na chegada em casa e dormi sonhando com ele.

Conheci algumas companhias. Soube encontrar divertimentos. Protegi de mim mesma os pensamentos que me fingiam raciocinar. E, então, conheci Geraldo. Faz um mês. Ainda não sei se teremos futuro. Ainda faço comparações que desdizem o correto de uma possível outra história de amor. Sou uma mulher que desperta interesses, certamente. Demorei a compreender isso. Heleno ofereceu tanto desprezo no fim de tudo que ficou difícil voltar a acreditar que eu possuía algum atributo que merecesse receber amor.

O primeiro dia em que saí com Geraldo foi um dia medroso. Que intenções teria ele? Como saber o tempo de permanência das palavras feitas convites de fazer história? Não seria melhor viver de portas trancadas a correr riscos? Venci o medo com a dignidade de quem decide que uma vida sem amor é insossa. E eu sou uma mulher nascida para salgar de alegria o mundo. Faz tão pouco tempo, mas já tenho usado parte do meu tempo para pensar nele e para desenhar um outro trajeto no peregrinar da vida. Uma parte do tempo ainda é de Heleno, contra a minha vontade. Quem me dera decidir em quem pensar? Não tenho esse poder. Ninguém tem. Mas tenho o poder de dizer ao pensamento que sei que, um dia, ele pensará o certo e limpará de mim as dores que tanto me feriram.

Se não comando o que penso, comando o que faço. E é isso o que penso em fazer agora. Não. Não vou abrir a carta. Não vou ler o texto. Não vou abrir as portas para permitir que quem me ofereceu tanta dor possa me oferecer alguma mensagem, inda mais por carta, meio romântico de dizer algum amor.

Se há algo que aprendi lendo e aprendi vivendo é que não se ajoelha suplicando amor. Os joelhos são símbolos de respeito ao sagrado. Só é sagrado o amor que é recíproco. Migalhas não alimentam almas. Se há algum lampejo de esperança de voltar a amar, que seja com quem não me feriu, com quem não desistiu de mim. Nunca fui gaiola, sempre fui alimentadora de voos encantados. Hoje, eu sei disso. Escrevi isso em mim com as dores da dor do abandono. Dor ensinadora de que o futuro existe.

Rasguei a carta e acendi a vela para queimar qualquer chance de voltar atrás na decisão de nunca mais autorizar as humilhações dos que dizem "não" a uma história de amor.

Se precisar, vou chorar e, depois, tomar um banho leve e, levemente, me preparar para jantar com Geraldo. O resto, o tempo faz!

Abraço de pai

Eu tenho dois filhos. Os dois cimentam de felicidade o meu caminhar no mundo. Escolheram, como eu, o direito. Advogam com brilho nos olhos e acreditam nos cotidianos dos tribunais para aliviar o peso das injustiças. Quando dizem deles a mim, um sorriso explica o que sente um pai quando um filho é reconhecido por fazer o certo.

Certo dia, foi o que disse a alguns amigos que, em um círculo, falavam das amargas histórias que nos interrompem o cotidiano. Certo dia, quando eu ainda era juiz em início de carreira, um cioso escrivão surgiu, diferente, assustado e assustou nossa rotina de trabalho, "Doutor, eu não posso ajudar o senhor hoje no júri". Perguntei a razão. Se estava com algum problema de saúde. Ele prosseguiu, marcado pela vergonha e pelo constrangimento. "É melhor eu ir embora". Insisti. Disse que poderia confiar em mim. Ele retirou, então, o orgulho e apresentou sua vergonha. "Sabe, doutor, aquela história de um homem que sai de casa para comprar cigarros e nunca mais volta?". Aguardei o prosseguimento. "Sou eu. Faz tanto tempo. Eu morava em outro estado. Deixei minha mulher e meu filho pequeno. E nunca mais voltei. Hoje, meu filho está aqui. Sentado na primeira fileira querendo falar comigo. Eu preciso ir embora".

Ouvi, sem interrupções, a não ser a dos afetos dentro de mim. Pensei nos meus filhos. Pensei no meu pai, meu inspirador de ações corretas. O meu pensamento falando para dentro deixou algum silêncio entre nós. "Não me julgue, por favor, eu preciso ir". Foi, então, que eu pisei com delicadeza naquela história. "Não, você não precisa ir. Você não precisa ir mais uma vez".

"Doutor, eu não sei o que ele quer, eu não sei como ele vai reagir, eu não sei as consequências da raiva de um abandono". Pedi que ele aguardasse. E fui ter com aquele filho. O salão ainda estava habitado por pouca gente. O silêncio era o som mais forte naquela espera. O menino sabia que era eu o juiz. Perguntei o que ele queria. Os olhos falaram antes e, depois, veio o dizer: "Abraço de pai". Abracei eu primeiro. Coloquei aquela cabeça tão preenchida de interrogações em meu peito e acariciei o tempo das ausências. Fui com ele até onde estava o pai. O escrivão, vendo o filho chorando, chorou. Os medos se foram, envergonhados com a chegada do amor.

O filho disse que demorou a encontrar o pai, que não o julgava, que as histórias dos interiores são difíceis de serem explicadas. Falou da mãe, tão doente dos nervos. O escrivão pediu perdão ao filho. "Se eu pudesse voltar o tempo...".

O tempo não é dado a permissões de retornos. Mas é amigo das correções de rumo. Para aqueles dois, ainda havia vida a ser vivida. E eu pude, ali, ver o poder que tem um humano de arrumar os desencontros de outros humanos. O meu silêncio talvez silenciasse o encontro. Conversam eles até hoje. Pai e filho nunca mais deixaram de se alimentar do tal abraço.

Quando contei a história tão antiga e tão presente em mim, um amigo enxugou as lágrimas e explicou "Que saudade tenho eu do abraço do meu pai". Pensei também no meu que, hoje, só vive dentro de mim. Foi quando a porta da casa se abriu e um dos meus filhos entrou sorridente. Não há poder mais poderoso do que o sentimento de amar e ser amado. Julgo tantas vidas, decido tantas histórias, peço sempre a Deus a sabedoria de Salomão, que eu nunca me distraia do ofício de ser justo e da obrigação de todo ser humano, de estar atento aos outros seres humanos que, com uma palavra apenas, relembram o prazer do amar.

A CANTORA FRANCESA

Ela fazia aniversário no primeiro dia do outono. Como esquecer? Ela não gostava de falar sobre a idade, a não ser quando estávamos apenas nós. Então, ela lamentava os anos que nos separavam. Eu dizia não me importar. E a acariciava com tanta decisão que ela virava a conversa para outro assunto.

Eu era estudante universitário, e ela uma atriz, uma atriz que cantava músicas francesas. Que cantava e que traduzia partes da canção para explicar suas escolhas.

Fui o escolhido em um dia em que a boate fervilhava alegria. Ela passava pelas mesas e brincava de seduzir. Fui seduzido. Teimei em esperar sua saída. Sem maquiagens, ela era ainda mais linda. Fomos caminhando pela calçada escura. Ela dizia sobre os signos, não me esqueço. Que os nossos combinavam. E ria. Ria, porque depois explicava que gostava de inventar explicações para a felicidade.

Nos amamos já na primeira noite. Ela quis saber minha idade. Eu tinha 21. Ela fez um silêncio e depois sussurrou sobre aproveitar o hoje. O hoje se fez vários dias, vários meses. Nos amamos por quase sete anos.

Algumas manhãs, eu acordava ao seu lado e ela passava silenciosamente as mãos pelo meu corpo. E falava da minha juventude. Vez ou outra, eu a desmentia em seus assuntos sobre a impossibilidade de uma história com idades tão distantes. Eu enfeitava meus argumentos com exemplos de tantos homens casados com mulheres muito mais jovens. Por que o contrário não seria aceitável? Ela ouvia, parecendo agradecida à minha teimosia.

Minha mãe tinha alguma implicância com nossa relação. Mas pouco dizia. Eu, filho único de mãe viúva. Um dia, ela disse apenas que Mayara, certamente, não tinha idade para ser mãe. E prosseguiu falando que éramos uma família muito pequena. As duas fingiam afetos. Mayara era o nome da cantora francesa. Não. Ela não era francesa. Ela cantava, em francês, o amor. E traduzia em mim o seu romantismo.

Um dia, eu estava conversando com uma mulher da minha idade. Nunca foi importante para mim essa história de idade. Era apenas uma conversa em um café com mesas na calçada. Mayara nos viu sorrindo. Apenas isso. Ela nos cumprimentou. Eu puxei uma cadeira para que ela se sentasse. Nos beijamos. E ela, nos poucos instantes em que ficou conosco, apenas disse que era lindo ver dois jovens tão felizes conversando. E saiu. E saiu da minha vida sem grandes explicações.

Quando fui à sua casa, vi uma mala arrumada. Ela falou de uma turnê. Eu não entendi. Ela deu um abraço longo. Chorou ao tocar meu rosto e anunciou o fim. Eu implorei um desmentido. Ela disse que entendia da vida e que era grata pelas manhãs acordadas ao meu lado.

Faz tanto tempo. O tempo demorou a curar meu vazio. Eu fiz de tudo para voltar. Cantava em mim as músicas francesas de amor. Abraçava a ausência, jurando nunca mais amar. Não cumpri a promessa. Encontrei uma outra história. Casei. Tive quatro filhos. A mais velha se chama Mayara. Minha mulher nunca perguntou a razão da escolha do nome. Sou feliz com o que construí. Mas, ainda hoje, quando ouço uma canção francesa ou quando o outono chega ou quando um luar ilumina mais forte a noite ou quando um pôr do sol está mais avermelhado, penso em Mayara. Não na filha, mas na mulher que, misteriosamente, me ensinou a amar e, paradoxalmente, me apresentou a dor do amor.

O tempo faz com que as histórias de ontem ganhem algumas desculpas para serem perfeitas. Há uma parte dessa mulher, em mim, inventada, eu sei. Passei noites imaginando o seu desfecho. Se ela havia encontrado alguém. Se a esse alguém os ditos eram parecidos com os que eu ouvia. Se também passeava com os dedos pelo corpo ao despertar.

Não digo que não amo minha mulher e não seja com ela feliz. Nada digo a ela dos meus inícios. Sou cuidadoso com as dores que se pode causar no outro, inclusive em matéria de amor.

Hoje, acordei cantarolando *La vie en rose*. Não posso reclamar das cores da minha vida. Nem do que tenho hoje, nem do que tenho guardado na memória secreta dos meus mais lindos sentimentos. Saudade é palavra que não me atormenta. Saudade é poema de gratidão e de esperança. O amanhã virá com todos os ontens que prosseguem em mim.

A Deus, Elizabeth

Não conheço os três filhos nem os quatro netos. Gostaria de conhecer. Gostaria de abraçar, abraçando tantas famílias enlutadas pelas despedidas de seus amados em cenários de violência. Uma escola jamais poderia ser um cenário de violência. E foi. E justamente uma escola, Thomazia Montoro, que leva o nome da mãe de Franco Montoro, o governador dos gestos concretos de respeito e afeto aos professores.

O dia de Elizabeth amanheceu. Aposentada do Instituto Adolf Lutz, depois de dedicar décadas de sua vida à ciência, passou em concurso para ser professora, aos 60 anos de idade. O sorriso, compartilhado com os colegas de trabalho, agora era de direito de seus alunos.

As mensagens de incentivo em suas redes sociais, as respostas aos agradecimentos, os depoimentos dos que a conheceram, apresentam a mulher que, aos 71 anos, amanhecia para fazer amanhecer os dias de seus alunos.

Gostava ela de samba. Gostava ela da alegria de cuidar. Gostava ela da vida. Os relatos de violência nas escolas dão prova de que estamos errando na construção dos currículos e no discernimento do que é essencial para formar as pessoas para conviver com outras pessoas. Conviver e respeitar. Conviver e amar.

As escolas são fotografias da sociedade. Famílias que deveriam ser semeadoras de amor oferecem agressão ou abandono. A rua, também. E, também, as ruas construídas virtualmente em que os ódios parecem invencíveis.

Onde foi que erramos? Onde foi que o projeto de humanidade desceu escada abaixo deixando para trás os valores mais bonitos que asseguram felicidade? O amor tem vários filhos, como a ética, o respeito, a compaixão, a fraternidade. Estão todos em prateleiras empoeiradas pelo desuso.

O que leva um adolescente de 13 anos a abraçar o que rouba os abraços, a empunhar o que é capaz de desempunhar a vida, a se armar de armaduras ferinas contra a história de outros e a sua própria história? Ele não é o único. Tristemente, a violência oferece a sua face cotidianamente. Onde está a face da paz?

Elizabeth não entardeceu no dia em que amanheceu. Foi antes. Foi sem despedidas. Foi, despedida pelos erros acumulados de uma sociedade incapaz de formar os seus filhos para serem filhos do viver correto. Políticas de segurança pública são essenciais, mas não são as solucionadoras dos problemas em suas nascentes. Sou dos que acreditam que nascemos limpos, como água que, miraculosamente, brota e faz fonte. Os acúmulos de sujeiras poluem as águas. Sujamos os nossos filhos desde os inícios. Com o desamor. Com o abandono. Com os exemplos incorretos. Com a injustiça, que, desde cedo, traça uma régua separadora dos que terão e dos que não terão oportunidades.

Elizabeth defendia a ciência e a docência. A ciência nos leva a observar os países que venceram as chagas da violência. O que fizeram? E a docência a compreender que, se não cuidarmos melhor dos nossos professores, dos meus irmãos de ofício, teremos novas vítimas de um perverso sistema que nos mobiliza em tragédia e que, depois, nos mói na capacidade de ação.

Queria ter conhecido Elizabeth. Fiquei olhando o seu sorriso e imaginando os sorrisos que ela foi capaz de fazer nascer em sua vida. Sou dos que acreditam que não terminamos aqui. Sou dos que sentem Deus nos cotidianos belos que enfeitam os dias e nas tristezas que nos despedem a alegria.

E, como professor, como professador da fé, inclusive nos filhos de Deus, sei que Elizabeth prossegue sorrindo, nos mistérios que não somos capazes de compreender.

Aos filhos, netos e amigos de Elizabeth, o conforto está em dialogar o choro da saudade com a gratidão de uma presença que presenteou o mundo com uma vida dedicada ao amor.

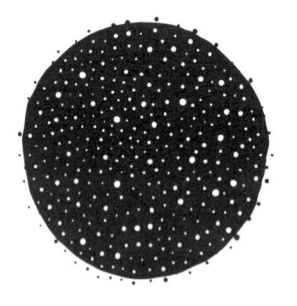

Uma história de Páscoa

A semana santa percorre dias inteiros de lembranças. Do passado distante, quando a humanidade acompanhou a dor e a libertação, e do meu passado. Eu, escritor de cotidianos.

Nasci em uma família muita religiosa. Meu pai, invariavelmente, sentava em uma cadeira de balanço, fechava os olhos e agradecia a Deus. Minha mãe conversava com Deus o dia inteiro. E com Maria, a que chorou ao ver o seu filho na cruz. Meus pais já não mais estão. Já são memória e saudade.

Em mim, há pedaços inteiros, de dias inteiros, de vivências iluminadoras de vidas que vivemos juntos. Em mim, moram as semanas santas do interior. O respeito aos dias em que o simbolismo nos faz acompanhar o calvário. No Domingo de Ramos, a entrada triunfal em Jerusalém. Como um rei. Na quinta, a santa ceia, a comunhão, o ensinamento de que o mestre é o servidor. A humildade no lava-pés. Na sexta, a vitória dos mentirosos, dos perversos, dos mesquinhos em busca de poder. Mataram o pregador do amor. Com pregos. Com ódios. Com a irrefutável decisão de não deixar nascer as sementes que germinariam de esperança um novo mundo.

Em mim, mora a Páscoa. A prova de que a vitória dos incorretos é sempre efêmera. A liberdade venceu a escravidão. A vida venceu a morte.

E foi em uma Páscoa que se deu a história, a minha história. Criança ainda, via meu pai laborioso no ofício de ajudar. Construiu casas para velhinhos pobres. Ajudou igrejas, orfanatos, mulheres e homens necessitados. Era um distribuidor de bondades. Eu tentava tecer os meus inícios com os mesmos fios de generosidade. E foi, então, que, em uma Páscoa, pedi a ele que me ajudasse a comprar ovos de chocolate e levar aos velhinhos do asilo. Seu sorriso tão bonito era de aprovação. E foi o que fizemos.

O asilo era perto. Eu ia tanto. Conhecia cada um pelo nome. Gostava de ouvir as histórias que eles tinham para contar. Era o mais importante. Receberam os ovos e me pediram, "Fique aqui com a gente, vamos conversar". E eu ficava. E eu voava nas palavras lindas, antigas, que eles usavam. E eu não conhecia. Ia repetindo uma a uma. Com um assombro bom de permear os ricos tesouros da língua portuguesa.

Nesse asilo, vivia Ermelinda, a professora aposentada que abriu em mim um baú inesgotável de prazer pela literatura, pela contação de histórias, pelas frases que descrevem sentimentos e que, portanto, elevam. Tinha eu por volta dos sete anos.

As doações de ovos de Páscoa se repetiram muitas vezes. Meu pai sorria seu ensinamento que me ensinou sem palavras. Seus dizeres nasciam de seus gestos de amor. Tenho muita saudade do meu pai. E muita gratidão por ensinamentos nascidos da consciência de que é o amor que nos significa o existir.

As perversidades prosseguem no mundo. Continuam mentindo. Continuam matando. Continuam violando os princípios mais necessários de civilidade. Mas a Páscoa também prossegue, desmentindo a vitória dos ódios. A vida é um sopro que se afugenta com gritos de violência e que se aquece com encontros de paz.

Já faz tempo que o tempo da minha infância se foi. Mas essas e outras histórias que moram em mim me dão autorização para prosseguir acreditando no divino se manifestando no humano em gestos puros de amor.

O domingo é o primeiro dia da semana. É o dia inaugurador. Inauguremos um novo jeito de tratar as pessoas. Cada um do seu jeito, mas cada jeito inspirando a humanidade a ser mais humana.

É Páscoa. É passagem. Passemos, então, à outra travessia. A travessia que vê, que ouve, que sente, que se compadece com a dor do outro e que estende a mão para caminhar junto. É uma experiência vivificante. Ninguém sai imune de uma entrega de amor. É a sabedoria da antiga canção que dizia "Fica sempre um pouco de perfume nas mãos que oferecem rosas, nas mãos que sabem ser generosas".

Feliz Páscoa!

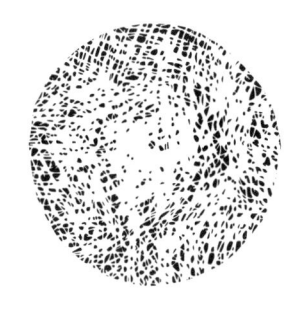

Muito sal, pouca luz

"Está bom, mas está com muito sal". Foi a única frase que meu marido pronunciou durante o almoço. O restante do tempo, ele revezou entre o silêncio apático e o olhar interessado nas mensagens que chegavam em seu telefone.

Eu já devia ter tomado uma decisão. Não é de hoje que sei que ele se alimenta de outras histórias. Eu relevei com receio das crianças, quando eram crianças. Hoje, nossos filhos estão casados. Moramos apenas nós dois. Eu não dependo dele para nada. Ganho, inclusive, mais do que ele.

Sou decidida na empresa que dirijo. Sou objetiva na tomada de decisões e na dispensa do que não contribuiu para as metas do meu negócio. Com ele, sou vagarosa. Vez em quando, pergunto a mim mesma a razão. Comodismo? Receio de começar uma outra história? Medo de não ter ninguém? Será que tenho alguém? Será que fiz certo ao permanecer pela felicidade dos meus filhos? Ou será que inventei, para mim mesma, que era por causa dos meus filhos?

Saí sozinha depois de ajeitar as coisas na cozinha. Ele nunca pergunta aonde eu vou. Melhor. Saí andando sem grandes decisões. O dia estava cortado por um calor incomodativo. Eu estava mais uma vez cortada e repetindo, a mim mesma a frase do "muito sal". Nem um elogio. Nem um olhar para o vestido novo. Nem um dizer romântico. Eu sei que estou bem fisicamente. Cuido de mim com prazer, com o prazer dos meus 60 anos.

Entro em um cinema. Não há ninguém no cinema. O que me traz uma sensação dúbia. Uma, a de que é tudo para mim, a sala inteira. Outra, a de que estou sozinha. Inegavelmente sozinha. A pouca luz do cinema e a ausência de qualquer outra vida fazem minha vida pensar. O filme toca a solidão em mim. A música. Os diálogos. O desfecho.

Onde mora a coragem mesmo? Por que permanecer em uma história de amor sem amor? Falamos nada um ao outro. E não sou das que culpam o tempo. Conheço casais que reinventam a forma de estar, mas estão. Que apalpam a cumplicidade, que desligam outros interesses para prosseguir interessado em quem dorme ao lado.

Sou uma mulher apaixonada pelo que faço. Gosto de gostar das pessoas. Gosto de dizer das delicadezas que perfumam os meus dias e das quenturas nas escolhas necessárias do exercício do meu poder. E o poder sobre mim? Quando vou aprender a exercer?

Uma amiga me diz para fazer o mesmo, para providenciar amantes. Eu ouço e demito a ideia. Não seria eu. Sou compositora de enredos de amor. Não sou do físico sem laços imateriais. É a alma que me preenche. Foi assim nos namorados de antes. Foi assim nos nossos inícios. E, se um dia eu puder abrir um novo caderno para escrever uma nova história, terá que ser também assim, com amor.

Amo amar. Amo sentir os sentimentos multicores que pintam de sorrisos os meus dias. Amo arrumar a minha casa para que seja frequentada. Com doçura. O riso sem riso, a conversa sem conversa, o silêncio sem silêncio são comportamentos que não comportam uma história de amor. Cultivo a inteireza dos instantes e ouço a voz dos que falam comigo. Jamais desligo histórias bonitas que me contam.

Já quase nada conto ao meu marido. Sempre tão distante. Quando se aproxima, é para dizer do excesso do sal. O cinema me inspira a responder da pouca luz. Vou conseguir retirar o véu do medo do novo para permitir ao meu riso que ria com quem quer rir comigo, que converse com quem gosta das minhas conversas e que, inclusive, ache interessantes algumas rugas que me emprestam a sabedoria dos tempos para ter histórias para contar. O filme está chegando ao fim. O meu, também.

O vestido que ele não reparou vou prosseguir usando. E, os medos de recomeços, vou conseguir enfrentar. Ainda quero, antes do meu entardecer, beijar um homem no fim de um dia, em um cenário nosso. Ainda quero desdizer a mim mesma, quando manda permanecer. Talvez eu tenha salgado demais a comida pela falta de sabor.

A pouca luz do cinema me lembra de que tenho o poder de iluminar. Não nasci para comer comida morna. Nem para jejuns de palavras carinhosas. Nasci para abrigar a quentura dos corpos que se encontram e das almas que se beijam. Nasci para nutrir um amor verdadeiro que não precise de outras lamparinas para acender sua luz. Que me ame no amanhecer ou na penumbra e que não brinque de desatenção.

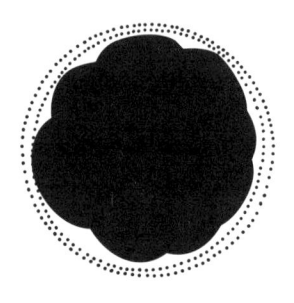

O TEMPO DE ARRUMAR AS MALAS

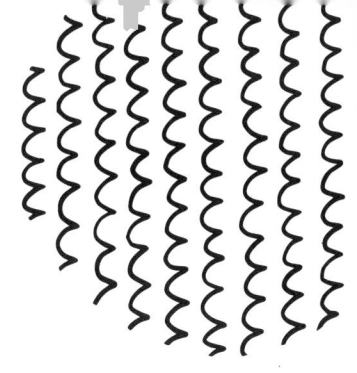

Foi uma difícil decisão. Priscila ainda pode ser encontrada dentro de mim. O tempo de arrumar as malas nem sempre é o tempo de desviver o amor. Quando fecho os olhos, as histórias voltam a revirar em mim o que não mais me pertence. Sempre tive dúvidas dos seus sentimentos. Aguardei o tempo, aguardei que os nossos tempos se casassem, de alguma maneira.

Eu sou dos amanheceres. Ela gosta da noite. Eu sou da simplicidade. Ela gosta de mostrar o que sabe, de mostrar o que tem. Eu cometo erros nas regras da elegância na sociedade. Ela, não. Ela diz, sem dizer, da vergonha que sente de mim. E eu fecho os risos e silencio a alegria.

Foi assim que foi. No início, era o tempo das possibilidades. Acho que ela gostava de como nos gostávamos. E eu, tão satisfeito com os dias, desacreditava de qualquer outra necessidade. Ela sempre necessitava de mais alguma coisa.

Foi mudando as minhas roupas. Foi exigindo algumas posturas. Foi dizendo que me faria um homem. E eu fui permitindo. Lembro uma vez em que a vi chegando tão cheia de tantos enfeites. Achava muito para um passeio apenas. Enquanto passeávamos, os meus olhos olhavam outros olhos.

Mulheres simples vendendo coisas na calçada. Sem enfeites. Crianças brincando na rua. Sem enfeites. Amigos meus, que ela desprezava, com costumes corriqueiros. Sem enfeites.

O tempo foi, então, mudando. O sol bonito dos inícios virou nuvem carregada de dissabores. No nosso jogo de afetos, eu era sempre o perdedor. Dizia elogios, e ela dizia nada. Era como se soubesse. Se soubesse tudo. Dizia eu sobre alguns assuntos, e ela ou silenciava ou respondia que não era tema para mim. Qual seria o meu tema? Servir na cama de um alívio para a solidão? Servir de servo dos intervalos de seus compromissos sociais? Ela dizia que eu ficava mais bonito quando silenciava nos eventos. Ela gostava de eventos, e eu sempre gostei do silêncio. Do silêncio voluntário, não do imposto.

Venho de uma família simples, diferente da dela. Venho de um espaço pequeno em que sempre coube muito amor. Ela vem de espaços grandes, luxuosos, cheios de vazios. É o que eu fui sentindo. Eu que eu tentei mudar. Não. Não era ela que eu queria mudar. Era seu olhar apenas. Tão viciado em enfeites. Tão escravo do que escraviza.

Nos inícios, o fogo da paixão devora as diferenças. Aos poucos, as diferenças vão vencendo o tal fogo. É como água fria. Eu tentei. Lembro-me de um dia em que ela voltou tarde. Fez barulhos. Eu esperei um abraço na cama. Eu teria que acordar cedo. Esperei. Fui abraçar o seu corpo. Ela disse do cansaço. E da irritação de me ver levantar tão cedo. Pensei que já era tarde para tentar novamente.

Quando disse que iria embora, ela falou que nada me daria. Eu escrevi compaixão no meu olhar. Ela sempre teve muito mais dinheiro do que eu. Eu jamais quis nenhum dinheiro dela. Eu só quis amor. E alguma admiração. Ela admirava meu corpo, não minha alma. Nenhum amor sobrevive às partes sem o todo.

Minha teimosia estava em imaginar que o meu amor seria forte o suficiente para apresentar a ela a felicidade. Felicidade não é coisa que se apresente. Aprendi.

Felicidade é caminho cotidiano na estrada do viver. E sem pesos é mais fácil.

Foi, então, que compreendi o tempo de arrumar as malas e de aceitar o tempo do sofrer. E de aprender com ele. E de saber esperar o tempo dos alívios para novamente amar.

Se levo ódio do fim? Não. O fim do meu existir é o amor. Levo gratidão pelos tempos em que vivemos sem maquiagens nem enfeites. Em que sozinhos rimos, em que sozinhos estacionamos os ponteiros do relógio para ter um tempo só nosso. Não tive o poder, não temos o poder de eternizar os tempos assim...

Então, acabou antes de acabar em mim. E, talvez, antes de nela acabar. Foi uma decisão difícil. Foi uma decisão acertada. Não posso ser quem não sou para servir aos caprichos de quem não quer caprichar na arte de compreender o que é o amar.

Duas histórias se fazendo uma sem deixar de ser duas. Duas pessoas arrumando a casa para receber os dias de mãos dadas e as noites também. Perfeitos? Não. Parceiros do tempo da construção.

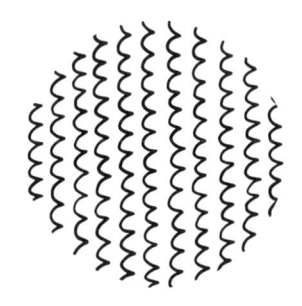

Canção de espantar a dor

Há um silêncio no dia. Meus pensamentos estão mais pensantes que de costume.

Sou caminhador. E sou observador dos cenários que intercalam belezas e ausências. Sou dos que sonham em desviver momentos de irracionalidades. E sou dos que lamentam os ditos que ditam a dor nos outros e dos silêncios que não interrompem esses ditos.

Caminho pelas calçadas e penso. Enquanto penso, vejo cenas que me entristecem. E outras que me enternecem. Um homem deitado em uma calçada, onde vive, está abraçado ao seu cachorro. Um outro passeia com o seu. O cachorro do homem deitado se levanta, subitamente, e vai brincar com o cachorro passeante. O homem, que mora na rua, chama: "Duque, Duque, volta aqui". A cena é muito rápida. O cachorro vai com o rabo demonstrando alegria em brincar com o outro. O morador se levanta da rua, preocupado, deve conhecer o outro homem. Quando um cachorro se aproxima do outro, o homem de pé se arma para chutar o cachorro intruso. O morador da rua implora: "Não, por favor, não! Ele é tudo o que eu tenho na vida". Chorando, o homem que vive na rua consegue pegar seu cachorro. No colo o abraça profundamente e chora: "Meu filho, já expliquei que esse homem é mau". O homem em pé ainda tem tempo de dizer: "Lixo", e prossegue.

Não sei se o dito se refere ao homem que mora na rua ou ao seu cachorro. Tenho vontade de dizer. De interpelar o irracional que fala. É tudo rápido, como disse. Ouço, ainda, o homem da rua cantando uma canção para o seu cachorro, agora protegido das irracionalidades. O cachorro fecha os olhos e, talvez, sem saber, agradeça. Penso: "O que é o saber? O que sabe o homem que prosseguiu andando?". Ofereço ajuda. O homem aceita. Converso com ele. Peço perdão por interromper a canção, ele sorri para mim. Diz que tem fome. Estamos perto de uma padaria. Resolvo. Tão fácil resolver. Tão difícil resolver.

Ele diz que o homem que anda com o cachorro tem nojo de quem vive na rua. Que já machucou o Duque. Que falou que ninguém vai passar doença para o seu cachorro. Com os olhos gratos, ele explica que o Duque não tem doença, que é só brincalhão.

Eu queria ter convidado o desumano homem para sentir o que eu senti conversando com o Leo, o homem da canção, o homem do Duque. Eu queria que ele ouvisse a canção que eu ouvi. E que, talvez, acordasse dos seus desacordos. Ou dormisse a paz dos que não machucam.

Prossegui minha caminhada pensando na dor que um humano é capaz de causar em um outro humano. No poder de abrir machucaduras na alma. O chute dado e não acertado é simbólico. Os ódios que moram dentro se apresentam assim, nos desequilíbrios. O cachorro do desumano homem estava com o rabinho abanando, feliz com a chegada do amigo que mora na rua. Quem é o racional? Quem é o irracional? Quem enternece? Quem entristece?

Tenho muitos anos de caminhada e muitos anos de um dual sentimento em relação à humanidade. Caminho com irmãos meus que me perfumam de bondade e caminho com outros que interrompem melodias bonitas de dias bonitos de vidas bonitas. Teimo em desmentir o feio. O feio gesto arrogante. O feio gesto violento. O feio gesto de desamor.

Os humanos são os que, por serem racionais, mais deveriam compreender os sentimentos de todos os seres vivos. E de cuidarem para não causarem dor. Até porque sentem a dor e são capazes de dar nome a ela. O nome que dou ao homem passante é infeliz. Um infeliz em movimento. Um infeliz que causa dor. O nome que dou ao que vive na rua é carente. Carente, também sou. Tenho o que ele não tem. Nossas necessidades são diferentes. Tem ele o que eu não tenho, certamente. É assim nos arranjos humanos. Como seria diferente se nos ajudássemos, se nos comprometêssemos a cuidar. Cada um em sua caminhada, cada um nos cenários que estão mais perto.

Volto para casa cantando em mim a canção que fez o Duque dormir. Conheço essa canção. E conheço o seu cantador. O de hoje. O que teve a felicidade de espantar uma dor. Já valeu o seu dia. Já valeu o meu dia.

O VENTO FORTE DO ENTARDECER

É tarde e o vento sopra forte. Sopra e não desmancha um novelo de recordações que me obrigam a assumir o que deixei de viver.

Eu era tão menina quando dançava o ballet que eu conseguia. Eu ria sozinha diante do espelho grande do quarto de minha mãe. E fazia todas as personagens. A que dança, a que dirige, a que agradece, a que aplaude. Usava umas joias, joias não, bijuterias, que ficavam em uns potes sobre a penteadeira.

Eu sabia que não tinha os gracejos da minha irmã mais velha. Noêmia sempre foi linda. Eu, não. Ela nem se alterava diante dos elogios. Era rotina. Lembro, ainda hoje, minha mãe agradecendo da filha linda e dizendo que eu tinha as minhas qualidades. Perdoo minha mãe. Não foram palavras para causar dor. Causaram.

Havia uma tia que eu achava tão feia quanto eu e que eu amava como se ama um acolchoado de aconchegos. Era em seu colo que eu exercia o prazer dos esquecimentos. Eu era capaz de silenciar os ruídos internos, enquanto ela brincava de percorrer com os dedos os rebeldes fios dos meus cabelos. E foi ela quem me levou para conhecer uma bailarina.

O teatro imponente me despertou das mesmices. Eu olhava como quem olha o mundo depois de, finalmente, sair de uma caverna. A curiosidade brincava futuros em mim. Foi, então, que o silêncio anunciou o início. O ballet ainda dança em mim aquele entardecer de um domingo. E a bailarina era a mais linda mulher que havia sobre a Terra. Era o que eu sentia. Era o que eu dizia para minha tia, tão feliz das minhas reações.

As duas se conheciam, a bailarina e minha tia. Terminado o espetáculo, fomos ao camarim. Elas se abraçavam como cúmplices de algum sentimento de amor. Em mim, tocou com delicadeza e disse conhecer do meu sonho de dançar. Falei pouco. A perfeição daquela mulher me inibiu de tal modo que eu desisti. Não disse a ninguém a razão. A beleza também pode finalizar os sentimentos. Foi como se eu decidisse que seria um outro comparativo. Foi como se eu não quisesse ser a perdedora mais uma vez. A primeira derrota era ser a irmã feia de uma irmã linda.

Achei bonito o como as duas, minha tia e a bailarina, riam de histórias que viveram juntas. O tempo estava estacionado. Não tinha pressa. Saímos juntas para comer. Eu comi pouco. De alguma forma, eu me apaixonei por aquela mulher. De alguma forma, eu compreendi que eu nunca seria aquela mulher. Então, eu desisti.

A vida foi me oferecendo compensações. Sou uma mãe feliz de filhos que não tenho a ilusão de fazer felizes, mas de dar condições para que conheçam a felicidade que vive fora e dentro deles. São dois meninos. Longe de mim qualquer comparação. Longe de mim apresentar a eles alguma fotografia de perfeição. Amo as suas imperfeições e corrijo, em mim, qualquer exigência que não seja essencial. Que sejam quem quiserem. Que rabisquem como quiserem rabiscar o texto que, todos os dias, a existência exige que seja escrito.

E que aprendam a apagar o que se deve apagar. E sublinhar o que se deve emoldurar nas paredes secretas da memória.

Meu marido me deixou. A dor que senti no início era quase insuportável. Tive medo de silenciar a vida, como silenciou a bailarina que, um dia, amedrontou os meus sonhos com o quadro da perfeição. Quando soube, já era mulher feita. Não sei dar nome ao sentimento que tive. Vi minha tia aos prantos pela desistência.

Vez em quando, danço sozinha a dança que não dancei a vida.

Sou farmacêutica. E gosto do que faço. Tenho um bom padrão de vida. O trabalho me ocupou das distrações que trazem dor. Fiquei anos sem entrar em um teatro com receio de alguma tristeza explicar a minha derrota. Hoje, eu sei que as derrotas estavam dentro de mim. Mesmo com minha irmã.

Envelhecemos amigas uma da outra. Eu a aconcheguei em seu longo período de depressão. Ela não aceitava despedir a juventude. E, se não fosse eu, ela teria, como a bailarina, silenciado a vida.

É tarde. Demorei a distinguir os barulhos das canções. A questão não era a dança, era a exigência da perfeição. A questão não era minha irmã, eram as comparações que diminuíam uma para celebrar a outra. O tempo desmente as pessoas e as falsas verdades.

Sei que a dor é um fortificante da alma. Com ela, me protegi para ser quem eu sou. Feliz, mesmo sabendo o que deixei de viver. Nos meus sonhos de menina, eu dançava como a bailarina e era linda como minha irmã. O tempo foi me explicando que os sonhos nem sempre apresentam verdades.

É tarde e o vento sopra forte. Tão forte que sei que o tempo que me resta não é muito. Amanhã, é dia de abrir a farmácia. De conversar sobre saúde e saudade. De prestar atenção para não causar mais dor em quem dói. Amanhã, é dia de saber que meus filhos cresceram e cresceram os seus filhos. Fiz tudo o que queria? Quem faz? Fiz o que pude, e o que pude foi suficiente para querer acordar amanhã e prosseguir lembrando e fazendo. Enquanto eu resistir ao vento forte desse entardecer que não decido.

Bom dia, mãe!

A senhora consegue ouvir o meu bom-dia? Consegue ver a minha saudade? Consegue sentir os meus sentimentos?

Sei nada dos mistérios. Sei nada do imaterial. Olho para o que vejo e para o que não vejo, porque sei que há mais. Quando entro na praia, é apenas um ínfimo pedaço do oceano. Também os céus. Há tanto mais. Também o sol que se despede sem se despedir e que nunca deixa de ser sol.

Mãe, o que sinto é que o que sentimos não consigo dizer. Não consigo dizer, porque as palavras que me emprestam dizeres são humanas. O que nos une vai além. Posso chamar de amor. Mas o amor que digo é o amor materializado em dias em que fomos um. Eu dentro de você. Eu começando a ser eu. Eu nascendo de você. Eu desacreditando as inseguranças do mundo grande por ter você. O amor que me fez engatinhar, levantar, caminhar, deitar e, tantas vezes, chorar em você.

Um dia chegou o dia de despedir. Eu beijei o seu corpo já sem você. E senti que você sentia que nunca nos deixaríamos. Nos falamos antes. E o sono da matéria te levou de mim. Chorei o choro do amor. Chorei por arrancar uma parte do que sempre fomos. A outra, a indizível, permaneceu, permanece.

Enquanto escrevo, mãe, paro um pouco. E silencio as palavras. E, sem disfarces, choro novamente. Mesmo sentindo que não acaba, sinto a ausência da sua resposta ao meu bom-dia. Do seu riso inaugurador de instantes felizes em mim. Do seu pronunciar potente do meu nome. Ninguém diz mais bonito o nome de alguém do que sua mãe.

Volto às palavras, é delas que me valho para expressar o que sou. Seu filho, mãe. O filho caçula. O filho crescido. O filho escritor das páginas das nossas histórias. Agradeço ao inventor da memória por ter você inteira dentro de mim.

Estaciono novamente o dia e fecho os olhos. E abro a alma para sentir o seu perfume. Eu sonho com você, mãe. Em um dos últimos sonhos, você nos oferecia doces. De repente, se lembrou de que deixou algo em algum lugar. Eu ofereci ajuda. Meu pai, que também vive inteiro dentro de mim, disse que não precisava. Que você não tinha mais nenhuma doença e que voltou a sorrir como nos inícios.

Nos inícios, estávamos todos. E hoje seria um dia sem pausas no sagrado dever de celebrar. O dia das mães. Um dia para dizer que, em todos os dias, as mães merecem celebrações. Seria um dia para oferecer presença e presentes. Para comer o que alimenta. Para cantar alguma canção de alegria. Para dizer ditos que divinizam o humano. Eu posso dizer. Você me ouve, mãe?

Sei com os sentimentos que sim. Embora os pensamentos me confundam. Não quero espalhar dúvidas em um dia tão lindo. Quero colher a fé que você plantou em mim. Você e meu pai, o homem bom. O homem que, apaixonado por você, apaixonou-se ainda mais pela vida. O homem que prossegue ensinando simplicidades em mim.

Quem sou eu para discordar do que é? A vida é chegada e é partida. Vocês nunca partiram. Enquanto eu estiver, vocês estarão. E quando eu não estiver, estaremos.

Bom dia, mãe! Bom dia, pai!

Feliz Dia das Mães!

O SONHO DE MUITAS NOITES

O meu casamento foi sábado, dia 13 de maio. Os dias que antecederam foram dias de revisitar os sentimentos que me fizeram compreender o bonito do viver junto.

Fazia sol, quando o relógio marcava três horas. Eu entrei na Igreja e fui sentindo os sorrisos. Não sou de reparar nos detalhes das arrumações. Vi que havia beleza. Nas flores. Nas pessoas. No dia.

Olhei para o meu pai, tão meu pai, tão meu referencial de vida. Olhei para o meu irmão, já casado, quase pai. Entrei com minha mãe. O filho caçula indo para o altar.

O caminhar até o altar é um ritual de reminiscências e de esperança. É um compreender os passos que foram dados antes, e os passos que serão dados depois. Por isso, o noivo entra sem a noiva e a espera. Por isso, a noiva entra sem o noivo e o encontra. Por isso, saem juntos, caminhantes acompanhados.

A música disse com mais força que atrás da porta estava ela. Então, se abriu na Igreja, nela, em mim, um novo tempo.

Vanessa veio caminhando com seu pai. Uns dizem que a origem do nome Vanessa vem do latim, de Vênus, a deusa que representa a beleza e o amor. Vênus é, para os romanos, o que Afrodite é para os gregos. Para os gregos, Vanessa é uma brilhante estrela. Outros explicam o nome da mulher que eu amo como a que voa, borboleta. Não sou especializado em histórias de nomes, quero ser aprendiz da escritura, apenas, de uma linda história de amor.

Vanessa e eu nos conhecemos em uma faculdade de direito. Advogamos o direito de nos autorizar um início vagaroso. Sem os solavancos dos sentimentos, tão comuns em histórias jovens. Jovens, nos permitimos a amizade. Depois, o trabalho conjunto. Depois, os olhares com outros significados. Fomos nos significando um ao outro. Ela, um dia, me contou de um sonho, não o sonho shakespeariano de uma noite de verão, mas de muitas noites e de muitos dias de qualquer estação.

As músicas do nosso casamento foram escolhidas por ela, pelo meu amor. Vanessa é uma mulher de fé. Seu voo não foi de borboleta, foi de uma brilhante estrela decidida a visitar Fátima, em Portugal, e a dizer do nosso compromisso. O nosso casamento foi sábado, dia 13 de maio. No início, eu disse "meu". Mas é nosso. O dia em que Nossa Senhora escolheu três pastores para revelar bondades ao mundo.

Somos advogados, nós dois. Somos crentes na justiça, apesar das injustiças. Somos defensores dos que precisam de defesa. Somos cultivadores da escuta e da atenção. É do que precisaremos para não nos desviarmos do amor.

O meu nome, Rodrigo, também tem alguns significados. Mas confesso que, hoje, o meu desejo é falar mais dela, da mulher que floresce tantos sentimentos lindos em mim. O sol do dia do nosso casamento aqueceu mais do que os nossos corpos. Eu acredito no sagrado milagre da permanência.

Saímos da Igreja e entramos para o tempo dos plantares. As flores têm pétalas e têm espinhos. As dores não têm o poder de desautorizar os perfumes. Basta regar cotidianamente. Basta compreender o silêncio e o pensamento que precedem as palavras. Basta amar.

Vanessa é a deusa da beleza e do amor. É o que traduz, em mim, seu nome, nossa história.

Os cortes do meu filho

É noite. Minha alma já não me autoriza outro pensar. No auge dos meus desatinos de costurador de passados, aumentei a dor do meu filho.

Eu sei o poder das palavras. As palavras são como aromas que penetram pelos poros dos sentimentos. E ficam. Os perfumes do corpo se dissolvem em horas; os da alma, não.

Quando vi os cortes do meu filho, a duplicidade do mundo, amor e ódio, enroscou em mim e sabotou minha sabedoria. Tenho um único filho. Carlos mora com a mãe. Nos separamos há algum tempo. Carla e eu tivemos uma história linda, e um dia, um triste dia, não sei, vi Roberta. Achei correto dizer à Carla. Achei correto desdizer o que, há anos, dizíamos e fui viver um outro amor.

O amor com Roberta não era amor, é o que sinto hoje. O que sinto nunca é definitivo. Ao menos isso. As verdades dos meus sentimentos são provisórias. Depois dos desejos intensos, Roberta e eu fomos nos estranhando. Tive vontade de voltar para Carla. Tive vergonha. Tive medo do recomeço.

Carlos viu o sofrimento da mãe. Eu nunca deixei de estar. A não ser por trabalho. A não ser por intermináveis viagens. Não. Eu deixei de estar. Fui ausente até porque imaginava que minha presença causasse dor em Carla. Ouvi dela pedras.

E discordei. Ninguém pode ser culpado por se apaixonar. Hoje, não sei se concordo. Como disse, minhas verdades são provisórias.

Carla não teve outro, até então. Disse que preferia a calmaria do silêncio às inconstâncias. Eu não era inconstante. Vivemos um amor de 10 anos. E, só então, desautorizei nossa história. Ela disse que Carlos nunca me perdoou. Eu não sei o que ela dizia a ele. Sei o que ontem ele me disse.

Vi meu filho com as mangas da blusa cobrindo os braços em um dia quente. Quente fiquei, quando forcei as mangas para cima. Quando vi os cortes, mais que um, mais que dois em seus braços finos. Gritei absurdos. Meu filho se automutilando. Meu filho trancado o dia inteiro em um quarto sem luz. Meu filho desistindo da luz. Falei a ele dos meus sucessos. Erroneamente. Um fato é que dinheiro eu sempre garanti aos dois. Um outro fato é que vim de família pobre e não tive tempo para depressões. Um fato pior ainda é eu pensar assim. Meu filho olhou o meu monólogo e disse nada. Eu ia piorando. Dizendo que não aguentava mais ter um filho inútil. Eu disse isso. Lamentavelmente, eu disse isso.

Carlos vai fazer 18 anos. Diz a mãe que não gosta de gente. Que prefere o quarto. Teme ela que o excesso de silêncio faça com que ele abrace o silêncio definitivo. Eu ouço e digo que não. Que isso não vai acontecer. Digo com a ingenuidade de quem diz controlar o mundo dos outros. Foi a primeira vez que bati no meu filho, quando ele disse que eu era ninguém para falar de amor. Foi a frase que ele construiu depois de eu dizer do meu amor por ele. Então, bati. Ele não reagiu. Apenas me olhou sem me olhar. Era como se a dor do tapa fosse nada diante do acúmulo de dores dos meus erros. O pai que ele dizia tanto admirar.

Meu Deus, como posso acertar tanto nas escolhas profissionais e errar tanto nos amores mais essenciais? Meu filho é um pedaço de mim. Meu filho sou eu inteiro. Mesmo quando eu me distraí, era ele meu filho. É ele meu filho. Já não sei o que fazer. Pensei em convidar para que trabalhe comigo. Pensei em voltar para casa. Pensei em pedir perdão.

A noite já vai engolindo o tempo, e o meu medo é de não amanhecer no tempo necessário de arrumar. Meu Deus, rezo ao meu pai, tão sem dinheiro, tão sem estudo e com sabedoria tão maior que a minha. Dias lindos vivemos em uma casa cujos cômodos eram pintados de amor. Minhas irmãs e eu ouvíamos histórias e cantorias no fim dos dias. Com dificuldade, ele formou todos nós. Era lindo ver o amor entre os dois, minha mãe e meu pai. E o brincar em família. E as broncas nos tons corretos. Os passeios simples na casa de praia de tia Eulália. Todos no único quarto. O conforto se chamava aconchego.

Onde foi que rasguei de mim o que ensina a felicidade? Amanhã, vou começar a limpeza. Ainda dá tempo de costurar, não o passado, mas o que tem passado dentro de mim, aprontar o caminhar das linhas, para arrumar sem causar mais dor.

Estou pronto para ser pai. Só peço a Deus que ainda dê tempo...

Morreu André, o mentiroso

Atendi minha irmã antevendo alguma notícia desagradável. É incomum um telefonema antes do nascer do dia. Era sobre morte. Disse ela sem qualquer introdução: "Morreu André, o mentiroso". Eu, imediatamente, adverti que não se fala mal de quem acabou de morrer. Ela não se intimidou: "Não estou falando mal, estou lembrando você qual André morreu, o mentiroso".

Estou na porta dos 90 anos, morrer alguém que ocupou comigo espaços da curta vida é inevitável. Fiquei pensando em André. De fato, era mentiroso. E, assim, foi se fazendo. Os mais próximos, não sei se certa ou erradamente, foram aceitando. Algumas vezes o corrigi, principalmente quando éramos apenas nós. Ele, então, se desculpava sem se desculpar, colocando os exageros na pressa ou na forma desajeitada com que ouviu e partia para outro dizer. Fui percebendo que as mentiras diziam o que ele gostaria de ser. Sobre suas notas na escola. Sobre suas histórias de amor. Sobre o dinheiro dos pais. Sobre alguma viagem. Sobre algum aplauso. Sobre algum convite.

Os amigos têm uma tendência a buscar justificativas que minimizem os erros dos que dividem a proximidade na travessia. Não quero aliviar a mentira e o seu poder enganador. Quero perguntar para mim mesmo o porquê. Até porque não se vive sozinho. Sozinho, se adoece. É o outro que poetiza as paisagens que têm o poder do encantamento.

André contava vantagens. E, com isso, angariava alguma simpatia ou, ao menos, curiosidade. A tia que fez um sultão árabe se ajoelhar e suplicar que permanecesse. E ela disse "não". Decidida a não ser uma a mais na coleção daquele homem. Gostei da história. Quis saber quem era a tia. Eu conhecia a família. A mãe, filha única. O pai com dois irmãos. Ele dava de ombros e desviava o assunto. O pai preferia morar em uma casa modesta, em uma rua modesta, mesmo sendo possuidor de uma fortuna incalculável. Mentira.

O amadurecimento não mudou o hábito. Em uma roda de amigos, todos por volta dos 60 anos, ele disse das três faculdades que havia cursado, medicina, engenharia e direito. Eu olhei não olhando para não aborrecer. A sós, afirmei: "Você nunca concluiu o curso de direito e jamais iniciou nem medicina nem engenharia". E a resposta não emprestou subterfúgios: "Tem razão, a idade traz esquecimentos". Eu, nesse dia impaciente, prossegui: "Não se trata de esquecimentos, é de mentira que se trata". E prossegui dizendo que as pessoas não gostarão mais ou menos dele por ter três faculdades ou nenhuma.

André também nunca namorou as dúvidas. A qualquer pergunta, respondia. Mesmo se não fosse com ele. E sobre qualquer assunto. O fato é que os estranhamentos não nos apagaram a amizade. Eu gostava do seu fôlego com as palavras. Sempre fui mais próximo do silêncio, então, eu ouvia sem pressa os seus dizeres intermináveis sobre algum acontecimento.

Depois dos 80, fui ficando mais tolerante e até gostava de vasculhar dentro de mim alguma inteligência que me ajudasse a discernir o que era verdade e o que era mentira do que ele dizia em nossos longos telefonemas.

O tempo vai escapulindo das nossas contas e, quando acordamos, já é quase tempo de adormecer definitivamente. Quando eu era criança, jamais imaginava viver até os 90; pensar em 90, naquela época, seria eternidade. Hoje, parece que foi ontem que eu brincava de sonhar futuros, da mulher com quem me casaria, do emprego que eu teria, da casa à beira de alguma praia que eu construiria. Minha irmã diz que o que tenho de melhor é o ouvido de ouvir. Que tenho pressa nenhuma, quando se trata de alguém precisando dizer. Talvez tenha mesmo essa qualidade. Talvez tenham os anos me explicado que foi para esses encontros que eu nasci. Que graça teria a viagem a que damos o nome de vida, desacompanhados?

A minha viagem teve todos os tipos de passageiros, alguns se foram cedo, outros, também cedo, só que viveram mais, como André, o mentiroso. Perdoo a mim mesmo por não limpar da minha lembrança esse aposto do meu amigo André.

Hoje, rio sozinho das suas invencionices. Rio que, quando se aproxima do mar, fica mais vagaroso, mas, nem por isso, menos esperançoso. Será que do lado de lá nos encontraremos? Será que nos abraçaremos como tantas vezes por aqui? Será que André dirá mentiras das muitas moradas que ele já terá conhecido antes da minha chegada?

Na foto, perto de onde descansam tantos livros lidos e rabiscados, muitos de nós. Alguns já se foram. André está lá. Se não fosse minha irmã, desacreditaria de sua morte. Ri sozinho, imaginando-o ligando para mim e dizendo, "Morri". Meu Deus, nem por descuido esse homem dizia verdades.

A Editora Senac Rio publica livros nas áreas de Beleza
e Estética, Ciências Humanas, Comunicação e Artes,
Desenvolvimento Social, Design e Arquitetura, Educação,
Gastronomia e Enologia, Gestão e Negócios, Informática,
Meio Ambiente, Moda, Saúde, Turismo e Hotelaria.

Visite o site **www.rj.senac.br/editora**,
escolha os títulos de sua preferência e boa leitura.

Fique atento aos nossos próximos lançamentos!
À venda nas melhores livrarias do país.

Editora Senac Rio
Tel.: (21) 2018-9020 Ramal: 8516 (Comercial)
comercial.editora@rj.senac.br

Fale conosco: faleconosco@rj.senac.br

Este livro foi composto nas tipografias Amatic SC e
Athelas, e impresso pela Imos Gráfica e Editora Ltda.,
em papel *offset* 90 g/m², para a Editora Senac Rio,
em janeiro de 2024.